新时代
高等职业教育"三论"

楚金华◎著

知识产权出版社
全国百佳图书出版单位
—北京—

图书在版编目（CIP）数据

新时代高等职业教育"三论"/楚金华著．—北京：知识产权出版社，2025.2.

ISBN 978-7-5130-9712-3

Ⅰ．G718.5

中国国家版本馆 CIP 数据核字第 202407U3V3 号

责任编辑：高　超　　　　　　　　责任校对：谷　洋

封面设计：邵建文　　　　　　　　责任印制：孙婷婷

新时代高等职业教育"三论"

楚金华　著

出版发行：	知识产权出版社 有限责任公司	网　　址：	http://www.ipph.cn
社　　址：	北京市海淀区气象路 50 号院	邮　　编：	100081
责编电话：	010-82000860 转 8383	责编邮箱：	731942852@qq.com
发行电话：	010-82000860 转 8101/8102	发行传真：	010-82000893/82005070/82000270
印　　刷：	北京中献拓方科技发展有限公司	经　　销：	新华书店、各大网上书店及相关专业书店
开　　本：	720mm×1000mm　1/16	印　　张：	17.5
版　　次：	2025 年 2 月第 1 版	印　　次：	2025 年 2 月第 1 次印刷
字　　数：	300 千字	定　　价：	88.00 元

ISBN 978-7-5130-9712-3

序　言

一位校长眼中的高等职业教育哲学

　　楚金华现为山东交通职业学院校长。我与他相识于 2023 年。当时，他和李洪华在《职教论坛》发表了题为《高等职业教育的学科建设：必要性、形态、逻辑和路径》一文，关注了我正在研究的职业学科，并认为我提出的职业学科"符合我国高等职业教育实际，在一定程度融合了高等职业教育的'高等性'和'职业性'"①。于是，我们互加了微信，就职业学科进行了比较深入的交流与讨论，并常常感叹我国对职业教育基本理论研究太少。他说他想写一部关于高等职业技术教育学科建设方面的专著，还提出了高职教育从认识论到方法论再到实践论的问题。他几乎每天都在思考，并且就思考的问题常常与我讨论。我和他就这样因对高等职业教育有很多认识上的共鸣而成为朋友。但没有想到的是，在 2025 年 1 月 3 日，我在微信上收到他希望我为他的新书作序的想法。我放下手里的工作，在电脑上打开他发来的书稿，原来已经是出版社的清样。

　　我用了一天半的时间通读书稿，总体感觉可以用"厚重"一词来描述，这是一部有创见性的高等职业教育哲学专著。这部著作对于楚金华可能还有着更为重要的意义——开启了他由一个高等职业教育管理者向高等职业教育理论家的转型。我国高职院校有不少院校长在研究高等职业教育，但客观地说，大多只是停留在经验总结的层面，像他这样进行纯学理讨论的少之又少，或者说，在我国高等职业教育领域能够在理论方面做出这样高水平研究的校长凤毛麟角。不过，理论研究与实践探索毕竟有比较

---

　　① 楚金华，李洪华. 高等职业教育的学科建设：必要性、形态、逻辑和路径［J］. 职教论坛，2023（6）：13-22.

大的差异，我们不能苛求从事高等职业教育管理的院校长们都成为理论家，正如不能苛求理论家能够治理好学校一样。高等教育理论研究的开山鼻祖英国红衣主教纽曼（John Henry Newman），撰写出版了影响世界的《大学的理想》一书，但是，他筹办并担任都柏林天主教大学校长是失败的，以致有学者评价他："有能力教育一个民族，但无能力对其进行治理。"① 见长于思想者未必见长于行动，见长于行动者未必见长于思想，思想与行动两者之间的转换都非常困难，是一个难以跨越的"卡夫丁峡谷"。楚金华作为山东交通职业学院（中国特色高水平高职学校和专业建设计划建设单位、国家优质校、交通运输部高职教育示范院校、山东省首批技能型特色名校）的校长，治理学校的水平自然不差，同时能够潜心研究，写出这样纯理论的高水平著作，实属不易！

这部著作至少有三个特点：

一是浓厚的马克思主义理论色彩。我们是中国共产党领导的社会主义国家。是社会主义国家，就必须坚持马克思主义指导地位；是社会主义国家的高等职业教育，就应该以马克思主义高等职业教育思想为指导，否则，在高等职业教育界坚持以马克思主义为根本指导思想就会落空。要以马克思主义高等职业教育思想为指导，就必须学习、研究和运用马克思主义高等职业教育思想。然而遗憾的是，我国对马克思主义高等职业教育思想研究很不够。这种不够必然导致在贯彻落实马克思主义高等职业教育思想时有不到位的情况或现象发生。当然，这不仅仅是高等职业教育领域中的问题，其他领域也不同程度地存在这一问题。正因为如此，党中央才强调要加强马克思主义研究。楚金华在高等职业教育界带了个好头。他这部著作不仅坚持马克思主义立场，更可贵的是，能够运用马克思主义基本原理分析研究高等职业教育的本源问题、方法问题和现实问题。比如在这部著作中基于马克思主义唯物史观提出的职业教育的实践本源、知识载体、技术技能和技艺以及服务发展四个固有特征，运用唯物辩证法关于本质和现象对立统一关系的原理对职业教育本质的分析，以马克思主义政治经济学为理论基础构建的高等职业教育服务经济社会发展的功能实现路径，从

---

① 约翰·亨利·纽曼.大学的理想 [M].徐辉、顾建新、何曙荣，译.杭州：浙江教育出版社，2001：5.

唯物史观出发强调不能抛开客观条件与需求来办职业教育，对以马克思历史唯物主义为基础逐步发展完善为今天的社会工程学观点的认同，等等，还有对中国化马克思主义原理，比如用毛泽东在讨论河、桥、船的关系时所提出的工作方法论解决高等职业教育办学的适应性和吸引力提升问题等，既坚持马克思主义立场，又运用马克思主义基本原理对高等职业教育的基本问题进行研究，得出了符合高等职业教育规律的正确结论，体现了马克思主义高等职业教育思想的力量。在对马列主义高等职业教育思想进行专题研究方面，他聚焦马克思的综合技术教育思想，对马克思综合技术教育的逻辑理路及其内涵进行了探讨，认为综合技术教育是人的全面发展的必然，是教育与生产劳动相结合的措施，并以高职机电类人才培养为例就如何推行综合技术教育进行思考。马克思主义综合技术教育思想，尤其是马克思关于"了解生产各个过程的基本原理，同时使他们获得运用各种生产的最简单的工具的技能"①，以及列宁的"职业技术学校应该综合技术教育化"②的论述，对我们今天的高等职业教育仍具有十分重要的指导意义，因此，综合技术教育化本来就是职业教育办学水平提升的重要选择，包括职业本科教育在内的高等职业教育"应该综合技术教育化"。③ 总之，这部著作马克思主义色彩浓厚，甚至在一定程度上可以看作一部关于马克思主义高等职业教育研究方面的著作。

二是深度的高等职业教育哲学思考。我国关于职业教育的哲学研究虽然不少，但是"回顾以往的研究可以发现，相关研究尽管表面上具备了哲学研究的某些特征，但实际上却未能真正地以哲学的思维方式来研究职业教育问题"④。其实，仅仅以哲学的思维方式来研究职业教育问题，可以称为职业教育的哲学研究，但还不能说是职业教育哲学。因为"教育哲学不是研究教育领域中的细枝末节问题，而是用哲学的观点和方法研究教育领域中的基本问题或根本问题"，或者说，"教育哲学是运用哲学观点与方法

---

① 马克思恩格斯全集：第16卷［M］.北京：人民出版社，1965：218.

② 克鲁普斯卡雅.克鲁普斯卡雅教育文选：上卷［M］.卫道治，译.金世柏，校.北京：人民教育出版社，1959：83.

③ 侯长林.马克思主义综合技术教育理论视域下的职业本科教育发展研究［J］.铜仁学院学报，2022（5）：29-36.

④ 徐宏伟.我国职业教育哲学研究：意义、问题与应然进路［J］.河北大学成人教育学院学报，2015（1）70-74.

对教育大问题进行研究的学科"①，即高等职业教育哲学就是运用哲学观点与方法对高等职业教育基本问题、根本问题或大问题进行研究的学科。楚金华在这部著作中讨论的高等职业教育的认识论、方法论和实践论等问题，就是高等职业教育哲学所涉及的高等职业教育基本问题、根本问题或大问题。比如这部著作的认识论部分，讨论了职业教育的本质、高等职业教育成为类型教育的学理基础、社会互构视角下的高等职业教育等关系职业教育发展的根本性和纲领性问题；方法论部分，在学习借鉴国际职业教育发展经验、总结中国职业教育发展实践的基础上，对高等职业教育高质量发展的方法论整体框架进行了深入思考，提出了坚持唯物史观、守正创新、系统观念、问题导向、国际视野等方法论构建原则，并按照"原理—方法"的思路进一步提出了我国高等职业教育高质量发展整体方法论——以提升职业教育办学适应性和吸引力为目标、以马克思主义哲学为根本指导、以社会工程学为基础理论、以职业人"技体智"授受需求为导向；实践论部分，首先介绍了职业类高等学校院校研究的理论、方法和模式，并对作为院校研究主要认识论基础的实证主义哲学进行了解读，拟定了职业类高等学校院校研究的逻辑思路与总体框架，还讨论了高等职业教育服务新质生产力发展的逻辑理路与实践途径、职业学科的建设问题等。总之，无论是对高等职业教育认识论、方法论的研究，还是对高等职业教育实践论的探讨，都不是泛泛而谈，而是其深度思考的结果。关于这些问题，如果没有深厚的哲学基础和对高等职业教育的深刻理解，是不敢做这样的选题的。楚金华不仅做了而且做得很好！

三是前沿的高等职业教育理论研究。学术著作重在系统、全面地阐释某一学科领域或研究方向的问题，通常包括对学科基本概念、原理、方法的论述和分析，但往往对前沿性问题关注不够，就是涉及前沿性研究成果，也只是一般性的介绍，加上出版周期相对较长，与期刊论文相比具有明显的滞后性。但楚金华的这部著作则与一般的学术著作不同，比较注重对高等职业教育领域前沿性问题的研究。比如在对高等职业教育服务新质生产力发展的逻辑理路与实践途径的研究中，既讨论了高等职业教育服务经济社会发展的理论逻辑和新质生产力形成过程及其对高等职业教育的要

---

① 侯长林. 高等教育哲学新视域［M］. 长春：吉林大学出版社，2020：6.

求，又提出了高等职业教育服务新质生产力发展的具体途径方案。新质生产力形成后，与之相适应的生产关系包括作为上层建筑的高等职业教育如何变革与调整，这是当前高等职业教育如何适应新质生产力发展亟待解决的前沿性问题。高等职业教育服务新质生产力发展的具体途径等方案的提出，就是为了适应新质生产力发展的需要。职业学科及其建设，是职业本科诞生后才提上议事日程的重大问题。这个问题不解决，将直接影响高等职业教育的高质量发展。为此，这部著作分三部分对这一前沿性问题进行论述。第一部分讨论了建设职业学科的现实基础与需要，认为学科水平直接决定学校发展水平，学科对高等院校高质量发展具有统领作用。通过学科建设推动高等职业院校高质量发展不仅能有效克服现有研究局限，而且能保障高等职业教育的高等教育属性。第二部分讨论了职业学科建设的一般模式，认为强化职业科学研究、构建研究队伍、创新研究方法和建立转化机制已成为推动我国职业教育高质量发展的迫切任务，理论研究与实践探索一体化发展是其有效路径。第三部分讨论了面向职业学科建设的高职院校内部治理问题，并根据类型教育下高职院校发展目标、内部治理原则和社会工程模式建构要求，构建了以职业学科为统领逻辑的高职院校内部治理 AIDS（Aim、Implementation、Doing、Status）模式。职业学科建设的现实基础与需要，虽然已有学者在职业学科研究中论及，但由于职业学科还是一个新的问题，人们对其现实基础与需要仍未达成共识，仍然是一个亟需探讨的问题。至于职业学科建设的一般模式和以职业学科为统领逻辑的高职院校内部治理 AIDS 模式，尚未有学者探讨过，而且是职业学科建设实践亟待解决的全新问题，即前沿性问题。

我国的教育哲学著作不少，但职业教育哲学著作不多，高等职业教育哲学著作更少。在这个意义上，楚金华的这部著作对我国高等职业教育哲学而言就有了奠基的作用和意义。同时，楚金华通过对新时代高等职业教育"三论"的研究，初步构建了属于他自己的高等职业教育哲学体系，也为我国高等职业教育自主知识体系的构建做了基础性的工作，这是值得肯定的。但是，对新时代高等职业教育"三论"的研究才仅仅是一个开端，每"一论"都可以再深入研究，都可以再写一部专著。我知道，这是一个庞大的研究工程，仅凭楚金华一己之力，在短期内难以完成。尽管如此，也算是我的一点期待！

齐鲁大地，人才辈出。楚金华正在以他的聪明智慧和勤奋努力，走向既能够治理好一所高职院校又对高等职业教育有自己独特理论思考的职业教育家！

愿这样的职业教育家不断涌现！

侯长林①

2025 年 1 月 5 日

---

① 铜仁职业技术学院、铜仁学院原校长，二级教授、博士生导师，中国高等教育学会院校研究分会副理事长。

目 录

1

第 2 篇　新时代高等职业教育发展的方法论

第 3 篇　新时代高等职业教育发展的实践论

第1篇

新时代高等职业教育发展的认识论

第1章　职业教育的基本问题

1　典型研究观点

对于"职业教育的基本问题"，不同学者持不同观点。有学者认为，职业教育存在基本问题和非基本问题。职业教育的基本问题是认知职业教育的逻辑起点，是办好职业教育的逻辑主线，同时也是我国高等职业教育高质量发展的必要条件。目前，已有不少学者对职业教育的基本问题进行了研究。欧阳河（2005）基于对职业教育的本质属性、地位作用及与外部关系三个维度的考究，认为"人与职业的关系是职业教育的基本问题"①。2023年，他进一步认为基本问题应该具有根本性和唯一性，并提出"人与职业的教育关系是职业教育的基本问题"。刘晓（2018）认为，"提出并研究职业教育基本问题有利于职业教育研究地位的确立、本质认识的加深、学科视野的拓展以及理论体系的完善，在一定程度上是职业教育学科走向丰富、走向完善、走向成熟的重要前提"②。

对于"基本问题"的内涵存在不同理解，基本可以分为以下四种。

第一种观点认为基本问题是重复出现频率高的问题，而且这种问题范围广、特质一般不变，这些问题的答案永远存在争议。好的教育模式一般根植于这种终身性问题之中，教育不仅是关于"答案"的学习，更应该是关于如何学习的学习。如郑金洲认为，教育的基本问题包括了"稳定性""根本性""纲领性"的问题，它的变化和发展对其他问题的变化和发展起决定作用；"它自始至终存在，并不随时代变迁而沉浮；它居于最高的抽象层次，笼罩着教育学的全部范畴，奠基着教育学的所有规律"③。第二种

---

① 欧阳河. 职业教育基本问题初探 [J]. 中国职业技术教育，2005（12）：19-22.

② 刘晓. 实践哲学观照下的职业教育发展：维度考量与现实思考 [J]. 职教论坛，2018（2）：8.

③ 郑金洲. 教育通论 [M]. 上海：华东师范大学出版社，2000.

观点认为基本问题是关于某一学科核心思想的探究，如某学科领域的核心大概念或前沿问题。它们具有重要历史意义且频繁出现于自身领域中。第三种观点认为基本问题是学习核心内容所需要的知识，如可以帮助学生有效探究复杂问题的观点、知识和技能等。第四种观点认为基本问题是事物中自在的、原生的、能够支配和决定其他问题的问题，这种观点和第一种观点有相似之处。

《辞海》关于"基本"的释义为"根本""根本的"和"主要的"，这是对"基本"作为形容词的解释。本研究认为职业教育的基本问题应该具有以下特征：一是它贯穿职业教育发展的整个历史，是一个重复出现的问题，即具有"稳定性"；二是职业教育的基本问题决定不同历史阶段职业教育的形态、内容和方式等，它的变化会带来其他问题的变化，即具有"纲领性"；三是它是对职业教育本源的解释，是一个哲学问题，即具有"根本性"。因此，本研究将职业教育的基本问题定义为"贯穿于职业教育发展历史且能解释职业教育本源、决定其形态和方式的问题"。

2 职业教育的固有特征

2.1 职业教育的社会实践本源

人类有200多万年的历史，有5000多年的文明史。文明是人类一切生产活动的总概括，是人类区别于其他动物的本质区别。职业教育伴随着人类整个文明史，如《孟子·滕文公上》写道，"后稷教民稼穑，树艺五谷，五谷熟而民人育"。《白虎通》中记载，"古之人民皆食禽兽肉。至于神农，人民众多，禽兽不足，于是神农因天之时，分地之利，制耒耜，教民农耕"。这些既是职业教育的具体表现形式，又暗含了社会分工是职业形成的直接原因，这些处于人类文明早期，特别是原始社会时期的职业教育是一种实用教育。虽然远古时代的职业教育在表述上有所不同，但"教"是其共同行为，"教会"是其共同目的，即都在完成教会别人某种技艺、技能或技巧以满足谋生的要求。美国人类学家摩尔根将人类社会文化发展划分为蒙昧时代、野蛮时代和文明时代三个时代，并指出"人类进步的一切大的时代，是跟生活来源扩充的各时代多少直接相符合的"[①]。这符合马克思提出的人们为了能够创造历史，必须能够生活，首先需要满足衣食住行

---

① 恩格斯. 家庭、私有制和国家的起源 [M]. 第3版. 北京：人民出版社，2000.

等基本需求的观点。① 正是扩大生活来源的动力使得人类学会了使用工具，开始产生了社会分工，最初的社会分工便是职业的雏形。从职业产生的历史来看，职业具有社会性、实践性和物质性，不同职业是特定历史阶段的客观存在。这说明职业的本源是人类社会实践。

中国经历了100万年之久的原始社会，在生产力极度低下的原始社会，人们的生产生活方式极为简单，仅以维持生命延续为主要目标。这个时候不存在所谓的社会分工，也不存在教育，如《列子·汤问》记载着这个时期的人们"不耕不稼""不织不衣"，全靠大自然的供给获得生存。如前文所述，随着人口增长，人们扩大生活来源的动力促使了分工的产生，为了使包括猎狩、采集等在内的最早的职业能更有效地提高人们生产和生活水平，人类在无数次生产实践中产生出一种有意识、有目的的教育行为。这种教育行为的主要目的就是解决人类生存和延续过程中必须解决的困难；如怎样提高劳动生产率？怎样制作和改进工具？如何有效应对自然灾害？特别是如何将自身的生产技艺和技能传授给下一代？可以说是社会分工产生了初始的职业，职业的萌芽带来了教育的萌芽，史前的教育是一种实用性、大众性和生活性的教育。职业是职业教育的主要内容，职业教育从萌芽之日起便具有职业所具有的大众性和实用性等特征。这说明职业教育的本源是人类社会发展的实践，因此职业教育的基本问题应该体现出经济社会发展的"实践性"本源。

2.2 职业教育的知识载体

随着社会的发展，教育已成为社会发展的重要基础。有组织、有计划地建立适应社会需要的教育组织是社会发展的必然要求，于是学校这种教育形态正式产生于封建社会，如《周礼》《礼记》中提到的"成均"和"成均之学"等。据史学家推断，我国学校形态的教育在商朝时已基本定型。虽然早期的学校教育主要针对贵族子弟，但职业技术教育仍是其主要内容，如西周学校教育中的"六艺"（礼、乐、射、御、书、数）就是有力的证明。"六艺"后续也演变成六类职业。教育的发展促进了教师职业化和教材专业化的发展。毛礼锐等在《中国教育通史》中写道，"他们不

---

① 马克思，恩格斯．德意志意识形态：节选本［M］．北京：人民出版社，2003．

仅会婆娑降神，而且深通天文、历法、医药、政治、哲学、艺术"①。这里的他们指的是巫师，巫师是殷商时期教师的主要组成部分，后来出现官吏与教师合二为一的现象。这些执掌行政权力的官吏，同时承担教化和教育民众的职责，直到以百家争鸣为学术特点的私学及封建官学出现，这种官师合一的现象才终结。这个时期的职业教育教材呈零星状态，如乐经中的《大武》等。

虽然职业教育在史前、奴隶社会和早期封建社会已问世，但其教育形式主要以父子口口、手手相传为主，只有极少数贵族子弟可以接受学校形态职业教育，且那些职业是身份的象征而非谋生或用于生产的手段。随着封建经济的发展，特别是随着个体手工业的发展，这种面向平民大众的父子相传式职业教育已逐步不能满足需求，于是开始出现学徒制职业教育。封建社会学徒制职业教育的典型特征是招收别人家孩子到自己家当学徒，学徒制教育受行会约束，所以同一种活动经常聚集在一个区域，该区域也经常会出现大规模的职业技术教育。如《管子·小匡》记载，"今夫工群萃而州处，相良才，审其四时，辨其功苦，权节其用，论比计制，断器尚完利，相语以事，相示以功，相陈以巧，相高以知事。旦昔从事于此，以教其子弟，少而习焉，其心安焉，不见异物而迁焉。是故其父兄之教不肃而成，其子弟之学不劳而能。夫是故工之子常为工"。以学徒制为特征的中国古代职业教育，在中国漫长的封建社会中为经济社会发展做出了杰出贡献，成为深受中、下阶层人们喜欢的教育形式。当然，这也为当今社会"鄙视"职业教育埋下了历史的伏笔。

在学徒制职业教育获得发展的同时，不同的朝代开始涌现不同的职业教育思潮。例如，墨子主张学生用获取的知识解决生产实践中的具体问题，反对鄙视职业技术教育的思想，他的教育对象是"农与工肆之人"，有的学者甚至认为"墨家私学带有工业专科学校萌芽的性质"②。儒家虽然以经学教育为主，但儒家经典《周礼》中收入的《考工记》是当时手工业技术规范的总称，是世界上第一部关于农业和手工业生产的职业技术教育百科全书。随着农业的发展，农业生产技术在战国时期已基本成为一门系统学科，出现了以楚国人许行为代表的农学派，他们把自己的理论和成果

---

① 毛礼锐，沈灌群. 中国教育通史.（第一卷）：第2版［M］. 济南：山东教育出版社，2005.

② 马克思，恩格斯. 马克思恩格斯全集［M］. 人民出版社，1957.

运用于农业生产，提高了农业生产质量，改变了农业生产技术和工具落后的局面。特别难能可贵的是，他们还撰写了《种农》和《野老》等早期农业技术教育专著。

学者认为鸿都门学是我国最早出现的职业化学校，是当时世界范围内前所未有的以文学、艺术为专业的第一所高等专科学校。[①] 到秦汉时期，科学技术得到进一步发展，出现了《孙子兵法》《周髀算经》《伤寒杂病论》和《真经脉诊法》等专业著作。魏晋之后专业著作越来越多，如我们熟知的《齐民要术》等。这些专业著作源于作者对实践经验的提炼总结，将具体经验抽象为知识，为古代职业教育发展奠定了坚实的理论基础。

从口口相传、手手相教到专业著作的出现，我国古代职业教育的发展历程表明，职业教育源于实践，从最开始的直接经验传授到技术技能知识传授，只是传授形式和途径不同，知识的本质没变，能被编码的经验、技能与技术更有利于传播与扩散，对社会发展更有利。

2.3 职业教育的技术、技能和技艺

为更好地了解人类发展中的技术、技能和技艺发展，我们先来看恩格斯在《家庭、私有制和国家的起源》中关于人类社会文化发展野蛮时代不同阶段人类生存、生产和生活典型特征的描述。[②]

蒙昧时代的低级阶段是人类的童年。人还住在自己最初居住的地方，即住在热带的或亚热带的森林中。他们至少是部分地住在树上，只有这样才可以说明，为什么他们在大猛兽中间还能生存。他们以果实、坚果、根作为食物；音节清晰的语言的产生是这一时期的主要成就。在有史时期所知道的一切民族中，已经没有一个是处在这种原始状态的了。

蒙昧时代的中级阶段从采用鱼类（我们把虾类、贝壳类及其他水栖动物都算在内）作为食物和使用火开始。这两者是互相联系着的，因为鱼类食物，只有用火才能做成完全可吃的东西。而自从有了这种新的食物以后，人们便不受气候和地域的限制了；他们沿着河流和海岸，甚至在蒙昧状态下已散布在地球上的大部分地区。石器时代早期的粗制的、未加磨制的石器，即所谓旧石器时代的石器（这些石器完全属于或大部分都属于这一阶段）遍布于各大洲，就是这种迁徙的证据。新移居的地带，以及不断

---

① 张正身. 职工教育学 [M]. 甘肃：甘肃人民出版社，1985.
② 恩格斯. 家庭、私有制和国家的起源：第3版 [M]. 北京：人民出版社，2000.

活跃的探索欲，加上掌握了摩擦取火的本领，就提供了新的食物，这就是在热灰或烧穴（地灶）中煨烤的淀粉质的根和块茎，以及随着最初武器即棍棒和标枪的发明而间或取得的附加食物——猎物。

蒙昧时代的高级阶段从弓箭的发明开始。由于有了弓箭，猎物便成了通常的食物，而打猎也成了常规的劳动部门之一。弓、弦、箭已经是很复杂的工具，发明这些工具需要有长期积累的经验和较发达的智力，因而也要同时熟悉其他许多发明。如果把已经知道弓箭，但还不知道制陶术（摩尔根认为向野蛮时代过渡就是从制陶术开始）的各民族，彼此对照一下，我们的确就可以看到，已经有定居而成村落的某些萌芽，以及对生活资料生产的某种程度的掌握，如木制的容器和用具，用韧皮纤维做成的手工织物（没有织机），用韧皮或芦苇编成的篮子，以及磨制的（新石器时代的）石器。

恩格斯关于蒙昧时代三个阶段典型特征的描述向我们展示了人类如何在漫长的发展历史中利用技术来增强自己的体质能力。低级阶段，史前人类主要靠自然生活，人们生活在食源周围。当近边的果实采完了，也许一个偶然的动作让他们学会了如何用树枝把肢体无法够到的果实打下来。通过互相学习，这种动作成为习惯，人们便开始学会了使用工具。取火和制造石器工具，使得人类的迁徙成为可能。后来又发明了弓箭，人类具备猎狩能力。不管是石器工具还是弓箭，这些都是在提升人类的体质能力，即用比人类肉体更为坚硬的物质来弥补肉体硬度的不足，以提升人类生存和发展的能力。虽然史前尚未发现有文字记录，但为了生存和延续，人类肯定存在教育行为。尤其是出现狩猎、采集等分工后，把这些技能传授给后代的事实已成为名副其实的职业教育。所以，技术技能是职业教育自然固有的特征。即使随着技术发展，人类进入家庭手工业、工场手工业、机器大工业，以及目前的智能化时代，职业教育仍具有该特征，只是技术技能的载体、实现方式和对操作主体的知识要求不同而已。具体来说，工业革命之前，人类靠技术提升了自身的体质能力；工业革命时代，人类靠机械动力提升了自身的体力能力；而人工智能时代，人类利用信息技术提升了自身的智力能力。作为面向社会大部分劳动者的职业教育，其固有特征依然不变，只是表征不同。

2.4 职业教育服务发展

恩格斯指出，摩尔根的蒙昧时代是以获取现成的天然产物为主的时期，人工产品主要是用来获取天然产物的辅助工具。野蛮时代是学会畜牧和农耕的时期，是学会靠人的活动来增加天然产物生产的方法的时期。文明时代是学会对天然产物进一步加工的时期，是真正的工业和艺术的时期。马克思在《哲学的贫困》一书中还提到，随着新生产力的获得，人们改变自己的生产方式，随着生产方式即谋生的方式的改变，人们也就会改变自己的一切社会关系。手推磨产生的是封建主的社会，蒸汽磨产生的是工业资本家的社会。不同的生产力对应不同的社会关系，自然对应不同的职业教育模式，以新中国成立前为例：①原始社会：取火技术、采集、狩猎等劳动经验及技术的传授。②奴隶社会：包含在学校教育中的"六艺"教育；家庭职业教育等。③封建社会：学徒制的产生、发展和兴盛；汉代的鸿都门学及农业技术教育；魏晋南北朝以《齐民要术》为代表的农业技术教育；颜之推的实学教育；唐代具有职业性质的分科教育；宋代的武学、律学和算学等职业学校教育及王安石的"经世应务"实用型人才培养理念；颜元"经世致用"的实学教育思想。④鸦片战争至"五四"运动前：这个期间兴起学校职业教育，如实业学堂、实业学校；其中1913年的《实业学校令》开宗明义提出，教授农工商业必需之知识技能，并规定，实业学校学生应缴纳学费，但得视地方情形酌量减免。⑤"五四"运动至新中国成立前：1917年中华职业教育社成立；1922年的"新学制"（又称"壬戌学制"）将实业学校改为职业学校，进一步强化了职业学校教育的地位；提倡"教育为劳工服务，教育与生产劳动相结合"；抗日战争时期，中国共产党继续推行"教育与生产劳动相结合"的方针，毛泽东明确指出，最重要的，是善于将这些知识应用到生活和实际中去；抗日根据地提出"在各种教育中战争与生产所需要的知识与技能教育重于其他一般文化教育"，根据地为了满足战争和生活、生产的需要，各类教育中都有一部分是技能培养的教育。

我国职业教育发展的相关历程表明：①人类的生活水平源自当时的生产力水平。追求充分发展是人类天性，为实现充分发展和人类延续，人类总是在不停地探索、实践、研究、创新和传递既有生产技术，只是传递方式和载体不同，但"教授"这个本质没变。经验、技能、技艺和技术等知识的传递是人类社会发展的必要条件。②人类生存、生产和发展的经验、技术技能和技艺等知识源自实践。人是实践的主体，社会是人的产物。同时人又是社会人，生活在一定的社会环境中，受社会环境影响，所以人是社会的产物。如马克思所说，人的发展和社会的发展统一于社会实践。正是社会发展的实践活动推动着职业教育不断深入发展，所以经济社会发展水平决定着职业教育形态，但职业教育反过来又促进经济社会发展。③无论何种形态的职业教育，服务经济社会发展和人的发展都是其基本功能。自从产生社会分工以来，人类为了追求自身的发展，不断扩大物质生产能力，但如马克思提到，人类始终只能提出自己能够解决的任务，因为只要仔细考察就可以发现，任务本身，只有在解决它的物质条件已经存在或者至少是在形成过程中的时候，才会产生。所以不同时代的职业教育发展具有典型的时代价值性和时代技术性。④马克思、恩格斯在《共产党宣言》提到，而你们的教育不也是由社会决定的吗？不也是由你们进行教育的那种社会关系决定的吗？不也是由社会通过学校等等进行的直接的或间接的干涉决定的吗？马克思主义教育理论家杨贤江曾明确提出，"教育是社会上层建筑之一，是观念形态的劳动领域之一，是以社会的经济结构为基础的"①。既然教育属于上层建筑，教育水平和形态不仅由经济基础的物质水平决定，同时还由经济基础的意识形态决定，因此职业教育具有政治性，我国职业教育发展的历史也证明了这一点。如封建社会的职业教育主要是教化民众和维护统治阶级意志，近代中国职业教育主要是促进民族工业发展。

3　职业教育基本问题的判断标准

3.1　职业教育基本问题是一个重复出现的问题

一个问题只有当其伴随事物发展的整个历史且带动事物螺旋式发展的时候，才可以称为事物发展的基本问题。例如，马克思认为，生产力和生产关系之间的矛盾是推动人类社会发展的基本矛盾，贯穿人类发展的历史。职业教育基本问题应是一个重复出现且具有稳定性的问题。它贯穿于职业教育发展的历史，只是在不同历史条件下的表现形式不同而已。不同社会条件和历史阶段是其存在的外部因素，而问题本身才是推动职业教育发展的根本动力。因此，职业教育的基本问题应具有规律性、抽象性、隐匿性和自身稳定性等特征。例如，从史前社会到奴隶社会再到封建社会和近代中国，虽然职业教育的形态不一样，但从历史长河来看，其服务人类

---

① 杨贤江. 杨贤江教育文集［M］. 北京：教育科学出版社，1982.

发展和经济社会发展的目标并没变。

3.2 职业教育基本问题是一个植根实践的问题

职业是职业教育的逻辑起点和直接诱因。职业是社会分工的直接结果，社会分工是生产力发展的直接体现，社会分工根植于实践，所以职业教育是一个根植于实践的教育。职业是人的职业，人是职业的主体，任何将人和职业分开的教育观点都是不对的。人同时是社会的人，社会是人造的社会。感性的人和客观的人统一于实践。人正因为具有体能个体、智能个体和实践主体的"一体三品"特征，才使得改造世界成为可能。职业教育的基本问题是一个具有实践本质的问题，即问题源于实践、服务于实践和在实践中发展。

3.3 职业教育基本问题是办学的逻辑起点问题

职业教育是与经济社会发展联系最紧密的教育类型。服务人的全面发展和经济社会发展是职业教育的基本使命，如前文所述，实践需要是职业教育办学的逻辑起点。职业教育的基本问题应能概括出职业教育办学的逻辑起点并成为贯穿职业教育发展历史的逻辑主线，整个职业教育的发展都应围绕该主线，只是在不同社会中的呈现不同而已。作为办学的逻辑起点，基本问题对职业院校办学治校全过程具有统领性，从办学定位与目标到专业设置再到教学科研及学生管理等职能服务都应体现出基本问题对其的约束。作为职业教育发展的历史主线，职业教育的基本问题应像生产力和生产关系的基本矛盾推动社会发展那样，不管职业教育的形态如何变化，都对其进行约束。这是作为职业教育基本问题理应具有的根本性特征。

3.4 职业教育基本问题是统领顶层设计的问题

职业教育的顶层设计包括政府和职业院校两个层面。其中，政府针对职业教育的顶层设计包括职业教育职能设定、体系构建和配套环境建设等，职业院校的顶层设计主要指职业院校办学治校过程的规划设计。这两个层面的顶层设计都包含价值预设，对政府的职业教育顶层设计来说，主要体现政府对职业教育职能的理解和功能期待，学校层面的顶层设计主要体现学校对职业教育职能的理解和学校的教育哲学。作为职业教育的基本问题，应该同时具备政府层面的宏观决策高度和学校层面的中观可执行度，是一个抽象的规律性问题，又是一个源自实践的具体问题，能够统领政府、学校及学校内部的职业教育实践活动，形成协同发力的职业教育体系。

4 本章小结

职业教育的基本问题是关系职业教育发展的根本性和纲领性问题，虽然学界对职业教育的基本问题尚未达成一致意见。本章基于现有研究的主要观点，将职业教育的基本问题界定为：贯穿于职业教育发展历史且能解释职业教育本源、决定其形态和方式的问题。基于马克思主义唯物史观提出职业教育的四个固有特征：①职业教育的实践本源；②职业教育的知识载体；③职业教育的技术、技能和技艺；④职业教育的服务发展。这四个特征是职业教育自出现以来就与之俱生的特征，从史前社会到奴隶社会再到封建社会，然后再延续到近代中国、现代中国和中国新时代，这四个固有特征从未变过，只是外在表现形式不同。这为我们判断职业教育的基本问题提供了理论标准：第一，职业教育基本问题是一个重复出现的问题；第二，职业教育基本问题是一个根植实践的问题；第三，职业教育基本问题是办学的逻辑起点问题；第四，职业教育基本问题是统领顶层设计的问题。

第2章　职业教育的本质

　　事物的本质指的是其根本性质，即事物自身组成要素之间相对稳定的内在联系，这些联系由事物固有的特殊矛盾构成。本质代表事物的基本属性和内在规律，决定了事物的特征及其行为方式。实际上，本质是通过人类社会实践定位的，指事物起决定性作用的性质。强调本质的实践定位并不意味着本质是主观的；由实践定位的事物本质具有双重规定性。在日常语境中，"本质"一词似乎试图为人们认识事物拉开一个更为遥远且理性的距离，而通过这种距离，人们可以获得某种不限于事物表象的洞察力。

　　因此，职业教育的本质体现在其自身组成要素之间必然且稳定的内在联系，这些联系体现了职业教育区别于其他教育形式的根本特征。目前，国内外学者尚未就职业教育本质形成统一且标准的结论。[①] 然而，职业教育本质的问题仍然是当前职业教育研究的核心议题之一。当我们谈论职业教育的本质时，国内外学者对此有着不同的看法，典型的观点包括"职业论""技术技能论""生产力论"和"实践应用论"等。按照"职业论"的理解，职业教育应侧重于为学生提供与特定职业直接相关的知识和技能。而"技术技能论"认为职业教育的核心在于培养学生的技术技能，以适应快速变化的技术环境。"生产力论"强调职业教育对于提升国家和社会生产力的重要性，通过教育培训提高劳动力的技能水平。"实践应用论"则主张职业教育应注重实际操作和工作场景中的实践经验积累。尽管有上述多种观点存在，关于职业教育本质的研究仍面临一些问题：基本概念混杂导致讨论的出发点和终点不明确；职业教育的统一论域混乱，缺乏一个清晰、一致的理论框架来指导研究和实践；此外，还缺少一套成熟的研究范式，使得研究成果难以形成有效对话和共识。

---

① 徐宏伟，庞学光.职业教育本体探析——对职业教育存在"合法性"的哲学论证 [J].全球教育展望，2015（6）：96-103.

职业教育是什么，职业教育类型定位如何，职业教育功能有哪些，通过对这三个问题的探讨，能够揭示职业教育的本质问题。① 不可否认，该三个问题就是不断地对职业教育本质进行剖析、追问的过程。在大力发展职业教育的今天，尤其需要我们在广泛占有国内外研究理论和实践的基础上，进一步系统深入地探讨职业教育的本质问题，推动职业教育高质量发展。

1 通过内涵研究来阐释职业教育的本质

职业教育的内涵是什么？黄炎培说："职业教育，则专重实用，纯为生活起见"。"凡学成后可以直接谋生者皆是"。在他看来，职业教育的本质是"就业导向的教育"，或者说是"为了职业的教育"，而非主张大职教观的学者所认为的凡与职业相关的教育都是职业教育。从这个意义上讲，职业教育是以传授某一种职业所需要的知识、技能、态度等为主要内容的，以培养职业人为目的的教育。因此，虽然是传授有关农业、工业、商业等知识、技术、态度等的教育，倘若不是以就业为目的，就不是本来意义上的职业教育。相反，即使传授农业、工业、商业以外的普通学科的教育，如果它是从事某种职业必需的，其目的又是为从事某种职业的，则也应称为职业教育②。

然而，职业教育本质的探讨又不能纠葛于纯理论构建而过于抽象化和理想化，还应该务实，体现"中国式"职业教育的本质。③ 职业教育有广义和狭义之说。美国教育家孟禄说，照一种意义上讲，什么教育都是职业教育，为什么呢？因为它的目的都是使人能够在各种事业上展现格外有效和满意的作为。我国职业教育先驱黄炎培也有类似观点：职业教育，以广义言之，凡教育皆含职业之意味。盖教育云者，固授人以学识、技能而使之能生存于世界也。尽管这种大职教观有其存在的道理和价值，也有助于提升职业教育的地位，却无助于对职业教育内涵的准确把握，从而妨碍对职业教育吸引力内涵的准确理解。约翰·杜威（John Dewey）曾明确指出："正是由于各种学习和职业在我们所说的新教育中扮演了如此重要的角色，

---

① Mühlemann S., Pfeifer H. Test motivation and test conditions in domain-specific assessments in VET [J]. Empirical Research in Vocational Education and Training, 2018, 10 (1): 1-20.

② 李红卫. 职业教育吸引力的辩证思考 [J]. 现代教育管理, 2011 (10): 97-99.

③ 俞启定. 重读《职业教育本质论》[J]. 中国职业技术教育, 2023 (36): 17-20.

并且是推动真理和正义之发展的恰当模式，它们才值得在一切有资格被称作学校的地方被当作核心要素。而当这个核心要素成为学校生命的源泉时，我将不再担心作为结果的教育质量了。"① 在他看来，职业是职业教育的逻辑基础，职业元素贯穿于整个职业教育。因此，约翰·杜威对职业教育本质的看法是建立在职业本质的基础之上，而非以教育的本质为基准。② 约翰·杜威的观点强调了职业教育与职业本质之间的紧密联系。他认为，职业教育不仅仅是传授特定的技能和知识，更是培养学生理解和参与社会实际生产过程的重要途径。③ 通过这种方式，学生不仅获得了技术能力，更重要的是，他们学会了在实际工作中解决问题、进行批判性思考和合作，从而真正实现全面发展。约翰·杜威的职业教育思想在当今仍具有重要意义。例如，在现代教育体系中，职业教育不仅要满足市场对技能型人才的需求，还要培养学生的综合素质，使他们能够适应快速变化的社会和经济环境。④ 这种教育模式不仅强调职业技能的培训，更注重学生在职业环境中应具备的社会责任感和持续学习的能力。⑤

可见，从职业教育内涵出发来理解其本质是最为常见的方法。汇总国内外学者对职业教育内涵的研究成果，可以发现高频词包括社会性、职业性、实践性、技能性、适应性和就业导向性等。国外学者对此也有诸多见解。例如，美国学者约翰·杜威认为，职业教育应当与普通教育相结合，培养全面发展的个体；⑥ 德国学者赫尔曼·吉赛克（Hermann Giesecke）强调职业教育中的"双元制"模式，主张通过理论与实践相结合提高学生的职业技能。⑦ 针对学者对职业教育的定义，本研究将职业教育内涵的本质

① Nelson, Murry R. Vocational Education and Democracy: Dewey's Vocational Education as Applied by Contemporary Educators [J]. Educational Theory, 2021, 71 (2): 203-221.

② Provenzo, Eugene F. John Dewey's Influence on American Vocational Education: Historical. Perspectives and Current Challenges [J]. Vocations and Learning, 2022, 15 (1): 89-108.

③ 约翰·杜威. 教育：直接的和间接的 [A]//杜威全集（中三卷）（1903-1906）. 徐陶, 译. 上海：华东师范大学出版社, 2012：186-186.

④ Kliebard, Herbert M. Dewey's Vision for Vocational Education and Its Current Relevance [J]. Journal of Curriculum Studies, 2023, 55 (3): 325-341.

⑤ Carr Wilfred, Kemmis Stephen. "John Dewey and the Theory and Practice of Education" [J]. Cambridge Journal of Education, 2021, 51 (1): 47-62.

⑥ Westbrook, Robert B. John Dewey and American Democracy Revisited [J]. The Journal of American History, 2020, 106 (4): 1145-1167.

⑦ Hermann Giesecke. The Dual System of Vocational Training in Germany [J]. International Journal of Vocational Education and Training, 2018, 6 (2): 64-74.

汇总为以下四个方面。

1.1 职业教育的职业性

职业教育的本质离不开职业的探讨。从概念出发，那就决定了它的本质应该是面向职业，这也是职业教育有别于其他教育类型的最为本质的体现。① 职业是人类社会劳动分工的结果，落实到群体和个体就是工作岗位。② 这一观点认为职业教育的职业性体现在它的培养目标上。黄尧认为，职业教育是以培养符合职业或劳动环境所需要的技能型人才为目标的一种教育类型，它以职业需要为导向，以实践应用性技术和技艺为主要内容，传授职业活动必需的职业技能、知识、态度，并使学习者获得或者扩展职业行动能力，进而获得相应的职业资格。③ 职业教育的本质体现着"职业性"三个字。从概念上解读，无论是广义的还是狭义的职业教育，都应该与职业有明显的关联，特别是专门的职业教育，更是应该以面向职业为宗旨，脱离职业谈职业教育，从概念上就背离了职业教育。④ 有研究者提出，"一般职业"导向性是职业教育的本质属性，职业教育是以在"一般职业"中就业，并且在"一般职业"中得到发展为主要目的的一种教育类型；"一般职业"导向性是职业教育的本质属性，也是职业教育的本原属性。有学者提出职业教育的根本属性即本质的"老三性"（职业性、生产性和社会性的统一）和"新三性"（职业教育的本质是"适应性、中介性和产业性"），是由职业教育"一般职业"导向性所派生出来的，并不构成独立的职业教育本质属性。⑤ 同时，也不乏有学者提出"一般职业"导向性对职业教育具有普遍性、一贯性；能把职业教育与其他教育类型区分开来，具有区别性。⑥ 学生以在"一般职业"中就业并且能够在"一般职业"中得到发展为主要目标，教学内容以"一般职业"为导向，教学环境强调与"一般职业"真实情景的相似性。还有研究者直接以职业导向

---

① Kögler K., Helm C., Robitzsch A. Transitions-Research with longitudinal data [J]. Empirical Research in Vocational Education and Training, 2016, 8 (1): 47-65.

② Luomi-Messerer K., Markowitsch J. Bridging the gap between school and work: new vocational pathways in Europe [J]. European Journal of Education, 2020, 55 (2): 123-136.

③ 黄尧. 职业教育学：原理与应用 [M]. 北京：高等教育出版社，2009.

④ 俞启定. 重读《职业教育本质论》[J]. 中国职业技术教育，2023 (36): 17-20.

⑤ 刘育锋. 论职业教育的本质属性 [J]. 职教论坛，2004 (04S): 13-17.

⑥ Kögler K., Helm C., Robitzsch A. Transitions-Research with longitudinal data [J]. Empirical Research in Vocational Education and Training, 2016, 8 (1): 47-65.

性……为职业教育区别于其他类型教育的特有的本质属性。[①] 并提出"职业导向性是各类职业教育现象的共同属性,它贯穿于职业教育各个环节之中,是职业教育区别于其他类型教育的特有的本质属性"[②]。

此外,有论者以能够成为基本合格的岗位人员为逻辑起点来定义职业教育的概念,这一逻辑起点被称为初始职业化。[③] 初始职业化是个体通过一系列的教育和岗位实践,把已获得的知识和技能内化为能基本胜任职业岗位工作的职业能力,并在职业生涯环境中正确进行职业社会角色定位与扮演的过程。[④] 论者把完成个体的初始职业化作为职业教育的本质属性。从社会学角度来论证,论证方式基本上趋于一致,职业性是所有教育的共性。虽然在论证指向上有所特指,但并没有很好地把职业教育与其他教育类型区别开来,只是职业性突出而已。[⑤]

职业教育的职业性指职业教育特有的以培养学生职业适应能力和职业发展能力为目标的属性。[⑥] 职业教育聚焦的职业能力是专业能力、方法能力和社会能力的集合。[⑦] 职业教育基于高度社会化、专业化的职业而生,围绕受教育者职业能力的培养而展开,其专业设置、培养目标、培养过程彰显浓厚的职业性,表现出普通教育不具有的个性和特色。[⑧] 还有研究者直接以职业导向性为职业教育的本质属性,认为职业教育的培养目标、课程开发、教学内容、教学方式与教学情景都体现了职业导向性。[⑨] 并提出

① Mulder M. Competence-based education and training: the learning outcomes perspective [J]. International Journal of Training Research, 2020, 18 (3): 163-181.

② 赵汀阳. 共在存在论: 人际与人心 [J]. 哲学研究, 2009 (8): 23.

③ Young S., Munro L. Young people's participation experiences of technical and vocational education and training interventions in low-and middle-income countries: a systematic review of qualitative evidence [J]. Empirical Research in Vocational Education and Training, 2023, 15 (1): 1-24.

④ 申家龙. 职业教育的本质属性——初始职业化 [J]. 河南职业技术师范学院学报 (职业教育版), 2003 (6): 5-7.

⑤ Pan H., Liu X., Wang G., et al. Vocational education, skill formation and social development [J]. Education Sciences, 2024, 14 (2): 123-140.

⑥ Mikkonen S., Pylväs L. Identifying resilience promoting factors in vocational education and training: a longitudinal qualitative study in Norway [J]. Empirical Research in Vocational Education and Training, 2023, 15 (1): 1-18.

⑦ Dalziel J., Brown A. Designing and evaluating blended learning environments for vocational education [J]. Journal of Vocational Education & Training, 2020, 72 (4): 486-504.

⑧ 廖策权. 教育性和职业性是定位职业教育本质的应然视角 [J]. 教育与职业, 2017 (3): 100-104.

⑨ 侯佳, 李兴军. 职业教育本质属性的争鸣 [J]. 职教论坛, 2008 (15): 49-51.

"职业导向性是各类职业教育的共同属性，它贯穿于职业教育各个环节之中，是职业教育区别于其他类型教育的特有的本质属性"①。

1.2 职业教育的"技艺授受"

职业教育是科技转化为现实生产力的桥梁。在当今社会，科学技术的迅猛发展无疑推动了生产力的飞速进步。然而，如何将这些科研成果具体应用到每个劳动者身上，提升整体工作效率和产品质量，是摆在我们面前的一大挑战。这中间，职业教育扮演着至关重要的角色。通过职业教育，不仅可以将理论知识转化为实践技能，还能使劳动者更好地适应新技术的应用，从而促进整个社会的生产力水平得到实质性的提升。

有学者提出，"技艺授受"是职业教育的本质，职业教育的本质所指的"技艺"是"富于技巧性的技术或手艺"。即职业教育是由掌握一定技巧性的技术或手艺的教师将其掌握的技术、技艺授受给那些有比较明确的技术、技艺应用意向的学生，使其能够在社会的技术、技艺性的工作中就职，并且能够在这些职业中发展，其教学内容就是某种技艺。② 通过对职业教育历史进行研究不难发现，随着历史的发展，无论是原始社会、奴隶社会、封建社会还是近代社会和现代社会，职业教育的这一特性在从古至今的职业教育中是明显的、永恒存在的，职业教育均以"技艺授受"为导向。③ 职业教育最本质的特征是"技术技能教育"，其他特征是这一本质特征的延伸和拓展。这一本质在新修订的《中华人民共和国职业教育法》（2022 年修订）（以下简称《职业教育法》）中有鲜明体现，"本法所称职业教育，是指为了培养高素质技术技能人才，使受教育者具备从事某种职业或者实现职业发展所需要的职业道德、科学文化与专业知识、技术技能等职业综合素质和行动能力而实施的教育，包括职业学校教育和职业培训"④。所谓技术技能人才，是指既掌握技术又拥有技能的人才，具有知识和实践相结合的复合特征，一般由高层次的职业教育和应用型的学术教育共同培养。⑤ 由此看来，职业教育参与培养技术人才、独立培养技能人才、

---

① 徐涵．论职业教育的本质属性［J］．职业技术教育（理论版），2007（1）：15.
② 刘晓．职业教育的本质属性：历史、事实与价值［J］．职教通讯，2011（9）：1-8.
③ 刘晓．职业教育的本质、属性及其发展的界域［J］．中国职业技术教育，2013（27）：9-13.
④ 中华人民共和国职业教育法［M］．北京：中国劳动社会保障出版社，2022.
⑤ Zitter I.，Hoeve A.，Bruijn E. The role of vocational education and training in the implementation of work-based learning［J］．Journal of Vocational Education & Training，2022，74（2）：233-251.

共同培养技术技能人才，这是职业教育作为一种人才培养教育类型的本质所在。[①] 杨兴等认为职业教育应当是多层次的，凡是实施技术教育或技能教育的，都应当纳入职业教育范畴体系之中。[②]

1.3　职业教育的"人人性"

习近平总书记在对职业教育工作的指示中明确提出，"要树立正确人才观，培育和践行社会主义核心价值观，着力提高人才培养质量、弘扬劳动光荣、技能宝贵、创造伟大的时代风尚，营造人人皆可成才、人人尽展其才的良好环境"[③]。李克强总理在部署加快发展现代职业教育时也指出，"吸引更多资源向职业教育汇聚……为广大年轻人打开通向成功成才的大门……满足人民群众生产生活多样化的需求"[④]。国家政策对现代职业教育的关注逐渐增强，并强调以人为本的理念。通过提升教育质量、注重学生个性化发展，以及促进产教融合等措施，推动职业教育的现代化进程。在当前社会，现代职业教育正逐渐成为培养高素质技术技能人才、能工巧匠和大国工匠的重要途径。中共中央办公厅、国务院办公厅印发的《关于深化现代职业教育体系建设改革的意见》明确提出，要坚持以人为本、能力为重、质量为要的原则，推动职业教育改革和发展。这反映了国家对职业教育的高度重视和对其现代发展的期待。

职业教育必须致力于"人"这个本体存在，且要体现"人与自然同一性"为角度的价值伦理规定。[⑤] 该观点认为，职业教育本质的属性应该是为社会当中的每个人提供教育服务，职业教育应该是面对每个人与社会，即"人人性"。黄炎培指出，"教育以人为本位，不是把课本或学校作本

[①] 荣司平. 一种基于社会事实的职业教育本质观 [J]. 重庆电子工程职业学院学报，2024，33（01）：1-8.

[②] 杨兴，闫哲峰，于艳君. 职业教育内涵与范畴辨析 [J]. 张家口职业技术学院学报，2003（2）：11-13.

[③] 努力培养高素质劳动者和技术技能人才——三论学习贯彻习近平总书记关于职业教育工作重要指示精神 [EB/OL].（2024-06-26）[2024-08-28]. http://www.moe.gov.cn/jyb_xwfb/moe_2082/s8184/20140626_170845.html.

[④] 人民财评：发展职业教育　浇筑"中国梦"地基 [EB/OL].（2014-02-27）[2024-09-16]. https://www.gov.cn/jrzg/2014-02/27/content_2624363.html.

[⑤] Schulte P., Siegemund M. Digital transformation in vocational education and training: evidence from a cross-country analysis [J]. International Journal for Research in Vocational Education and Training，2022，9（1）：47-69.

位，亦不是把地方或国家作本位，职业教育是为人而教育"①。可见，离开人的发展，职业教育无从谈及。因此，职业教育应该面向人人，着眼于大多数人的现实生存、个性养成和生涯发展，突破生活教育、劳作教育以及技术教育的狭隘视野，给学生以包罗万象的整体教育，这样人才会有自我教育的内在本源和内在动力，才是真正的教育。所谓职业教育的"人人性"，是指职业教育具有服务于和面向社会每个成员的固有特性，即职业教育是面向人人的教育。② 人不仅要认识世界，而且要改造世界，并且在认识与改造世界中建立起人的生存活动的种种关系。有学者提出，职业教育要以人为本，实现人的全面发展，这就要求职业教育必须体现人人性，努力做好两个方面的工作：一要面向广大人民群众的子女；二要提供适合广大人民群众需要的教育。③

《国家职业教育改革实施方案》（2019）提出职业教育要服务发展、促进就业创业，为终身学习服务，推动形成人人皆可成才、人人尽展其才的良好环境，探索建立个人"学分银行"制度等。这表明，第一，职业教育是一种普及型教育，教育对象是面向大众的，社会各类人群任何时候都可以接受职业教育；第二，职业教育注重每个人的发展，注重挖掘人的"潜能"，张扬人的个性，人人都能通过职业教育尽展其才；第三，职业教育对个体实施的是有针对性的教学，如现代学徒制等教学方式，让学习者都能学会一定的工作技能，人人都可以通过接受职业教育满足不同发展阶段的就业和创业需求。④ 张鹏顺也认为，职业教育不仅指在学校中进行的职业学校中等、高等职业教育，而且还包括成人教育、职业培训等教育，简单讲，职业教育是对从事某种职业提供必需的职业能力的教育。⑤

1.4　职业教育的终身性

终身教育的理念如今已被国际社会广泛认可，并且对世界教育的发展起到了极为深刻的影响。1962 年以来，联合国教科文组织（UNESCO）制

① 黄炎培．职业教育 [M]//中华职业教育社．黄炎培教育文集：第 2 卷．北京：中国文史出版社，1994：324.

② 陈齐苗．也谈职业教育的本质——读俞启定先生的《职业教育本质论》有感 [J]．职教论坛，2010（7）：81.

③ 曾来，肖凤翔．职业教育的平民性探究 [J]．职教通讯，2010（11）：5-8，41.

④ 黄斌．职业教育作为类型教育的内涵、特征及其培育 [J]．中国职业技术教育，2020（1）：67-72.

⑤ 张鹏顺．我国现代职业教育体系的内涵与建构路径 [J]．教育与职业．2015（3）：5-7.

定了《技术和职业教育建议书》、《技术和职业教育公约》（1989）、《修订的关于技术和职业教育的建议》（2001）等文件，强调要建立大视野下的职业教育观，旨在形成"职普融通、终身学习、人人平等"的职业教育发展环境。① 整个职业教育制度必须在终身教育原则的基础上加以重构。职业教育上延至高等教育阶段，下伸至基础教育阶段，并与成人教育、继续教育相融合。② 同级职业教育又包含众多的专业，均可相互延伸。③ 职业教育在实现终身教育目标的过程中承担着不可或缺的重要职责。要实现这样的目标，职业教育应以更加开放和宽阔的胸怀，更加灵活多样的课程和教学模式，提供终身学习的机会和途径，使每个人一生中都有机会拥有获得新技能的机会，学有所教，进而获得技能性就业或高技能就业，减少无技能就业或低技能就业。并使职业教育能够与普通教育相互沟通，架起人才成长的立交桥。④

有学者提出，职业教育终身化发展是终身教育理念在职业教育领域内的有效植入与贯彻，职业教育终身化理论要将职业教育贯穿于人生的不同发展阶段，使人的职业发展成为一个有机的整体⑤，也是职业教育贯穿职业生涯全过程的重要体现。⑥ 随着社会对于技术技能人才的需求日益迫切，职业教育的服务对象日益扩大，逐渐贯穿人的整个职业生涯。在这一过程中，必然要克服办学理念、运行机制、组织管理等一系列现实问题。然而，只有不断增强自身内涵建设，才能提高社会服务能力，才能做好终身职业教育。⑦

---

① 李玉静. UNESCO 政策框架下我国职业教育发展研究 ［J］. 职业技术教育，2016（21）：18-26.

② Kamarianos, Ioannis, et al. Reimagining Vocational Education：Lifelong Learning in the Context of the Fourth Industrial Revolution ［J］. International Journal of Lifelong Education, 2022, 41（2）：215-233.

③ Brown Tony, James Sally. Lifelong Learning and Vocational Education in the Age of Digitalization ［J］. Journal of Vocational Education & Training, 2023, 75（1）：85-102.

④ 黄尧. 职业教育学：原理与应用 ［M］. 北京：高等教育出版社，2009.

⑤ 张建军. 终身教育视角下的职业教育模式转换 ［J］. 职教论坛，2012，（20）：18-19.

⑥ Liu Xinqiao, Gao Wenjuan. Innovative Approaches to Lifelong Vocational Education：Emerging Trends and Future Directions ［J］. Education Sciences, 2023, 13（3）：345-362.

⑦ 张盈. 我国职业教育终身化发展的障碍与路径 ［J］. 现代教育管理，2019（7）：102-106.

2 通过类型定位研究来阐释职业教育的本质

职业教育作为一种独特的教育类型，其地位与普通教育同等重要。职业教育与普通教育的之间并无"高下之分"，却有"类型之别"。职业教育无论是在内涵上还是在外延上，都与普通教育有着显而易见的分野。2019年发布的《国家职业教育改革实施方案》明确指出："职业教育与普通教育是两种不同教育类型，具有同等重要地位"，从国家政策上旗帜鲜明地确立了职业教育在国民教育体系中的战略定位。2020年教育部将"十三五"期间职业教育最大的贡献概括为"确立了职业教育的类型"，将最大的突破概括为"构建起纵向贯通、横向融通的现代职业教育体系"[①]。2021年全国职业教育大会提出优化职业教育类型定位，加快构建现代职业教育体系。[②] 1996年5月第八届全国人民代表大会常务委员会第十九次会议通过《中华人民共和国职业教育法》，时隔26年，新修订的《职业教育法》于2022年5月1日起正式施行。深刻理解《职业教育法》赋予职业教育的类型定位与新时代使命，有助于明确特色定位、促进错位发展。职业教育"类型"定位、突破与优化，在中国特色现代职业教育体系的构建以及新时代职业教育高质量发展的推动过程中，具有重大的理论意义与实践价值，且会产生长久而深远的历史影响。

职业教育先驱黄炎培先生认为，职业教育的目的，一是为谋个性之发展；二是为个人谋生之准备；三是为个人服务社会之准备；四是为国家及世界增进生产力之准备。[③] 德国的戴辛阿认为，区分职业教育类型，有三种不同的思路。第一种思路是按照对实际情况的描述，来归纳不同的类型特征。以此划分的类型叫作实然类型（realtyp），这样的特征类型是人们能够直接感受到的；第二种思路是设置一定的特征参数，按照相符的特征参数的多寡，来归纳出类型特征。以此划分的类型叫作极端类型（extremtyp），这样的类型特征是人们无法直接感受到的；第三种思路是剖析、梳理和厘清现实特征，归纳出唯一的关键性特征。以此划分的类型叫作应然类型

---

① 教育部职业教育与成人教育司. 从"层次"到"类型"职业教育进入高质量发展新阶段——"十三五"期间职业教育发展有关情况介绍 [EB/OL].（2020-12-08）[2024-06-16]. http://www.moe.gov.cn/fbh/live/2020/52735/sfcl/202012/t20201208_503998.html.

② 邢彦明. 从教育类型学观中国特色职业教育"类型"定位 [J]. 中国职业技术教育，2021（33）：24-30.

③ 成思危. 黄炎培职业教育思想文萃 [M]. 北京：红旗出版社，2006：83.

（idealtyp），它处于实然类型和极端类型之间。①

约翰·杜威在《民主主义与教育》中提出，"有一种危险，把职业教育在理论和实践方面解释为工艺教育，作为获得将来专门职业的技术效率的手段。这样，教育将变成原封不动地永远延续社会现有工业秩序的工具，而不是改革这种工业秩序的手段"②。

职业教育类型定位阐释本质的逻辑如图2-1所示。

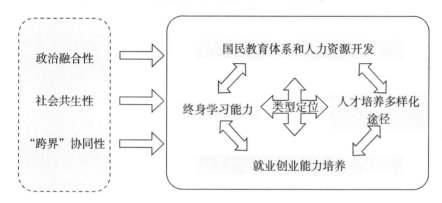

图2-1 职业教育类型定位阐释本质的逻辑

以图2-1为主线，结合职业教育的政治融合性、社会共生性及"跨界"协同性的特点，探讨职业教育类型定位阐释本质的逻辑，主要包括以下四个方面。

2.1 从国民教育体系和人力资源开发出发

职业教育是国民教育体系和人力资源开发的重要组成部分。人力资本对经济的影响分为两部分：直接影响和间接影响。一方面，人力资本通过增加劳动力供给直接促进经济增长，并通过提高工人教育水平来提升其生产效率从而优化生产过程；另一方面，人力资本可以通过学习国外先进技术并进行创新，从而促进产业升级，以此来推动经济增长。③ 职业教育与

---

① Deißinger T. Das Konzept der "Oualifizicrungsstile" als Kategoriale Basis idealtypischer Ordnungsschemata zur Charakterisierung und Unterscheidung von "Berufsbildugnssystemen" [J]. Zeitschrit für Berufs-und Wirtschaftspädagogik, 91. Band. Heft 4. Stuttgart：Franz Steiner Verlag Wiesbaden GmbH, 1995，91（4）：367-387.

② 约翰·杜威．民主主义与教育［M］．王承绪，译．北京：人民教育出版社，2001：334-335.

③ Teixeira, Oueiros. Ecoomic growth, human capital and structural change：A dynamic panel data-analysis［J］. Research Policy, 2016, 45（8）：1636-1648.

普通教育相辅相成，共同构成了我国完整的教育体系。通过职业教育，我们可以培养大量的高素质技能人才，为国家的经济建设和社会发展提供有力的人才保障。人力资本构成是决定经济发展方式的重要因素。① 就各个国家职业教育的社会需求而言，劳动力市场所产生的影响乃是一个关键方面。职业教育将会给普通家庭带来更多的好处和收益，学生接受严格的职业教育会得到更多的好处。②

职业教育的类型定位从某种意义上来说，是为了培养某种职业或实现职业发展所需要的综合素质和行动能力的人才而设立的。职业教育与普通教育相比更注重实践性和职业技能的培养，旨在使学生能够掌握一门实用的技能，为未来的就业和职业发展打下坚实的基础。

2.2 从人才培养多样化途径出发

随着社会的发展和产业的升级，对于人才的需求也越来越多样化。职业教育可以根据市场需求和产业发展趋势，灵活调整专业设置和课程内容，培养适应不同行业和岗位需求的人才。此外，企业参与到职业教育当中，能够提高职业教育的整体水平，适应整体社会发展的需要，增强学徒的信心和能力。③ 虽然企业在开展培训的过程中花费了很多成本，但企业能够利用雇用学徒来进行弥补，还能够使雇用、磨合员工付出的成本得以有效规避④，有利于人才培养多样化的发展。

有学者认为，职业教育的类型特征应该体现在人才培养的全过程，"职业教育的类型特征主要体现在人才培养上，分类标准是技术知识的生产，类型边界为培养目标、培养规格、课程体系与安排，差别现象体现在人才培养类型、专业知识与能力要求及专业必修课程结构与安排上"⑤。要

---

① Park J. Dispersing of Human Capital and Economic Growth [J]. Journal of Macroeconomics, 2006, 28 (3): 520-539.

② Jonathan M. Evidence on the returns to secondary vocational educationly. [J] Economics of Education of EducationReview, 2007 (26): 559-573.

③ Dealtry R. Managing the corporate university learning curve [J]. Journal of Workplace Learning, 2001, 14 (2): 76-81.

④ Felix Wenzelmann, Gudrun Schönfeld, Harald Pfeifer, Regina Dionisius. In-company vocational training-Aworthwhile investment for enterprises [EB/OL]. BIBB (联邦职业教育研究所), 2009 (8): 16.

⑤ 王松. 职业教育类型特征体现在哪里: 基于职普人才培养方案的对比研究 [J]. 职业技术教育, 2021 (33): 42-46.

加快专业培训的更新速度，对职业教育课程进行变革。① 职业教育"类型"定位确立了构建中国特色现代职业教育体系的逻辑起点，奠定了建设中国特色现代职业教育体系的政策基石，指明了中国特色现代职业教育改革实践的行动方向，开创了现代职业教育治理体系的实现路径，是中国特色现代职业教育理论体系、制度体系、治理体系的出发点，对推动新时代职业教育高质量发展具有重大的理论和实践意义。②

有学者提出，通过对职业教育与其他类型的教育特别是普通教育（普通文化教育）的区别与联系进行辨析，将职业教育"定位"为"一种广义的大职业教育，即与普通文化教育相对应的、涵盖针对职业的所有专门教育"，进而探讨了这种职业教育区别于普通文化教育和狭义职业教育的诸多特征。③ 米靖认为现代职业教育的内涵应当包括根本动力、培养目标和教学内容三个方面。其中，改革与发展的根本动力是职业教育要适应劳动力市场的需求，而培养目标是塑造全面发展的职业人，教学内容要与学术研究、教育模式有机结合。④

2.3 从就业创业能力培养出发

职业教育最直接的目的是为学生提供与职业相关的实用技能，帮助他们进行就业。通过职业教育，学生可以掌握一门实用的技能，提升自己的就业竞争力。同时，职业教育还可以培养学生的创业意识和创新能力，鼓励他们积极投身创业实践，为社会创造更多的就业机会和财富。工作不仅是谋生的手段，而且是一种职业。⑤ 正如中国近代实业家、政治家、教育家张謇所说，职业教育就是要实现学生在"将来毕业后，为农者必蕲为良农，为工者必蕲为良工，为商者必蕲为良商"⑥。职业教育倡导者黄炎培、张謇以及陶行知等人把谋生功能视为职业教育的本质属性。这一观点即便

---

① Ute Hippach－SchneideMartina Krause. Christian Woll. Vocational education and training in Germany ［R］. Luxembourg：Office for Official Publications of the European Communities，2007：48-50.

② 邢彦明. 从教育类型学观中国特色职业教育"类型"定位 ［J］. 中国职业技术教育，2021（33）：24-30.

③ 李政云，欧阳河. 从教育类型划分谈职业教育本质 ［J］. 职业技术教育，2003（4）：16-18.

④ 米靖. 论现代职业教育的内涵 ［J］. 职业技术教育.2004，（19）：9-12.

⑤ Selena Chan. From Job to Calling：Vocational Identity and the Role of Apprenticeship ［J］. Vocations and Learning，2019，12（3）：387-403.

⑥ 曹丛坡，杨桐. 张謇全集：第4卷 ［M］. 南京：江苏古籍出版社，1994：554.

在当下，依旧具有适用性。

通过创业能力的培训，学生在掌握业务能力的基础上，还能够掌握很多具有较强实用价值的知识和社会能力，一毕业就能够入职，在其熟悉的工作环境当中独立完成工作，具有较强社会能力和个人能力。①

除此之外，随着技术的不断更新和产业的不断发展，职场对人才的需求也在不断变化，信息化时代的经济以其发展速度加快、产业结构不断调整、产品更新换代频繁等特点引起整个社会的大变革。对于生活在这个时代的人来说，只有在一生中不断学习，才能让自己适应社会变化的要求、保持与社会进步同步。

2.4 从终身学习能力出发

随着技术的不断更新和产业的不断发展，职场对人才的需求也在不断变化。因此，职业教育需要培养学生的自我学习和自我提升能力，不断地激发、改变人类的潜能或潜力，这必须是由学习者的经验以及和世界的互动产生的。② 个人只有通过不断学习，才有机会在社会立足，而职业教育是实施终身学习的主要平台之一。职业教育为学生提供了进入职场的初步技能和知识，是他们职业生涯的起点。通过职业教育，学生可以学习到与特定职业或行业相关的实用技能，为未来的工作做好准备。这种初步的职业技能学习为学生打下了坚实的基础，使他们能够在未来的职业生涯中继续学习和成长，以此来实现创造终身学习社会的目标，适应世界范围内的新变化。③

终身学习日益成为一种发展走向，这并非仅仅源于当下职业的快速变化，其深层次原因在于背后的经济、社会和文化的变迁成为促使人们进行终身学习的本质推动力。终身学习具有重大意义。从个人角度来看，终身学习能不断提升个人的知识和技能水平，增强其在职业市场中的竞争力。随着时代的发展，新的技术和理念不断涌现，只有持续学习才能适应变化，不被淘汰。它还能丰富个人的精神世界，拓宽视野，培养兴趣爱好，

---

① Ames Avis. Global Reconstructions of Vocational Education and Training [M]. London: Routledge, 2016.

② Karl Steffens. Competences, Learning Theories and MOOCs: Recent Developments in Lifelong Learning [J]. European journal of education, 2015, 50 (1): 41-59.

③ Cecilia Victorino - Soriano (ASPBAE). Community - Based Lifelong Learning and Adult Education: Adult Skills andCompetencies for Lifelong Learning [M]. Paris France: United Nations Educational, Scientific and CulturalOrganization, 2016.

让生活更加充实和有意义。从社会角度而言，终身学习有助于推动社会的进步和发展。它能提高整个社会的文化素质和创新能力，为经济的持续增长提供智力支持。同时，终身学习能促进不同人群之间的交流与合作，增强社会的凝聚力。

在全球化的时代背景下，终身学习更是成为人们与世界接轨、适应国际竞争的必要手段。它让人们能够紧跟时代潮流，积极参与全球事务，为构建更加美好的世界贡献自己的力量。经济社会出现的种种问题和挑战加速了终身学习理论的产生，推动了终身学习的发展。[①] 构筑服务个体职业生涯终身发展的制度体系，使职业教育从广度、长度、深度上融入终身学习系统。

3　通过功能研究来阐释职业教育的本质

自人类出现社会分工起，职业便成为一种持久的社会现象以及核心的社会实践形式，一直延续至今。职业的社会作用具有广泛性，其构成也极为复杂，正因如此，它成为社会学、经济学、管理学、教育学、心理学、伦理学等诸多学科的关注与研究对象。回顾国内外学者关于职业教育本质的相关研究可以发现，职业教育的本质反映的是在一定的社会、经济、政治、教育条件下的各个构成因素之间的必然的、内在的以及稳定的联系，体现出职业教育区别于其他教育形式的根本特征。

3.1　职业教育与社会

雅斯贝尔斯曾说过："教育是一种方式，和特殊的社会构成一样，是通过多少代人的传承而保留下来的。因此当社会发生根本变革时，教育也要随之而变，而变革的尝试首先是对教育本质问题的追问。"[②] 社会学的职业教育本质论是将职业教育的概念建立在一个假设之上，因"职业"一词多来源于社会学的范畴，故将这样的研究视角称为"社会学的职业教育本质论"。职业教育作为教育体系的重要组成部分，其核心目的是培养适应社会发展需求的高素质技能型人才。职业和专业学习离不开社会情境的参

---

① Timo Halttunen, et al. Promoting, Assessing, Recognizing and Certifting Lifelong Learning [M]. Heidelberg: Springer Dordrecht, 2014.

② 卡尔·雅斯贝尔斯. 什么是教育 [M]. 邹进, 译. 北京: 生活·读书·新知三联书店, 1991: 43.

与，学习者需要与社会环境产生互动。① 社会体系是一个包含制度、文化、科技等多方面的复杂系统，为职业教育提供了发展的土壤和条件。

职业教育的所有活动均是在特定的历史条件与社会关系中展开的。职业教育承担着为地方经济和社会发展培育各类技能人才以及提升劳动者素质的重任，涉及社会的各个方面。职业教育面向社会进行办学，积极主动地适应经济与社会的发展，社会各相关部门以及社会办学力量踊跃参与办学，其终极目标是为社会服务，具有显著的社会性。职业教育的社会性提出的当时，是职业教育区别其他类型教育和社会活动的显著属性。② 然而，伴随社会的不断发展，人们对教育的重视程度以及参与度显著提高，职业教育这一本质属性演变为各类教育共同具有的象征与标志。教育是一种培养人的社会活动，社会性同样是教育的本质属性之一。满足社会需求是职业教育的宗旨所在。正如黄炎培先生在《职业教育机关唯一的生命是什么?》一文中明确指出的，职业学校"从其本质来说，就是社会性；从其作用说来，就是社会化"③。"职业学校的基础，是完全筑于社会的需要上"④。黄尧在其著作中提出，职业教育同普通教育相比，职业教育与整个社会的联系更加紧密、更具体，为整个社会服务更直接。职业教育对社会环境的高度依存性，职业教育的教学、课程、评价和管理也需要行业企业的参与和支持，必须与生产劳动和社会实践紧密结合。就杜尔凯姆的功能主义视角而言，职业教育被认为是一种社会制度，因此是社会有机整体的一部分，社会需求高于个人需求。职业教育是在教育领域内进行的一种技能培训和谋生就业活动，直接任务是为社会生产培训合格的劳动者，为经济发展服务，从而为促进社会的发展服务。衡量任何教育活动的根本标准是培养人才的数量和质量，所以职业教育服务于社会，实际上就是为教育目标的实现服务，促进社会生产方式发展，最终达到为社会发展服务，这就是职业教育区别于其他活动的特殊性之所在。⑤

---

① Braunstein A. et al. A taxonomy of social embedding-A systematic review of virtual learning simulations in vocational and professional learning [J]. Studies in Educational Evaluation，2022，72.

② 王娟. 职业教育本质属性的历史比较与现实思考 [D]. 长沙：湖南师范大学.

③ 黄炎培. 黄炎培教育文集：第二卷 [M]. 北京：中国文史出版社，1994：488.

④ 黄炎培. 黄炎培教育文集：第二卷 [M]. 北京：中国文史出版社，1994：489.

⑤ 王川. 论职业教育的内涵与本质属性 [J]. 职教论坛，2005（06S）：4-9.

3.2 职业教育与经济

经济是一个国家、一个社会繁荣稳定的基础。它涉及资源的分配、生产、消费等，与我们每个人的生活都息息相关。一方面，职业教育为经济发展提供了大量具备专业技能和实际操作能力的人才，这些人才是推动产业升级、技术进步的重要力量。[1][2] 另一方面，经济的发展也为职业教育提供了更多的机遇和挑战，让职业教育能够不断适应市场需求，培养出更加符合社会需要的人才。[3]

在18世纪，经济学家就已经关注到职业教育的经济功能，如亚当·斯密就发现了职业教育的作用和功效，认为"一种费去许多功夫和时间才能学会的特殊技巧和熟练的职业可以说等同于一台高价的机器"[4]。20世纪60年代西奥多·W. 舒尔茨开创了人力资本理论，更是将国家重视发展职业教育进一步理论化，认为通过教育可以形成人力资本，而通过教育形成的人力资本是经济增长和社会发展主要的源泉和推动力。[5]

大量的研究证据表明，职业教育通过促进科技进步和人力资本积累来推动经济增长[6]。周绍梅提出，在职业教育的发展进程中，产教融合乃是推动我国产业转型升级的必然路径。[7] 杨琪在对高等职业教育发展过程进行成本—收益分析后得出结论：高等职业教育的成本与收益通常高于普通本科教育。职业教育的发展需将满足现实人才需求作为首要任务，唯有如此，方能更有效地提升职业教育的个人效益与社会效益。[8] 徐国庆认为我

① Edokpolor E J，Owenvbiugie O R．Technical and vocational education and training skills：an antidote for job creation and sustainable development of nigerian economy［J］．Problems of Education in the 21st Century，2017，75（6）：535-549.

② Lee W K，Kim H D，Lee K H．Is the Meister Vocational High School more cost-effective？［J］．International Journal of Educational Development，2016，51：84-95.

③ Amadi O．R．，Adolphus D．Global Economic Crisis：A Challenge to the Entrepreneurship Development of Technical Vocational Education and Training in Oil and Gas Sector of the Nigerian Economy［J］．Journal of Economics and Sustainable Development，2013，4（04）：15-23.

④ Martin Cohen．亚当·斯密与《国富论》：汉英对照［M］．王华丹，徐敏，译．大连：大连理工出版社，2013.

⑤ 范其伟．我国城市化进程中职业教育发展研究［D］．青岛：中国海洋大学．2014.

⑥ 彭锻炼．职业教育支出绩效评价及激励机制设计研究［M］．上海：立信会计出版社，2009.

⑦ 周绍梅．产业转型升级视角下职业教育产教融合的症结与破解［J］．教育与职业，2018（2）：8-14.

⑧ 杨琪．产业化目标取向下的高等职业教育成本与收益分析［J］．东岳论丛，2014（9）：100-104.

国职业教育发展面临着国家需求与企业需求、个体需求不协调的困境问题，需要反思我国市场经济运行模式，重新定位企业在职业教育发展中的角色。① 祁占勇等认为我国职业教育还与社会经济、产业结构不适应，经费缺乏，体制机制、校企合作及产教融合有待完善。② 石伟平关注了职业教育培养质量的问题，认为尝试建立支持教师参与课程改革的激励机制来提升职业教育培养质量③。职业教育发展的经济效应还体现在能使职业院校培养的学生具备可持续发展的能力，当社会环境和职业环境发生变化时，经过职业学校培养的就业者具备能够重新获得新知识和新技能的能力。④ 收入与在职业教育领域深造时间成正相关。⑤ 全球经济处在不断变化之中，为适应时代发展，职业教育应注重培训质量与提升人才技能水平。⑥

3.3 职业教育与政治

政治性是职业教育的关键属性，其内部蕴含的政治元素和背后的政治博弈，以及不同政治体制对职业教育发展的影响。职业教育作为培养技能型人才的重要途径，在全球范围内都受到了广泛的关注和研究。关于职业教育的政治性研究相对较少，这一领域仍有待深入探索。国内外学者在研究职业教育时，往往从不同的角度切入，但聚焦于职业教育政治性的研究并不多见。

在国外，学者多从社会学、文化学等角度探讨职业教育与政治的关系。这些研究主要关注职业教育如何反映和影响社会结构、文化观念以及政治体系。例如，有学者考察了职业教育在促进社会平等、增强社会凝聚力方面的作用，以及职业教育政策如何受到政治环境和社会需求的影响。

---

① 徐国庆. 我国二元经济政策与职业教育发展的二元困境——经济社会学的视角 [J]. 教育研究，2019（1）：102-111.

② 祁占勇，王佳昕，安莹莹. 我国职业教育政策的变迁逻辑与未来走向 [J]. 华东师范大学学报（教育科学版），2018（01）：104-111.

③ 石伟平. 我国职业教育课程改革中的问题与思路 [J]. 职业技术教育，2005（31）：15-18.

④ 姜大源. 中国职业教育发展与改革：经验与规律 [J]. 职业技术教育，2011（19）：5-10.

⑤ Böckerman P , Haapanen M , Jepsen C . Back to school：Labor-market returns to higher vocational schooling [J]. Labour Economics，2019，61（C）：101758-101758.

⑥ Holden R."Quality Improvement in Adult Vocational Education and Training：Transforming Skills for the Global Economy"[J]. Education + Training，2009，51（01）：85-86.

这些研究为我们理解职业教育的政治性提供了有益的视角。①

国内学者在研究职业教育时，更多地关注政策导向、发展模式以及与市场需求的对接等方面。这可能与我国职业教育的发展历程和政策环境密切相关。国内研究者在探讨职业教育的政治性时，往往侧重于分析政策制定背后的政治考量、职业教育在国家发展战略中的地位以及职业教育如何服务于社会主义现代化建设等议题。这些研究对于揭示职业教育的政治内涵具有重要意义。②

近年来国内外学者也开始关注职业教育与思想政治教育的融合问题。这种融合不仅有助于培养学生的职业素养和道德品质，还能进一步凸显职业教育的政治性。例如，有学者探讨了如何将大学生职业生涯规划教育与思想政治教育相结合，以提高学生的综合素质和社会责任感。③ 这些研究为我们思考职业教育的政治性提供了新的思路。

随着全球化进程的加速和国际交流的增多，职业教育的国际化趋势也日益明显。在这一背景下，研究不同国家职业教育政策背后的政治因素和文化差异显得尤为重要。通过对比分析不同国家的职业教育政策和实践，我们可以更深入地理解职业教育的政治性及其在国际范围内的表现形式。

国内外关于职业教育政治性的研究虽然相对较少，但这一领域的研究价值不容忽视。通过深入挖掘职业教育的政治内涵，我们可以为职业教育的发展提供更全面的理论支持和实践指导。同时，也有助于我们更深入地理解职业教育在社会、经济和政治等多个领域中的重要作用。

3.4　职业教育与教育

职业教育以教育科学理论为指导。教育学作为职业教育的理论基础，以一般的教育规律指导研究职业教育科学的特定对象和职业教育问题，为职业教育科学研究提供理论依据。在教育学的指导下，职业教育注重培养学生的实际技能和职业素养，使他们具备在特定职业领域中发展所需的知识、技能和态度。教育学的理论和方法可以帮助教师设计有效的教学活动，促进学生的学习和成长。教育学还可以为职业教育的课程设计、评估

---

① Lum G . Vocational education：international approaches，developments and systems ［J］. Journal of Education Policy，2006，23（4）：450-452. DOI：doi：10. 1080/02680930802121286.

② 高奇 . 关于职业教育理论研究的几个问题 ［J］. 职业教育研究，1983（4）：9-11.

③ 向海明霞 . 职业教育视域下的思想政治教育的探讨 ［J］. 中外交流，2019（7）：65.

和改进提供指导。通过科学的教育评估方法，可以及时发现学生的学习困难和问题，为他们提供个性化的学习支持。教育学的研究成果也可以为职业教育政策制定和实施提供参考，促进职业教育体系的不断完善和发展。总之，教育学的理论和方法在职业教育中起着重要的指导作用，帮助职业教育实现其培养具有职业素养和实际技能的学生的目标。通过教育科学的指导，职业教育可以更好地适应社会经济发展的需要，为学生的职业发展提供有力支持。但为了收入的长久稳定，职业教育与普通教育二者需要兼顾。①

有学者提出，职业教育的本质是在专门学习场所或工作场所通过信息传递来促进人的职业素质发展的实践活动。这一界定首先认定职业教育是一种教育活动，即"通过信息传递来促进人的发展的实践活动"，进而将学习场所和职业素质作为职业教育区别于其他类型教育的两个主要特征纳入其中。② 这一定义强调了职业教育的实践性质，即通过信息传递促进人的职业素质发展。在这个定义中，学习场所和工作场所被视为促进职业素质发展的关键环境，强调了职业教育与其他类型教育的区别。职业教育的核心目标是培养学生具备在特定职业领域中所需的知识、技能和素质，使他们能够胜任未来的职业工作。通过信息传递来促进人的发展，强调了教育内容的重要性。在职业教育中，传授和传递职业相关的知识和技能是至关重要的，这些知识和技能将帮助学生在实际工作中取得成功。同时，通过实践活动来促进职业素质的发展，也强调了学生在实际工作环境中的学习和发展的重要性。学生需要在真实的工作场所中进行实践，才能更好地掌握职业技能和素质。教育和技术是获得熟练劳动力的两个基本要素。教育通过个人能力和行为的自愿和永久变化提供持续改进。技术是一门学科，提供科学和实践之间的联系，并以目标驱动的特定目标和顺序发生。现代教育是一种基于实践的教育，通过使用新技术使学生变得活跃。基于技能和部门期望提高劳动力的生产力也取决于此。③ 通过功能研究来阐释职业教育本质的主要观点汇总见表2-1。

---

① Maïlys K，Daniel O．Vocational versus general education：Employment and earnings over the life course in Switzerland ［J］．Advances in Life Course Research，2019，40：1-13.

② 宫雪．职业教育学科建设中的若干理论问题研究 ［D］．天津：天津大学，2010.

③ Lütfiye Dahil. et al. Reasons and Results of Nonapplicability of Education Technology in Vocational and Technical Schools in Turkey ［J］．Procedia-Social and Behavioral Sciences. 2015，176：811-818.

表 2-1　通过功能研究来阐释职业教育本质的主要观点汇总

功能定位	主要观点
职业教育与社会	职业教育的地位与作用，职业教育与社会各子系统的关系及相互作用
职业教育与经济	职业教育与经济的互动效应、职业教育的经济价值
职业教育与政治	政治性是职业教育的关键属性，其内部蕴含的政治元素和背后的政治博弈，以及不同政治体制对职业教育发展的影响
职业教育与教育	职业教育作为教育活动的目的、实施及保障

4　通过哲学阐释来理解职业教育的本质

哲学是研究世界本源、价值及其规律的，是关于自然、社会和人类最一般规律的学问。哲学的发展离不开社会实践活动。哲学与社会实践相结合并随着社会的不断进步发展形成了不同的分支和层次。哲学是有关世界观的学问。在对于世界的构成问题上，存在两类不同看法：其一认为世界源于同一种事物，此为一元论；其二主张世界由两种相互对立的事物组成，即二元论，如灵魂与肉体、形式与质料、感性与理性等。

从职业教育与哲学的角度出发，职业教育与哲学联系，是职业教育思想发展的必要条件，哲学知识是构建职业教育学理论大厦不可缺少的因素。在职业教育这一领域反映着马克思主义哲学的科学性和实践性，为马克思主义哲学提供了新的现实内容。从职业教育与人的关联来看，职业教育是一个能够促使人们形成更优劳动能力与技能的过程。人的自我实现是对职业教育未来发展的一种积极展望，在特定阶段职业教育与人的发展体现着"技体智"授受需求。职业教育追求人的自我实现，培育人性化的工作，能给人带来较高回报。

探讨哲学与职业教育实践相结合及其对职业教育实践的指导时，首先应该明确职业教育的根本内容。职业教育既是教育的一种类型，又是社会生产实践活动的一种形式，即职业教育作为有目的地培养人的社会实践活动，遵循教育的最一般规律；而职业教育不同于普通教育，与生产技术活动紧密相连，是社会行业性、职业性的活动，具有职业实践性。我们尝试从哲学角度挖掘职业教育的本质问题。从哲学的角度来看，职业教育的本质在于人类对于自身在社会生产实践中的定位和角色的认知，以及人类对于自身职业发展和个人价值的追求。职业教育不仅仅是为了传授知识和技能，更重要的是培养人的职业素养、职业道德和职业精神，使其能够适应社会的发展和需求。哲学可以帮助我们深入思考职业教育的意义和目的，引导我们思考职业发展与个人生命的关系，以及职业实践对于人的全面发展的意义。哲学的思辨和逻辑能力可以帮助我们更好地理解职业教育的本质，并指导我们在职业实践中如何应对各种挑战和困难。通过哲学的思考和反思，我们可以更好地认识自己在职业生涯中的定位和使命，明确自己的职业目标和追求，从而更好地发挥自己的潜力，实现个人的价值和社会的发展。哲学与职业教育实践的结合可以帮助我们更加深刻地理解职业教育的本质和意义，指导我们更好地实践职业教育的目标和理念。

已有的职业教育本质研究及相关研究的对象包括"职业教育本质""职业教育本质属性""职业教育的本质特征"，"本质""本质属性""本质特征"是常用的几个词汇，体现了职业教育研究者对职业教育基本问题进行哲学思考的理论自觉。① 但诚如有研究者指出的，21世纪以来学界对职业教育本质的诸多观点，由于诸如"本质""本质属性""属性"等基本哲学概念的混淆，还难免夹杂着一些错误的因素，最终导致职业教育本质的研究走向一个无法逾越的"深渊"。②

从国内研究现状来看，我国学者在职业教育哲学方面的研究多集中在实用主义哲学思潮上。实用主义哲学对职业教育的影响不容小觑，它从认识逻辑、价值逻辑和实践逻辑三个层面为职业教育提供了有力的理论支撑。特别是在职业教育的目标设定、课程设计以及教学方式上，实用主义哲学都起到了积极的指导作用。③ 仅仅依赖实用主义哲学来阐释职业教育的本质显然是不够的，我们需要从更广泛的哲学角度来全面理解职业教育的深层含义。

国外研究在职业教育哲学阐释方面则显得更为多元化。例如，现象学作为20世纪影响深远的哲学运动，也被引入职业教育的研究中。现象学强调"直面事物本身"，洞察事物的本质，这为探索职业教育的本质提供了新的视角。通过对现象学的分析，我们可以将职业教育的本质呈现为两个

---

① 宫雪．职业教育学科建设中的若干理论问题研究［D］．天津：天津大学，2010.

② 孙侠，邹智．教育本质论争的回顾与思考［J］．当代教育论坛，2008（2）37-39.

③ 刘玉方．当代实用主义职业教育哲学思潮探析［J］．河南科技学院学报（社会科学版），2017，37（10）：45-46.

层面：一是目的论职业教育，关注职业教育的终极目标和意义；二是正规职业教育，关注职业教育的具体实施过程和方法。① 这种分析框架有助于我们更全面地理解职业教育的内涵和外延。

除了现象学和实用主义，还有学者从技术哲学的角度对职业教育进行阐释。技术哲学为职业教育提供了独特的理论工具，从技术生存论、技术认识论以及技术价值论的角度来诠释职业教育的根本问题。② 这种跨学科的研究方法为职业教育的哲学阐释注入了新的活力。

尽管国内外学者在职业教育哲学阐释方面已经取得了一定成果，但仍需进一步拓展研究视角和完善理论体系。未来研究可以综合运用多种哲学思想和方法，对职业教育的本质进行深入剖析，以期为职业教育的改革与发展提供更为全面和科学的理论支撑。同时，我们也应关注不同哲学思潮在职业教育实践中的应用效果，以实证研究的方式检验和完善职业教育哲学理论。

在马克思主义哲学基本原理的语境中，"本质"与"现象"是揭示客观事物的内部联系与外部表现之间的相互关系，反映人们认识客观事物的水平和深度的一对哲学范畴。本质是事物的内部联系，由事物的内在矛盾构成，是事物的比较深刻的、一贯的和稳定的方面。二者的区别在于：本质和现象的区别体现在，本质蕴藏于事物的内部，不能被人的感官直接感知，只有对现象进行抽象思维才能把握；而现象则显露于事物的外部，可以被人的感官直接感知或借助科学仪器观测；事物的本质是相对稳定的，而事物的现象是易于变化的；本质是同类现象中一般的或共同的东西，而现象则是本质的个别的、具体的表现。③ 本质和现象的统一表现为：二者相互联系、相互依存，是客观事物本身所具有的不可分割的两个方面，任何现象都是本质的现象，任何本质都是现象的本质；本质寓于现象之中，并通过现象表现出来。本质和现象之间的差别与矛盾使科学研究成为必要，本质与现象的统一使科学研究成为可能。在本质与现象的对立统一关系中，本质决定现象，现象的存在和发展归根结底取决于本质。唯物辩证

---

① Si-Ping R. Research on Phenomenology of Vocational Education [EB/OL]. [2024-08-05]. http://en. cnki. com. cn/Article_en/CJFD Total-JLKF 202002005. htm.

② 徐宏伟，庞学光. 技术认识论视阈下的职业教育发展 [J]. 教育发展研究，2014 (17)：1-5，32.

③ 廖盖隆，等. 马克思主义百科要览：上卷 [M]. 北京：人民日报出版社，1993.

法关于本质和现象独立统一关系的原理，为人们提供了透过现象把握本质的科学的认识方法。透过现象揭示本质，把握事物发展的方向，正是人们在实践的基础上进行科学研究的目的所在。①

职业教育本质追寻非终极目标，旨在启发打破理想与现实的"微妙平衡"并保持"必要张力"。② 既规范引导职业教育行为，提供价值支点，又让研究者在探寻真谛中保持求真向上意识，敞开自我批判的成长空间，避免本质探寻僵化封闭。

---

① 袁贵仁. 论事物的质、本质与认识秩序的关系 [J]. 北京师范大学学报（社会科学版），1983（4）：76~80.

② 蓝洁. 职业教育本质观的学术生态困境及其超越路向 [J]. 职教论坛，2012（16）：4-8.

第3章 职业教育成为类型教育的学理基础

1 现有研究梳理

21 世纪初我国就有学者提出职业教育类型论观点，但发表的研究成果并不多。以知网期刊数据库收录的文章为例，发表在中文核心期刊和 CSSCI 来源期刊上且题名同时包含"职业教育"和"类型定位"的文章仅为 22 篇。姜大源（2008）提出，教育类型的区别一是在于培养目的不同，二是在于课程内容不同。以此作为教育类型的区别，具有直观意义上的合理性，但并不能构成职业教育成为类型教育的学理基础。[①] 徐国庆（2020）主张技术知识的独立性、技术知识形成过程的复杂性以及技术知识来源的多元性，乃是职业教育成为类型教育的学理依据。他指出，技术知识的独立性决定了职业教育人才培养过程的类型化，技术知识形成过程的复杂性决定了职业教育办学形态类型化，技术知识来源的多元性决定了职业教育管理模式类型化。[②] 郝天聪（2020）认为对职业教育类型地位的质疑并非自古有之，而是源于社会主义市场经济体制的初步建立。经过与德国和美国等国家对比，他指出职业教育内嵌于国家技能形成体制，其类型地位受到国家技能战略、经济生产体制与职业教育参与意愿的结构性制约。职业教育类型地位的真正确立，离不开以夯实其经济社会基础为目标的国家技能形成体制再造。他提出从重塑劳动光荣价值、改善技能型人才就业环境、拓宽技能型人才成长渠道和建立区域协调性劳动力市场等方面来深化和做实职业教育类型定位。在他看来，我们过分强调职业教育服务经济社会发展的功能可能是职业教育成为类型教育的理论假设。他从社会学角度

[①] 姜大源. 职业教育：类型与层次辨 [J]. 中国职业技术教育，2008（1）：1, 34.
[②] 徐国庆. 开发技术知识："双高计划"背景下高职院校课程建设的突破点 [J]. 教育发展研究，2020（9）：47–55.

解释了职业教育成为类型教育的学理基础。① 邢彦明（2021）基于教育类型学研究了职业教育成为教育类型的标准与意义。② 朱德全（2021）通过梳理建党百年以来党的职业教育政策和里程碑事件，指出建党百年来我国职业教育发展"类型理念更加澄明和敞亮，战略地位更加凸显和明晰，发展路径更加开放和自信"。但他只是梳理了近百年来我国职业教育逐步成为类型教育的发展历史、过程事件及经验做法，并没指出其背后逻辑。③ 黄晓钿（2023）基于社会学的功能主义、冲突论、交换论理论和印象管理等理论视角探讨了职业教育成为类型教育的必要性和依据。她认为"职业教育类型定位确立的必要性在于，社会系统功能稳定需整合协调职业教育子系统，社会权力争夺冲突引发职普教育分流焦虑，社会运转下职业教育交换权日益式微，社会大众固有的职业教育刻板印象阻碍社会变迁发展。其类型定位确立的依据在于，职业教育承担社会分工下各层次技术技能人才培养功能，在社会地位、权力与资源分配的冲突疏解中发挥'社会安全阀'部分职能，可促进社会个体通过人际互动获取价值资源，并通过重构职业教育社会形象推动其赋能增值"④。她从职业教育外部深入研究了职业教育成为类型教育的理论依据。刘周伟（2023）提出，职业科学是职业教育类型定位的基础，应基于职业科学构建职业教育类型定位的分析框架等，并提出"统合建立职业分类和职业教育专业设置动态调整机制，构建基于职业标准的国家专业教学标准，并依据职业能力选取职业教育课程内容"等优化职业教育类型定位的政策建议。⑤ 基于职业科学探讨职业教育的类型定位具有一定的理论创新性。职业科学是以职业及其生态过程为研究对象，以职业的标准和职业生态过程的规律为研究内容，以职业生态方法论为宏观研究方法，以更好实现职业预期为研究目标的科学理论。职业科学是职业学科及其不同领域知识的统合整理，职业教育的类型定位确实

---

① 郝天聪，石伟平. 产业结构转型与职业教育办学模式改革——基于对美国，德国，日本，中国的比较分析 [J]. 现代教育管理，2020（8）：122-128.

② 邢彦明. 从教育类型学观中国特色职业教育"类型"定位 [J]. 中国职业技术教育，2021（33）：24-30.

③ 朱德全，石献记. 从层次到类型：中国职业教育发展百年 [J]. 西南大学学报（社会科学版），2021，47（2）：103-117.

④ 黄晓钿. 社会学视角下我国职业教育类型定位分析 [J]. 职业技术教育，2023，44（16）：20-26.

⑤ 刘周伟. 职业科学视域下我国职业教育类型定位及实现路径 [J]. 职业技术教育，2023，44（16）：27-33.

应该源于成熟的职业科学体系。职业科学确实是职业教育类型定位的学理基础。虽然作者只是将职业科学定位为职业分类和标准，并未提及职业科学中的规律研究，但确实为职业教育类型定位的学理基础研究提供了一个较新的视角。

从上述关于职业教育类型的现有研究来看，我国学者关于职业教育类型的研究主要集中在：①职业教育为什么会成为一种教育类型？②职业教育成为教育类型的意义、价值及强化路径。③职业教育成为类型教育的标准。④职业教育成为类型教育的学理基础。由于职业教育作为教育类型提出的时间并不长，研究相对处于起步阶段且研究成果大多集中在前三类。职业教育成为教育类型的学理基础虽有研究提及，但尚不完善。"学理基础"是指某一学科或理论得以建立和发展的基本原理、逻辑和知识体系。学理基础是学科或理论的核心和支撑，它决定了学科或理论的发展方向、研究方法和应用范围。在学理基础上，一个学科或理论需要清晰地阐述其基本概念、原理、假设和逻辑推导过程。这些基本概念和原理是学科或理论的核心组成部分，它们为后续的研究和应用提供了基础和指导。同时，学理基础还需要具备内在的逻辑严密性和一致性，以确保学科或理论的合理性和可靠性。

本研究认为职业教育类型定位的根本在于职业涉及的科学不同，这才使成为一种教育类型。接下来，将从职业教育成为类型教育的条件分析、实质和强化途径等方面来研究职业教育成为类型教育的学理基础。

2 高等职业教育成为类型教育的条件分析

职业教育是与经济社会发展结合最为紧密的教育。高等职业教育成为类型教育绝非一蹴而就，需要具备一定的政策、产业、知识积累基础，弄清这些条件是提升高等职业院校内部治理能力和优化高等职业教育类型定位的前提。

2.1 国家顶层设计推动

职业教育是有目的、有计划、有组织地培养技术技能人才的社会活动，建立职业教育体系是职业教育成为类型教育的前提条件。[①] 有学者指出，现代职业教育体系本身就是一种制度安排，具有设计性和内生性特

---

① 徐国庆. 确立职业教育的类型属性是现代职业教育体系建设的根本需要 [J]. 华东师范大学学报（教育科学版），2020, 38（1）：11.

征。① 我国早在 1985 年就提出要建立职业教育体系，2022 年则提出"建立健全多形式衔接、多通道成长、可持续发展的梯度职业教育和培训体系"，并明确要"构建央地互动、区域联动，政府、行业、企业、学校协同的发展机制"。37 年间，我国职业教育体系建设顶层设计随着经济社会发展不断完善，中国职业教育体系构建的政策引导力持续增强。中国职业教育体系构建的主要政策梳理见表 3-1。

表 3-1　中国职业教育体系构建的主要政策梳理

政策文件名称（时间）	政策内容	意义
《中共中央关于教育体制改革的决定》（1985 年）	明确"经济建设大量急需的职业和技术教育没有得到应有的发展"这一问题，提出要建立职业教育体系	明确职业教育对经济发展的重大意义、存在问题和发展方向，同时提出要积极发展高等职业技术教育
《国务院关于大力发展职业技术教育的决定》（1991 年）	建立从初级到高级、行业配套、结构合理、形式多样，又能与其他教育相互沟通、协调发展的职业技术教育体系的基本框架	指出发展职业教育的战略意义，从国家高度勾划了职业教育体系建设框架，强调了忽视职业教育产生的问题
《中华人民共和国职业教育法》（1996 年）	建立、健全职业学校教育与职业培训并举，并与其他教育相互沟通、协调发展的职业教育体系	该法是新中国第一部职业教育法，明确了职业教育的地位，以法律形式明确了职业教育体系相关事宜
《国务院关于大力推进职业教育改革与发展的决定》（2002 年）	建立起适应社会主义市场经济体制，与市场需求和劳动就业紧密结合，结构合理、灵活开放、特色鲜明、自主发展的现代职业教育体系	从管理体制、办学体制和教育教学改革等多方面提出了职业教育改革方向，提出了人才成长"立交桥"，为建设职业教育体系迈出了坚实的一步
《国务院关于大力发展职业教育的决定》（2005 年）	进一步建立和完善适应社会主义市场经济体制……校企合作、工学结合，结构合理、形式多样，灵活开放、自主发展，有中国特色的现代职业教育体系	从经济社会发展的重要基础角度明确了职业教育的战略地位，从结构和质量上提出了中国特色职业教育体系的发展目标，指出了高质量发展方向

---

① 关晶，李进. 现代职业教育体系研究的边界与维度 [J]. 中国高教研究，2014（1）：90-93.

政策文件名称（时间）	政策内容	意义
《国家中长期教育改革和发展规划纲要（2010—2020年）》（2010年）	形成适应经济发展方式转变和产业结构调整要求、体现终身教育理念、中等和高等职业教育协调发展的现代职业教育体系	进一步强化要形成现代职业教育体系，提出统筹中等职业教育与高等职业教育发展，职业教育体系结构日趋合理，为成为教育类型做积极铺垫
《国务院关于加快发展现代职业教育的决定》（2014年）	到2020年，形成适应发展需求、产教深度融合、中职高职衔接、职业教育与普通教育相互沟通、体现终身教育理念，具有中国特色、世界水平的现代职业教育体系	强调加强职业教育与普通教育沟通，为学生多样化选择、多路径成才搭建"立交桥"，首次提出建设中国特色、世界水平的现代职业教育体系的目标，并提出了建设路径
《国家职业教育改革实施方案》（2019年）	对接科技发展趋势和市场需求，完善职业教育和培训体系，优化学校、专业布局，深化办学体制改革和育人机制改革	从类型教育的角度明确提出职业教育和普通教育具有同等重要地位，作出了现代职业教育体系框架基本形成的判断，提出了新时代职业教育高质量发展的制度体系和改革20条
《中华人民共和国职业教育法（修订版）》（2022年）	国家建立健全适应经济社会发展需要，产教深度融合，职业学校教育和职业培训并重，职业教育与普通教育相互融通，不同层次职业教育有效贯通，服务全民终身学习的现代职业教育体系	以法律形式确立了职业教育作为类型教育的重要地位，以法律形式明确了建立高质量职业教育体系的国家义务和利益相关者的权利及社会责任等
《关于深化现代职业教育体系建设改革的意见》（2022年）	深化职业教育供给侧结构性改革，建立健全多形式衔接、多通道成长、可持续发展的梯度职业教育和培训体系。构建央地互动、区域联动，政府、行业、企业、学校协同的发展机制	进一步明晰现代职业教育体系内涵，从办学体制、管理机制等视角提出了现代职业教育体系建设路径和举措，强调了提升职业院校关键办学能力建设的基础性作用

　　如表3-1所示，我国职业教育体系顶层设计的制度文件从概念、框架

等逐步深化到体制机制和办学要素。特别是 2022 年印发的《关于深化现代职业教育体系建设改革的意见》，作为党的二十大后党中央、国务院部署职业教育改革的首个指导性文件，直击职业教育改革实践的难点、堵点、痛点，立足教育强国、科技强国、人才强国统筹推进视角，进一步明晰了新时代职业教育的定位与改革重心，提出了关键举措和建设路径，特别强调了职业院校关键办学能力提升的基础性作用。这些文件成功引导和规范了我国职业教育由教育层次到教育类型的转变，构成外生动力和引导力，是构建面向类型教育高职院校内部治理模式的宏观指导和价值取向。

2.2 经济社会发展需求

考究职业教育成为教育类型的历史逻辑和现实逻辑，不难发现，生产力发展是职业教育发展的根本动力，社会分工是职业教育产生的前提，经济社会发展需求是职业教育发展的直接动力，提高劳动生产率是职业教育的直接目的，工学结合是实现教育目标的有效途径。马克思在 19 世纪中叶就提出学校教育和实践教育相结合，如《资本论》中写道，"如果说，工厂法作为从资本那里争取来的最初的微小让步，只是把初等教育同工厂劳动结合起来，那么毫无疑问，工人阶级在不可避免地夺取政权之后，将使理论的和实践的工艺教育在工人学校中占据应有的位置"[①]。我党早在 1927 年《江西省苏维埃临时政纲》中就提出了"实行普及义务教育及职业教育"[②]。工业革命之前，职业教育主要通过现场学徒制进行，是传统学徒制。工业革命之后，技术技能人才需求迅速扩大，职业教育被纳入学校教育，逐渐走向现代学徒制。从传统学徒制到现代学徒制，职业教育的知识形态经历了从全面复杂技能知识到单一重复技能知识再到技术技能知识的转变。改革开放 40 多年，我国 GDP 由 1978 年的 0.37 万亿元跃升到 2023 年的 126.06 万亿元，三大产业结构之比由 27.7∶47.7∶24.6 优化为 7.3∶39.4∶53.3，三大产业从业人员结构之比由 70.5∶17.3∶12.2 优化为 22.9∶29.1∶48，高等教育毛入学率由 1978 年的 0.7% 上升为 2023 年的 60.2%。[③] 这些变化构成了我国职业教育成为独立教育类型的现实背景，显示了经济社会发展需求对职业教育发展的巨大拉动力。

---

① 马克思．资本论：第一卷 [M]．北京：人民出版社，2018．

② 朱德全，石献记．从层次到类型：中国职业教育发展百年 [J]．西南大学学报（社会科学版），2021，47（2）：103-117．

③ 根据国家统计局数据整理。

2.3　技术技能知识积累

职业教育在我国发展历史悠久，只是近现代才成为学校教育。徐国庆（2020）指出近代职业教育可以分为局部化发展和体系化发展两个阶段，工业革命以前职业教育以现场学徒制形式进行，工业革命以后资本家为提升效率，瓦解了行会约束，采用学校形式的职业教育。[①] 局部化发展阶段，职业教育主要停留在人才培养模式变革上，如课程体系设置、校企合作办学模式和工学结合学习模式等。职业教育体系化发展发生在 20 世纪 90 年代之后，其最大突破是能满足不同人群享受不同的职业教育层次，促进了技术知识的独立。

职业教育发展遵循经济社会发展和教育发展内外部双重规律。职业教育发展的内部规律作为根本性制约因素，以技术技能知识的生产、传播与应用为核心。社会发展和变革是基于人类对知识的生产、积累和应用。生产手段变化是生产方式变革的直接体现，而生产手段决定社会人才的知识需求。反过来，知识源于实践，生产实践决定知识生产和应用水平。知识经过总结和提炼后，又推动生产方式变革。吴刚基于 Virkkunen 等研究成果，提出生产方式变迁、工作方式变迁和知识类型变迁之间的关系，[②] 如图 3-1 所示。

如图 3-1 所示，随着生产手段的不断进步，源于工作实践的知识积累不断增多，很难再以手工操作或个体形式进行，所以产生了专门传授生产知识（现场知识/技术）的学校。随着信息技术的发展，需要跨界和现场决策的技术技能职位越来越多，传统人才培养模式越来越不适应高素质技术技能型人才培养的需求，因此迫切需要对人才培养知识进行分类，将职业教育推入加速发展的新时代。知识分类本质上是知识体系化的过程，这种体系化过程以对事物的分类认知为前提或基础。[③] 职业教育成为类型教育是对职业教育实践不断深化认知的结果。因此，技术知识内容的独立性、技术知识形成过程的复杂性以及技术知识来源的多元性是职业教育成

---

① 徐国庆. 确立职业教育的类型属性是现代职业教育体系建设的根本需要 [J]. 华东师范大学学报（教育科学版），2020，38（1）：11.

② 吴刚，赵军，苏静逸，等. "工作—学习"理论的创新与发展——第四代"文化—历史"活动理论及应用价值 [J]. 远程教育杂志，2022，40（2）：86-95.

③ 同上。

为教育类型的内生动力。①

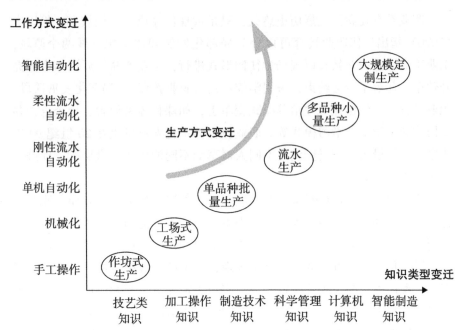

图 3-1 生产方式变迁、工作方式变迁与知识类型变迁②

2.4 职业学科理论发展

学校形态的职业教育源于清代的实业教育。职业教育与普通教育的区别一直是职业教育界致力探索的基本问题，但我们的研究更多集中在学制与定位方面。例如，1902 年的《奏定学堂章程》规定，实业教育分农、工、商三种，学制各为高、中、初三等，并且规定"于高等学堂之外，得附设农、工、商、医高等专门实业学堂，俾中学卒业者亦得入之。又于商务盛处，则设商业专门实业学堂；矿产繁处，则设矿务专门实业学堂，皆宜相度地方情形，逐渐办理"。1904 年的《奏定学务纲要》提出："一、各省宜速设实业学堂。农、工、商各项实业学堂，以学成后各得治生之计为主，最有益于邦本。其程度亦有高等、中等、初等之分，宜饬各就地方情形，审择所宜，亟谋广设。如通商繁盛之区，宜设商业学堂。富于出产

---

① 徐国庆. 确立职业教育的类型属性是现代职业教育体系建设的根本需要 [J]. 华东师范大学学报（教育科学版），2020，38（1）：11.

② 刘晓保. 技术学科论 [M]. 上海：上海教育出版社，2013.

之区，宜设工业学堂。富于海错之区，宜设水产学堂。"

3 职业教育成为教育类型的实质

3.1 教育类型划分的标准

3.1.1 《国际教育标准分类法》（2011版）

联合国教科文组织国际教育标准分类（ISCED）是国际通用和流行的教育分类标准。作为一个分类框架，它隶属于联合国国际经济与社会分类系列。最早的国际教育标准分类制定于1976年，目前已发布2011版（以下简称ISCED2011）。ISCED认为教育项目是为实现预期学习目标或在特定时间内持续完成一组特定教育任务而设置的一套连贯的或一系列的教育活动或交流。这些目标通常与提升个人、民间、社会的知识、技能和能力有关，完成这些目标通常为基于个人发展或兴趣的更高级学习、职业或行业做准备。ISCED对学习的解释，则是"个人通过经历、实践、探究、听讲而在信息、知识、理解力、态度、价值观、技能、胜任力或者行为方面的获取或者改变"，教育"等级"则通过有序的学制来体现，学制根据学习经验的等级以及每个等级旨在传授的知识、技能和能力来对教育方案进行分类。《国际教育标准分类法》反映了教育课程内容的复杂性和专业化程度。教育可以分为系列有序类别是ISCED教育分类的基本假设，这些类别代表教育内容本身的复杂性，课程越复杂，教育等级越高。ISCED2011把教育分成两类八级，两类即职业教育和普通教育。教育分类通过课程定位来区分。在高等教育阶段，将分别使用"学术"和"专业"两个术语来代替普通教育和职业教育。ISCED2011尚未更准确地定义更高等级的学术和专业，8个教育等级的可能通道如图3-2所示。

ISCED2011将第5级及以后的教育归为高等教育，这类教育旨在为学生提供专业知识、技能和能力，为学生进入劳动力市场或进入其他类型高等教育做准备，第5级的课程可以通过多种方式实现，如（高等）技术教育、社区大学教育、技术员或高级/高等职业培训、副学士学位或BAC+2。知识内容的复杂程度是ISCED教育分级的标准，采用课程导向来区分职业教育和普通教育，并给出如下定义：职业教育被定义为旨在让学习者获得特定职业、行业或它们所特有的知识、技能和能力的教育方案。这类方案可能有以工作为基础的组成部分（例如学徒制、双系统教育方案）。成功

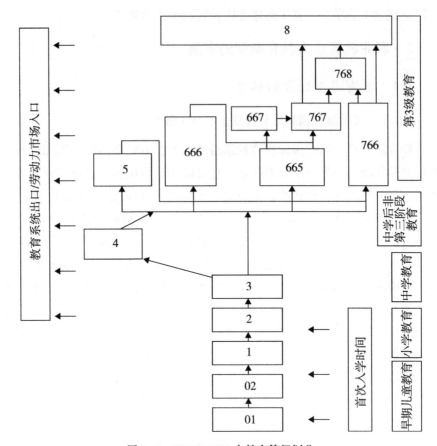

图 3-2　ISCED2011 中教育等级划分

完成这些方案产生了与劳动力市场相关的、被相关国家当局和（或）劳动力市场承认为职业导向的职业资格。普通教育被定义为旨在培养学习者的一般知识、技能和能力以及识字和算术技能的教育计划，通常是为参与者参加同等或更高等级的 ISCED 教育计划做准备，并为终身学习奠定基础。这类教育以学校教育为基础，包括为参与者进入职业教育的教学课程，但没有为某一特定职业、行业或职业类别或行业的就业做准备，也没有可以直接获得劳动力市场相关资格的课程。

上述内容表明，ISCED2011 执行的教育分类标准是人才培养目标，具体分类逻辑可以表述为"人才培养目标—课程内容—人才培养手段—教育项目类型"。

3.1.2 我国高等教育分类

我国高等教育分类可以追溯到 20 世纪初的《钦定学堂章程》和《奏定学堂章程》，教育分类一般包含在学制中。知识类别差异是区分教育类型的重要依据。黄克孝（1992）在《对现行学制改革中几个理论问题的思考——兼论我国现行学制的改革》一文中对我国职业教育进行了学理论证，将我国的教育分为基础教育和专门教育两类。其中，专门教育包括科学教育和技术教育两类。并进而根据内容将这两类教育分为学术性、应用性、技术性和技能性四个类别。[①] 这为我国学者研究职业教育类别属性提供了逻辑框架。学制、定位、育人模式、培养方案和课程体系这些都是人才培养的具体环节，由此带来的职业教育发展问题都是表象问题，要解决问题需要回归本质。职业教育首先是一种教育，职业只是限定边界，教育是通过知识传授实现既定目标。黄克孝（1992）提出学制的基本要素包括学校的类型、学校的级别和学校的结构。其中，"类型"即学校实施哪种性质的教育，属于普通教育还是专门教育，在专门教育中是专业型、技术型，还是技能型；"级别"指学校的层次水平。他认为在职业学校产生之前，学制主要以"级别"为标准来划分学校系统，一般将教育分为"初等教育""中等教育"和"高等教育"。工业革命之后，教育开始分化为普通教育和专门教育，后来专门教育又继续分化为专业教育、技术教育和技能教育等。黄克孝认为学校的类型和层次主要反映在人才培养规格（即知识结构和能力结构）上，因此学校教育内容和人才培养目标是区别学校类型的主要标志。他认为，学校首先应分为培养专门人才的"专门教育"和作为专门教育之基础的"基础教育"两大类；然后根据教育内容，专门教育又应该分为科学教育和技术教育；接下来，科学教育应该分为学术性教育（以理论研究为主的基础科学）和应用性教育（以技术科学和应用科学为主），技术教育应该分为技术性教育和技能型教育。最后得出学制体系中学校教育的三个系统，即基础教育系统、高等（科学和技术）教育系统、职业和技术教育系统。这是我国关于从学制角度来论述教育分类的比较完整的研究，其具体思路如图 3-3 所示。

---

① 刘佛年. 回顾与探索：论若干教育理论问题［M］. 上海：华东师范大学出版社，1991.

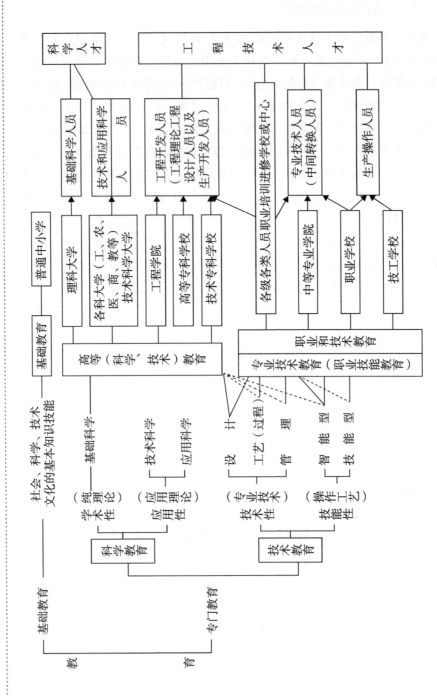

图3-3 从学制角度论述教育分类思路

《教育部关于全面提高高等职业教育教学质量的若干意见》（教高〔2006〕16号）第一次提出"高等职业教育作为高等教育发展中的一个类型……"，2014年六部委出台《现代职业教育体系建设（2014—2020）》，2019年国务院出台《国家职业教育改革实施方案》，到2022年，新修订的《中华人民共和国职业教育法》正式以法律形式确定职业教育是一种与普通教育具有同等重要地位的教育类型。然而，这些文件仅仅是在着重强调职业教育的类型地位，并没有解释其何以成为一种不同的教育类型。

2017年教育部在《关于"十三五"时期高等学校设置工作的意见》中明确指出，"以人才培养定位为基础，我国高等教育总体上可分为研究型、应用型和职业技能型三大类型。研究型高等学校主要以培养学术研究的创新型人才为主，开展理论研究与创新，学位授予层次覆盖学士、硕士和博士，且研究生培养占较大比重。应用型高等学校主要从事服务经济社会发展的本科以上层次应用型人才培养，并从事社会发展与科技应用等方面的研究。职业技能型高等学校主要从事生产管理服务一线的专科层次技能型人才培养，并积极开展或参与技术服务及技能应用型改革与创新"。这是我国官方文件首次确切地对高等教育予以分类。从该文件的表述来看，人才培养定位是区分不同教育类型的直接标志。这与ISCED教育分类的逻辑基本一致。

3.2 教育分类的实质

高等教育分类实质是高等教育的分化，其表层是人才需求分化导致的人才培养理念的分化，其实质是社会发展实践而导致的科学分化，不同的高等教育类别由不同的科学作为支撑。教育部在《关于"十三五"时期高等学校设置工作的意见》中所明确的研究型、应用型和职业型高等教育则分别对应基础科学、应用科学和职业科学。基于科学分化探讨我国高等教育分化的动力、形式和趋势对做实我国高等教育分类具有重要的理论意义和实践价值。

研究高等教育分化的外部条件，需要研究其职能和功能的形成过程。教育职能和教育功能是两个常用但又被经常混淆的用语，弄清二者的内涵和关系是研究高等职业教育服务新质生产力发展的理论和实践的前提。

3.2.1 高等职业教育服务经济发展的逻辑理路

研究高等职业教育服务经济社会发展要把握社会发展的根本规律这一决定性因素。生产方式和生产关系的具体表现形式是其现实基础与条件，高等职业教育职能以服务生产方式和生产关系的稳定和发展为逻辑起点。为使高等职业教育发挥其预期功能，需要配套政策投入和教育系统相应改革，我们称为投入过程。经过一定时期的投入和改革后，会形成短期产出，即现实生产力，如人才培养数量和社会服务能力提升等。短期产出的实质是高等职业教育发挥的社会功能。现实生产力能增进社会福祉和提升经济社会发展水平，在一定时期内能促进人的发展，我们称为高等职业教育社会职能的中期效果。作为历史创造者的人类，在自身不断发展的情况下，会通过提升社会管理能力、优化社会生产系统和提升劳动者整体素质等方式来促进历史生产力发展。高等职业教育即按这一逻辑理路来发挥其服务经济社会发展的社会职能。根据该逻辑，我们构建出如图3-4所示的高等职业教育服务经济社会发展的逻辑理路。

该逻辑理路以马克思主义政治经济学为理论基础，基于唯物史观和教育社会学视角，科学构建了高等职业教育服务经济社会发展的功能实现过程。底层逻辑为"生产力—生产方式—生产关系—社会结构—教育需求"，现实条件为"教育职能—教育功能取向—教育功能行动—成果转化"，既体现了决定高等职业教育形态和功能的外部规律，又彰显了高等职业教育功能转化的内部过程和现实条件。底层逻辑体现了高等职业教育供给侧的形成过程，现实条件阐释了高等职业教育需求侧的形成过程，两者的匹配度决定高等职业教育预期功能的发挥程度。底层逻辑是高等职业教育发展的根本规律，它决定高等职业教育的办学方向和根本目标。这个是通用的，只是实践形式不同。现实条件是高等职业教育办学的具体社会环境，它决定高等职业教育的办学形态、模式和路径。底层逻辑决高等职业教育的意识形态和历史水平。现实条件决定高等职业教育的社会吸引力和对经济社会发展的贡献度。高等职业教育理念只有在适合、适宜和适用的社会土壤中才能付诸实践，构成职业教育"人的实践—实践的人—人的实践—实践的人"这一螺旋式发展模式。根据图3-4，大概可以将我国高等职业教育服务经济社会发展的基本问题概括为：①政府的高等职业教育职能定位；②教育系统的高等职业功能取向；③教育系统的高等职业教育功能转化。这三个问题分别回答国家需要什么样的高等职业教育；教育系统如何理解国家的高等职业教育需求；教育系统如何实现高等职业教育的预期功能。但该逻辑理路只是从宏观抽象层面解释了高等职业教育服务经济社会发展的逻辑理路，这也构成了高等教育分化的重要外部条件。

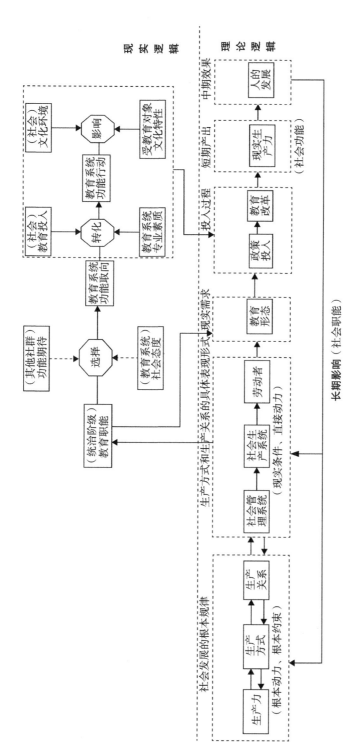

图3-4　高等职业教育服务经济社会发展的逻辑理路

3.2.2　高等教育分化的外部条件

教育的社会职能（以下简称教育职能）是社会对教育定位的结果，是教育格局的标签，同时也是管理者对教育实践提出的价值主张、观点和要求，具有社会性、规范性和主观性特征。教育职能因经济体制不同而不同。吴康宁基于与不同经济结构相适应的社会关系，从宏观层面提出了三种教育职能，即对应"农业社会"经济结构的社会防范职能、"工业社会"经济结构的社会调适职能和"后工业社会"的社会更新职能。适应不同经济结构的主导社会关系是他做出这三种判断的核心变量，旨在回答"教育应该起到什么作用"，是一种主观规范，具有应然性特征。教育职能是人们通过实践，根据经济社会发展需求的迫切程度，为教育实践提出的意见、规定或主张。如：我国高等教育的"四个面向"、职业教育的"以产定教、以教助产"以及"坚持教育服务高质量发展这个硬道理"等。教育职能受经济结构、政治体制和文化特征等因素影响。

教育功能的内涵与影响因素。功能起源于物理学，通常指一个系统或组件在特定环境中所起到的作用或效果，是一种客观存在。教育的社会功能（以下简称教育功能）是教育在经济社会发展中实际所发挥的作用，回答的问题是"教育实际上起到了什么作用"。有史以来，人类一天也没停止教育活动，教育一直在经济社会发展中发挥自己的作用。相比教育职能，它具有客观性和实然性。作为一种客观实际，教育功能源于教育主体的履职行为，而履职行为受主体价值观、政策投入及其他利益相关者的态度等影响。例如，熊贵营提出，"苏州高职教育人才供给与社会需求存在落差、人才培养规格与民生期盼存在落差、多元办学与均衡发展存在落差等问题"。邓鹏等利用新疆各州市经济社会发展数据研究了新疆高等职业教育对于经济社会发展以及就业所起到的作用，提到"农学高职教育对各地州第一产业发展有正向促进作用，工学对第二产业的促进作用不显著；高等职业教育规模有利于降低新疆各地州城镇登记失业率"。李照清基于6省区数据，关于高等职业教育更好服务区域经济社会发展，提出"应进一步加强区域高职教育的顶层设计，借鉴和学习国外先进办学经验，发挥高职教育'双向'引领功能"等。虽然表述不同，但都可以归为主体价值观、政策投入及其他利益相关者的态度等因素。

教育职能与教育功能的关系。前述研究表明，教育职能是一种主观规范，带有一定价值倾向，是统治阶级对教育社会功能的一种期望。主观性、价值性、应然性、预期性是其主要特征，所以教育职能是一种主观认知，是主体为了更好地满足其需要而提出的规范和意见。当然这种主观期盼并不是无中生有、凭空臆想，而是源于社会实践。教育功能是教育主体的教育实践活动在客观环境中实际发挥的作用，受教育规律、主体素养和客观条件等影响和约束，客观性和实然性是其特征。教育职能的主观认知本质使得其具有理论特质，而教育功能是活动的结果，具有实践特质。教育职能源于实践认知，教育功能受教育职能引导，它们之间的关系可以表述为"实践—理论—实践—理论"，就这样螺旋式推动教育事业发展。作为主观认知的教育职能与作为客观存在的教育功能之本质区别在于：前者是一种价值判断与规范，而后者是一种社会客观实在，后者是前者服务经济社会发展的现实表现，它们共同统一于教育实践。

3.2.3 高等教育分化的内部条件

《辞海》关于"分化"的解释是"性质相同的事物变成性质不同的事物"。科学的本质是一种基于实证和逻辑的知识体系，它通过不断积累的数据和实验来验证和修正理论，推动人类对自然和人类行为的理解不断深入，系统性、客观性、可重复性、怀疑性和创新性是其核心特征。杜宝贵（2001）认为，科学的自组织性质、科学发展的内在要求、研究物质层次和运动形式无限多样性的客观需要是科学分化的内在机制，物质生产和经济需要等社会因素对于科学发展的促进、不同社会形态对科学的作用、不同文化导致研究者对科学的不同追求是科学分化的外在条件。① 恩格斯指出，"把自然界分为各个部分，把自然界的各种过程和事物分成一定的门类，对有机体的内部按其多种多样的解剖形态进行研究，这是最近四百年来在认识自然界方面获得巨大进展的基本条件"。

科学分化的原因多种多样，涵盖了学科本身的特性、研究方法的差异、人类认知的深化以及社会环境的影响等多个方面。首先，科学分化受到学科自身特性的影响。不同科学领域的研究对象、方法和理论体系各不相同，这使得科学在发展过程中逐渐分化成不同的专业领域。例如，物理学和化学虽然都属于自然科学，但研究对象和方法存在很大差异，导致它

---

① 杜宝贵. 论科学的分化 [J]. 科学学与科学技术管理，2001（5）：17-23.

们在发展过程中形成了各自独特的理论体系和研究领域。其次，科学分化也受到研究方法的差异影响。不同科学领域采用的研究方法和技术手段各不相同，这使得科学家在探索自然规律时，需要针对不同领域的特点采用不同的研究方法。这种研究方法的差异也促进了科学的分化，使得不同科学领域能够更加深入地研究各自的问题。再次，人类认知的深化也是科学分化的重要原因。随着科学技术的进步和人类对自然规律的深入认识，科学家逐渐发现自然界的复杂性远超想象。为了更好地理解和解释自然规律，科学家需要不断细化和深化研究领域，这也推动了科学的分化。最后，社会环境对科学分化也产生了影响。随着社会的发展和进步，人类对自然界的认识和改造能力不断提高，这也促进了科学的分化。例如，工业革命的推动使得应用科学研究得到了迅速发展，从而形成了许多新的科学领域和技术分支。科学分化的实质是由于人类认识、生产、应用知识的观点、手段和环境的不同而带来的不同结果。

科学分化以知识分化为前提，是知识分化经由量变到质变的过程。科学实验、生产实践、社会生活和学校教育是知识生产的主要途径。

当高等教育普及到一定程度时，势必出现分化，高等教育现已分化成研究型高等教育、应用型高等教育以及职业高等教育。其中，研究型高等教育主要致力于培养学科知识创新型人才，既有学科知识是其逻辑起点，是一个从知识到知识的过程，培养过程须注重知识体系的完整性和逻辑性，知识产生机制包括科学实验和生产实践等。我们习惯用掌握知识的程度来区分人才的层次如"学士""硕士"和"博士"。学位证书代表持证者拥有的知识体系深度。应用型高等教育主要以培育工程型以及技术创新型人才为核心任务，既有学科知识及其应用领域是其逻辑起点，是一个从知识到应用的过程，培养过程既需注重专门知识的系统性，又要掌握知识应用领域动态，知识产生机制包括科学实验和生产实践等。这类人才培养兼具研究性和实践性特征，虽然目前仍采用传统学位制度评价他们对知识的掌握程度，但国家已开始采用专业学位来替代传统学科学位，如专业硕士和专业博士。这类学位证书代表持证者拥有何种专业领域知识深度。职业型高等教育以培养高素质技术技能型人才为主，既有职业是其逻辑起点，是一个基于职业实践来建构人才培养知识体系和模式的过程。培养过程需同时注重综合技术能力和岗位技术技能，知识产生机制包括生产实践和既有通识与理论知识。这类人才培养既不是从知识到知识，又非从知识到应用，而是基于应用"悟"知识。他们的学历学位证书应是持证者会做什么的象征。

人才培养定位是不同教育类型的显性区分标志，其背后隐藏的是育人的不同知识类型。人才定位源于不同职业，而职业是社会分工的直接结果，分工背后是人与社会互构的社会关系，社会关系是动态变化的，所以不存在一成不变的人才培养定位。以知识为对象，可以将研究型人才的工作定义为主要以学科思维方式开展原理性和规律性知识研究；应用型人才的工作定义为以运用专业知识体系研究和解决实际工作问题为主；职业型人才的工作定义为以运用职业知识完成现场工作任务和解决现场工作问题为主。人才培养定位思路，如图3-5所示。

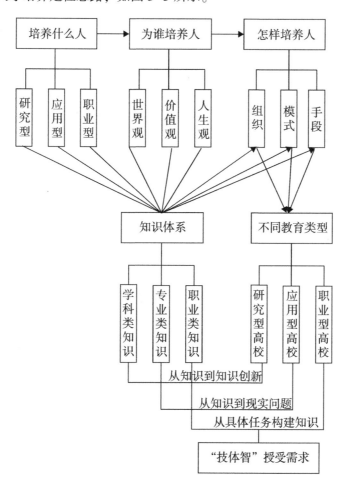

图3-5 人才培养定位思路

技术知识的独立性是职业教育成为教育类型的基础依据。虽然在智慧社会背景下，技术知识的"独立性"维度已经扩充为"独立性、复杂性和多元性"等多个维度。知识是职业教育作为教育类型的核心要素，职业教育之所以能成为一种类型，根本原因是技术知识体系相对独立。正如哈耶克所说，"人类在改善社会秩序的努力中，如果不想弄巧成拙，他必须明白，在这件事上，就像在任何本质上复杂的有机物领域一样，他不可能获得主宰可能事务的全部知识。因此他不能像工匠打造器皿那样去模铸自己的工艺品，而必须像园丁看护花草那样，利用他所掌握的知识，提供适宜的环境，来养护花草的生长"。

4 职业教育类型地位的强化途径

4.1 提升院校关键办学能力

人才培养质量是强化职业教育类型地位的根本，职业院校关键办学能力是提升人才培养质量的有力保障，是高质量人才培养的必要条件。高质量人才培养是一个系统工程，职业院校关键办学能力主要指"五金"新基建，即"金专业、金课程、金教材、金师资、金基地"。"金专业"指构建与时俱进的专业体系，这是职业院校"五金"建设的基础，是高职院校办学的龙头、方向和底座。职业院校需要对接产业、动态调整、优化结构、合理布局，以市场需求为导向，紧跟行业发展趋势，结合区域经济发展特色，专业设置、调整、建设与产业发展良性互动，构建与产业发展紧密结合的精品专业群。优秀的师资队伍是提升教学质量的关键。"金师资"指高职院校应注重教师的选拔和培养，提高教师的专业素养和教学能力，尤其要注重教师业务研究能力和行业实践能力同步提升，打造一支高水平的"双师型"队伍。课程是人才培养的直接载体，是知识集合，打造精品课程群是提升教学质量的关键。"金课程"指职业院校应借鉴本科教育的先进做法，精准对接岗位群，科学规划结构体系，内容紧跟科技发展和产业应用，设计出一系列模块化、项目化的课程体系。实践基地是学生进行实践操作和技能训练的重要场所，是产教融合和校企合作的重要平台。"金基地"指高职院校应加强与企业和行业的合作，共建实践基地，为学生提供更多的实践机会和实践经验。"金教材"是教学的重要载体，高质量的教材对于提升教学质量具有重要意义。高职院校应注重教材的建设和选用，选择符合时代发展要求、内容先进、结构合理的教材，为学生的学习提供有力的支持。通过深化"五金"建设策略，高职院校可以全面提升职业教育的质量和适应性，培养更多具有高等教育专业知识和技术技能的应用型人才。"五金"中，专业是龙头，是办学水平的集大成。课程是知识组织形式，是育人的最小知识单元，课程的水平直接影响育人质量。教师是知识传授者、拥有者，教师对知识的理解与领悟决定教学内容的深度和高度。师资队伍是人才培养质量的核心，是高职院校关键办学能力中最活跃、最重要的因素。产教融合是职业教育的本质属性，实践基地是双方合作的平台，平台的深度、活跃度和效度决定职业院校办学水平和特色。

4.2 畅通技术技能型人才成长渠道

从学徒制萌芽的西周开始，我国职业教育主要面向平民百姓子女，"劣等教育"的社会印象伴随职业教育整个发展历史。如何摆脱社会吸引力不足是我国高等职业教育必须面对的现实问题。习近平总书记提出"要提高技术技能人才社会地位"，在技能型社会建设方面提出了系列重要思想和战略，多次激励更多劳动者特别是青年一代走技能成才、技能报国之路，培养更多高技能人才和大国工匠。虽然党和国家高度重视技能型人才培养，但社会对职业教育的偏见已由来已久，根深蒂固。据调查，我国2/3以上的高职教育在校生为家庭第一代大学生，他们从小接受"学而优则仕"的教育理念。我们既要意识到这种理念的客观存在，又要想法逐步改变这种现象。首先要切实推进技能型社会建设，建立国家技能资历框架，搭建技能型人才成长立交桥，通过提升技术技能型人才社会地位构建崇尚技术技能的外部环境。其次要从基础教育阶段起开始培育职业情怀和职业认同，让高职教育学生从内心喜欢自己的职业，这样他们才会有动力和兴趣不断学习新技术和新技能，进行组合式创新和创造性转化，以适应新质生产力对技术技能型人才的要求。

4.3 构建有利于职业教育发展的评价体系

教育评价是教育实践的重要组成部分，对于教育改革健康发展具有显著的导向作用。但针对职业类高等院校这一重要群体，目前仅有国家顶层设计和宏观政策指导，缺乏针对性强的中观和微观层面制度。虽然国家近几年在各类政策文件中一直强调要加强科学教育评价体系的引导作用，思路和举措也逐渐明晰，但至今尚未落地。由于缺乏科学的教育评价体系引导，不少职业类高等院校发展外驱力大于内在动力。有的高校虽然一直在高喊立足类型教育，但仅仅是为了获取竞争性资源支持，向上攀登的愿望比较强烈，"低位高攀"式跟随发展的特点依然比较明显。与普通高等院校在不同程度上还存在比较明显的"同质化"发展倾向，尚存在与社会需求匹配不紧密、服务地方经济发展不足等突出问题，与新时代高等教育高质量发展的需求还有较大差距。以科学的内部评价体系引领职业类高等职业院校实现内涵发展、特色发展、高质量发展已成为亟须解决的瓶颈问题。

外因通过内因起作用。与外部评价相比，职业类高等院校内部评价体系建设对高校治理能力和治理水平的提升更加关键。内部评价体系作为职业类高等院校内部治理体系和治理能力的直接体现，是直接影响高等职业教育发展质量和发展水平的内在动因。在高等教育普及化阶段，在国家和地方政府深入推进教育管办评分离、持续深化对高校"放管服"改革的大背景下，职业类高等院校自主发展能力和内部治理能力的高低将直接影响职业教育类型地位的稳固和发展，因此内部评价体系的作用不可小觑。在准确把握职业类高等院校本质特征和发展方向的基础上，构建起符合学校实际发展导向的内部评价体系，引导职业类高等院校立足职业类高等教育定位，行使好主体责任，发挥好教育评价的导向、激励、监测、诊断等功能，实现科学发展、特色发展、高质量发展，显得尤为重要和迫切。

4.4 加强职业科学研究

科学是一种追求真理、解释现象并预测未来的系统性知识体系和方法体系。鉴于职业活动的特殊性，职业科学注定是一门跨学科的科学，它以职业及其生态过程为研究对象，以职业的标准和职业生态过程的规律为研究内容，以职业生态方法论为宏观研究方法，以更好地实现职业预期为研究目标的科学理论。姜大源（2005）认为，"基于职业性原则，职业教育的基准科学，必须是能同时在教育学的范畴中整合职业专门人才的工作及其经验知识，以及职业实践需要的专业科学及其重要的科学内容。为此，必须以历史、现实和未来的观点调查职业的工作领域和经验领域，必须关注劳动科学、工程科学、自然科学、精神科学和教育科学的相关成果，必须将教师和学生职业工作的经验和认识都纳入研究的视野，以获得职业专业工作要求的可靠数据"[①]。职业科学中，包括了职业领域科学以及职业教

---

① 姜大源．基于职业科学的学科观［J］．中国职业技术教育，2005（34）：1.

育科学，是职业教育的"元"科学。职业领域科学指与职业活动领域相关的科学研究，探究职业领域活动的行为、知识、方法、职业本身的发展规律及职业与人及经济社会发展的关系等，以更好地实现职业人、职业和经济社会协同发展及人的全面发展。职业教育科学主要探究特定社会背景的职业人"技体智"授受需求、模式和规律，以更科学的方式培养职业人，以更有效的方式服务人的全面发展和经济社会发展。职业教育之所以成为一种教育类型，其根本在于支撑其发展的科学体系不同。支撑研究型高等教育的科学体系是基础科学，支撑应用型高等教育的科学体系是应用科学，支撑职业型高等教育的科学体系是职业科学。基础科学的研究目标是揭示自然界的本质和规律，推动科学知识的深入发展。基础科学的研究方法主要是通过实验和理论推导，获取自然界的基本规律和原理，为应用科学和职业科学提供理论基础。应用科学是探究如何将基础科学的研究成果应用于实际生产和生活中的科学，它注重研究成果的转化规律，主要包括工程技术、医学、农业科学、环境科学等领域。应用科学的研究目标是解决生产和生活中的实际问题，推动科技进步和社会发展。应用科学的研究方法主要是利用基础科学的研究成果，通过技术创新和系统设计，开发出能够满足实际需求的技术和产品。职业科学探究特定职业领域的知识和技能形成与发展规律，职业科学的研究目标是提高职业素质和职业技能，促进职业发展和社会进步。职业科学的研究方法主要是通过实践和理论研究，总结提炼职业领域的知识和技能，为职业教育和职业发展提供支持。因此，要强化职业教育类型定位必须加强职业科学研究。

5 本章小结

在现有研究基础上，本章分析了职业教育成为类型教育的条件：国家顶层设计推动，经济社会发展需求，技术技能知识积累，职业学科理论发展，探讨职业教育成为教育类型的实质和职业教育类型地位的强化途径，从提升院校关键办学能力、畅通技能型人才成长渠道、构建有利于职业教育发展的评价体系和加强职业科学研究四个方面提出了强化职业教育类型地位的实践途径。核心观点如下：

第一，职业教育成为类型教育的实质是教育分化，教育分化的实质是知识分化，知识分化的根本在于科学分化。

第二，支撑不同高等教育类型的科学体系不同，研究型高等教育以基础科学为科学支撑体系，应用型高等教育以应用科学为科学支撑体系，职业型高等教育以职业科学为科学支撑体系。职业科学旨在探究特定职业领域的知识和技能形成与发展规律，其目标是提高职业素质和职业技能，促进职业发展和社会进步。

第三，职业教育成为类型教育的学理基础是科学体系不同，职业型高等院校必须进行高深学问研究，但这种高深学问的目的不是给学生传授高深高难知识，而是探究特定社会中职业人"技体智"授受需求挖掘及其实现方式的科学途径。

第四，要稳固和强化职业教育类型地位必须加强职业科学的研究，包括职业领域科学和职业教育科学。

第4章　社会互构视角下的高等职业教育

1　社会学的基本问题

个人和社会的关系是社会学的元问题、基本问题和核心问题，一直以来存在整体主义和个人主义两大学术阵营，究其本质是客观主义和主观主义形成的二元对立。[①] 整体主义方法论将社会作为一个独立于人的唯一客观实体，对个人具有优先性和主导性，社会凌驾于个人之上，个人只是从属于社会的"受命者"。例如，社会学的创始人法国哲学家、社会学家奥古斯特·孔德（Auguste Komte）就认为社会是一个受自身规律支配的有机整体。整体主义在回答了"人是社会的人，社会是人的存在方式"的同时，却无法回答"是谁创造了社会"这个问题，同时将社会现象等同于自然现象，彻底否定了人的主观能动作用，因此饱受批评。

同样，个人主义方法论将社会看作人类建构的产物。社会建构理论认为，社会现实是主观的，不是客观存在的。社会现实是由人们的观念、信仰、价值观等主观因素所构建的。人们通过交互来建构社会现实，这种交互可以是语言、符号、象征或其他方式。社会建构是一个动态过程。社会现实不是一成不变的，而是不断变化和发展的。同时，社会建构还受到社会结构和文化因素的影响。社会建构不仅受到个人的行动和交互的影响，也受到社会结构和文化因素的影响。社会结构和文化因素是社会建构的重要影响因素。社会现实是由人们共同创造的。社会建构是一种共同创造的过程，需要人们之间的合作、协调和共识，是一个主观、动态、受到社会结构和文化因素影响的共同创造过程。这种将社会看作纯主观建构的产物，忽视社会的客观存在性，容易出现相对主义倾向。

[①] 杨发祥，王镜新. 社会互构论的方法论预设及其学术意义 [J]. 学习与实践，2020 (3)：92-100.

客观主义和主观主义对社会的认知都是人类认识和解释社会的一种思想，是不同社会哲学观点的具体体现。作为上层建筑重要组成部分的职业教育，其本质也是一种社会现象，对职业教育的哲学认知在很大程度上决定着职业教育的实践行为，从社会哲学角度探究职业教育的本质对科学指导职业教育实践具有重要理论价值和实践价值。

1.1 作为客观现实的社会

社会的结构和秩序源于人类的群居生活。作为客观现实的社会包括社会的物质性、制度性和合法性三个方面。人类社会是物质存在的一种特殊形态。物质是人类社会发展的基础，正如马克思、恩格斯所说，"人们为了创造历史就必须能够生活。但是为了生活，首先就需要衣、食、住以及其他东西"。这充分说明了人类社会发展对物质的依赖。人类社会的物质性主要体现在：首先，人类社会的发展离不开包括自然资源、气候条件、地理位置等在内的特定物质环境。这些物质环境为人类提供了生存和发展的基础条件。其次，人类赖以生存的物质资料生产方式是人类社会生存和发展的基础，它决定了社会的生产关系、政治制度和文化形态。不同的生产方式会产生不同的社会形态，而生产方式的变革也会带来社会的相应变革。此外，物质性还体现在人类的社会关系中，人们的交往活动是基于物质利益的关系。这种物质利益关系在社会中表现为经济关系、政治关系、文化关系等。人类社会历史的发展也是具有物质性的。社会的发展和变革都是基于物质生产方式的变革和发展，物质生产力的发展是推动社会历史进步的根本动力。人类社会的物质性是可以感受到的实在物体，是人类改造社会发展的结果，同时受自然规律约束。

社会学意义上的人具有"体能个体""智能个体"和"实践主体"三个特性。如果人类退回到仅凭体能个体存活的状态，人类的生存必定陷入某种混乱。虽然我们只能从理论上想象一下这种混乱，但我们应该进一步思考人类社会这种秩序的稳定性从何而来。虽然这种社会秩序是人为建构的，但对生活在该社会的人来说却是与生俱来的。虽然这种秩序是一种不以个人意志为转移的客观存在，但它们并不是由自然规律发展而来，而是人类活动的产物。出于发展需要或自身利益，人类有些活动被惯例化后，再经由不断复制和强化进而形成模式，模式被扩散后可能被制度化。例如，起初使用移动支付的人并不多，鉴于其便利性，伴随移动互联技术的发展，越来越多的人开始接受这种支付方式，这种支付方式逐步被惯例化、模式化直至制度化。以致新生一代刚步入社会之时就把这个惯例当成一种不以个人意志为转移的社会客观存在。对个人来说它是客观的，对人类来说，它又是人类活动的产物。但这种社会产物并非一蹴而就或凭空出现，它有其自身的发展规律。

制度的产生不可能一蹴而就，是人类活动历史的延续，任何社会情境只要存续一段时间就可能出现制度化，制度的存在还意味着人类行为受到一定模式的限制，制度之外的行为会受到一定惩罚。因此，制度也意味着历史与控制力。现存制度系统本身就代表历史，在人们眼中，制度世界就是客观事实。人出生之前制度就在那里，人去世之后它可能还在那里（如果不变更的话）。制度不会因个人的喜好或厌恶而变化。虽然制度世界在个人面前是客观存在，但其实质是一种客体化的人类活动，有学者称其为社会实在。作为创造制度的人类和作为人类创造物的制度之间是一种辩证关系，社会是人的产物，社会是客观现实，人是社会的产物。

伯格在《现实的社会建构》中写道，在劳动分工的过程中，人们会围绕着特定活动发展出一套相应的知识。在语言学的意义上，这套知识对于经济活动的制度"程序化"是不可或缺的，比如说我们需要一套词汇来描述打猎的不同模式、用什么样的武器、哪些动物可以成为猎物，等等。如果一个人要正确地进行打猎，他还得掌握一系列的知识。这些知识本身是一些渠道性的、控制性的力量，是这一行为领域在被制度化时不可或缺的成分。当打猎制度得以结晶并长时间维持下去时，这套知识体系就变成了对打猎的客观描述（也附带使它成为经验上可证明的描述）。社会世界的所有部分都是被此类知识所客体化的，于是就产生了与打猎事务的客观现实相对应的、关于打猎的客观科学。这里所说的"经验上可证明"和"科学"并不具有现代科学的规范意义，它们指的是知识来自经验，并且能够进一步发展成系统化的知识体系。同样，这套知识还会为下一代传承。它在社会化过程中以客观真理的面貌被人们学习，随后又被内化为主观现实。

伯格认为，借助语言和以语言为基础的认知工具，知识将整个世界客体化了。被客体化的知识通常被人以物化的态度来看待，这容易使人类忘记自己是创造者的地位，进而陷入本体论认知困境。作为个人的人类，在客体化的世界面前大部分情况可能会选择遵循，但从历史发展来看，客体化的世界是被人类不断改造与发展的。这与马克思主义哲学的唯物史观一致。

1.2 作为主观现实的社会

按照伯格的观点，如果把社会理解为一个由外化、客体化和内化三个步骤组成的持续辩证过程，我们就能较为恰当地把握它的主客观两面性。主观意义上的现实社会的逻辑起点是个体内化，经过初级社会化和次级社会化后形成主观意义的客观世界。初级社会化是个体在儿时所经历的第一次社会化，这个社会化过程对个体来说是最重要的。次级社会化泛指初级社会化后的一切过程，是经过初级社会化后在生活实践中进入社会生活新领域的过程。初级社会化并不是指个人单向被动接受的过程，他人的身份是一种客观社会现实，接受他人身份即客观意义的身份与主观认知身份之间的辩证。如前文所述，他人客观意义的身份就是一种建构的客观现实。理想状态下个人主观世界和客观社会之间是一种完全对称关系，或者说个人主观世界是客观社会世界的镜像。不过这种现象几乎不可能实现，因为人不可能全部内化社会总体现实，而且社会现实总是不停地被生产和再生产。只要社会分工存在，就得有对应的知识体系支撑社会分工，因此需要对知识进行相应再分配，这种分配在次级社会化中实现。

按照伯格的观点，次级社会化需要学习角色的专属语汇，个人需要将制度领域中那些结构化的日常解释和日常行为语义场进行内化，同时还要把人们对这些语义场的"默会理解"、评价及其感情色彩通通内化。对职业教育来说，建构主观意义的社会现实，个人首先需要了解角色术语体系的语义内涵，这种术语体系被具有共同知识库的行动者所认同，并且基于共同知识库，这些行动者对某领域的客观社会现实会有基本趋于一致的主观认知。例如，教师群体对教师基本行为规范、师德师风和工作内容的认知。学生之所以能成为一名职业人，不仅是因为掌握了必备的技术技能，也是因为他能理解和运用一套语言。

伯格还指出，次级社会化的正式过程是由它的根本问题决定的：次级社会化总是以一个既有的初级社会化为前提。也就是说，它所面对的是一个已经形成的自我和一个已经被内化的世界。它不能无中生有地建构出一个主观现实，而已被内化的现实有继续保持的倾向，这就是问题所在。这说明职业教育作为一种面向职业的教育类型，属于个人次级社会化，如何帮学生成功内化属于客观社会现实的职业知识库是我们整个育人过程的核心问题、主线逻辑和基本任务。这也从知识社会学角度为因材施教、因地制宜找到了理论解释。成功的职业教育就是在职业人主观职业社会现实和客观职业社会现实之间建立起一种高水平对称，反之则是失败的职业教育。当今社会分工与知识分配程度都很复杂，因此要实现高水平对称也越来越难。相比之下，在劳动分工简单与知识分配程度低的社会，则有可能出现高水平社会对称。对个体职业人而言，这种对称关系受职业认同这种内驱力影响。职业认同是主观职业现实的关键因素，职业认同形成于次级社会化过程，职业认同与职业社会结构之间是一种辩证关系，且持续存在于与职业人相关的社会——历史情境之中。

2 社会互构论下的高等职业教育认知

2.1 社会互构论的主要观点

个人是人类社会的基本组成单元。郑杭生（2010）认为人和社会的关系是社会学的元问题、核心问题和首要问题。[①] 对个人的不同理论预设会形成不同的社会学理论，如"自然人""本能人""经济人""欲念人""感性人""理性人""伦理人"和"社会人"等。不同社会学理论探究不同意义的人和社会的关系，基本可以分为前述两类。

人最直接的特征是物质上的存在，即自然生物性人类个体，这是人得以生存的物质基础，正如马克思、恩格斯所说"人们为了能'创造历史'，必须能够生活，但为了生活，首先就需要衣食住以及其他东西"。所以，自然生物性是其基本特性。这意味着：①个人具有客观物质实在性；②个人的生命有机特征；③人体的独特机能性。这些都是每个个人具有的普遍类本质，是个人的首要品格，我们称其为"体能个体"，对应人的体质能力和体力能力，是人类改造社会的首要物质基础。

作为高等动物的人类光靠生物个体一般性特征与自然界进行物质能量交换是远远不够的，同时还需要与外界进行信息交换。这就需要具备意识性智能，这是人类个体与非人类生物个体的本质区别。主要包括主观意识的经验、体验、类比分析、联想创新、概念化、逻辑化和反思反省等，这是个人与社会互构关系的普遍基础。从社会学意义来说，人还是"智能个体"，对应人的智力能力。个人体能和智能是行为的两大基本要素。体能个体和智能个体是个人的两个基本品格，个人正是在这两个机能下从事具

① 郑杭生，杨敏. 社会互构论：世界眼光下的中国特色社会学理论的新探索（当代中国"个人与社会关系研究"）[M]. 北京：中国人民大学出版社，2010.

体同一的社会实践活动。"实践主体"是个人的又一基本品格，和前两个品格一起构成社会学意义上个人的"一体三品"特征，每个人是一体三品的结合体，这是社会学关于个人的元事实，是研究个人与社会关系的逻辑元点。"个人是一体三品的客观的社会存在"必须以具体的时空过程和结构来体现人的存在方式和基本性状。具体来说，个人的时空特征首先包含自然生理时空；其次，由于社会学意义上的人还处在复杂的社会网络中，所以还包含在复杂社会关系中形成的时空；最后还包含人自身的思维时空。因此，对于任何一个具体的个人来说，其时空性状具有多维多元同一性。

作为实践主体的人类在改造世界过程中不断总结、反思和提炼自己的活动经验，经验经过反复验证与提升最终形成知识。知识一旦形成，就会不断扩散并成为指导人类实践的依据。接受的人越来越多，就成为一种不以人的意志为转移的客观社会实在。随着接受这种知识的群体数量增加，知识应用的社会情境不断复杂化、多元化，并可能出现"失灵"的情况，进而引发了人们创新知识的兴趣。人类就这样不断改造、丰富和创新现有知识体系。其实质是人类认知的深化。

"交互性""型塑性""多元性""谐变性"和"实践性"是互构共变理论的核心范畴。根据社会互构共变的"向度"和"量级"，社会互构大致有正向谐变、反向递变和悖向同变三种类型。其理论预设包括：人与自然的关系是人类自身的各种关系和纽带的基础；社会是个人存在的方式，个人与社会的关系是互构共变的关系；"个人""社会""自然"是现代人类生活的基本要素；现代社会生活的终极主体是"个人"，个人主体间的行动关联构建并更新着社会行动的秩序和结构；社会行动的秩序和结构则维护、保障和促进着个人主体性的积极发挥和不断提升；个人与社会的关系问题是社会学研究的基本问题、主题和核心；社会学家对社会生活经验现实的体验和感悟，使社会学理论得以构成、推进、更新，社会学对于变化和发展着的社会生活实践的描述、理解、分析、阐释和反思因此成为可能。①

社会互构论是关于"社会互构共变"特别是"社会互构谐变"的理

① 谢立中. 超越个人与社会之间的二元对立——"社会互构论"理论意义浅析 [J]. 社会学研究，2015（5）：13-23，242.

论，简称"互构论"。所谓社会互构共变，指当代中国个人与社会的关系（或行动关联）具有突出的交互性建塑和型构特征。① 在这种关系过程中，个人和社会形成相应的、协同的、共时的演变，从而使得个人与社会的行动关联得以构成一种新型的关系性状。②

2.2　社会互构论下的高等职业教育认知

马克思在《关于费尔巴哈的提纲》中指出，从前的一切唯物主义——包括费尔巴哈的唯物主义——的主要缺点是：对事务、现实、感性，只是从客体的或者直观的形式去理解，而不是把它们当作人的感性活动，当作实践去理解，不是从主观方面去理解。所以，结果竟是这样，和唯物主义相反，能动的方向却被唯心主义发展了。但只是抽象地发展了，因为唯心主义当然是不知道真正现实的、感性的活动的。费尔巴哈想要研究跟思想客体确实不同的感性课题，但是他没有把人的活动本身理解为客观活动。③

有一种唯物主义学说，认为人是环境和教育的产物，因而认为改变了的人是另一种环境和改变了的教育的产物。这种学说忘记了：环境正是由人来改变的，而教育者本人一定是受教育的。因此，这种学说必然会把社会分成两部分，其中一部分高出于社会之上。环境的改变和人的活动一致，只能被看作并合理地理解为革命的实践。④

上述论述表明，只有从人类实践活动来理解职业教育，我们才能得出正确的认知。职业教育作为一种人类实践活动，是一种客观存在的社会现象，但又带有人的主观意志。作为一种教育制度，职业教育是国家意志的体现，它不以个人的意志为转移，个人只有选择适应。但在职业教育实践过程中，人们会根据职业教育预期职能与实际功能的匹配度来不断修正职业教育认知，这种认知也可能发展成教育制度的修订。例如，党的十八大以来，我国出台的职业教育制度多达100多项。社会互构论认为社会现实是一种建构性过程，在这一过程中，个体参与者之间建立出分布式的共享空间，这种空间基于共同的理念、价值观和行为模式，并允许个体参与者

---

① 谢立中. 超越个人与社会之间的二元对立——"社会互构论"理论意义浅析 [J]. 社会学研究，2015（5）：13-23，242.

② 郑杭生，杨敏. 社会互构论：世界眼光下的中国特色社会学理论的新探索（当代中国"个人与社会关系研究"）[M]. 北京：中国人民大学出版社，2010.

③ 王华英. 马克思实践技术思想探析 [J]. 玉林师范学院学报，2012，033（006）：62-65.

④ 靳希斌. 新教育观的萌芽——读马克思《关于费尔巴哈的提纲》[J]. 山西师大学报（社会科学版），1987（3）：8-13.

发挥他们的主体意识和行动能力。基于社会互构论视角，职业教育可以被视为一种重要的社会互构过程。具体包括发展环境的互构和授受内容的需求互构。

2.2.1 高等职业教育与经济社会发展

潘懋元（1988）认为教育必须与社会发展相适应是教育的外部规律，并将"适应"解释为"受制约"和"为之服务"两层意思。① 基于这一外部规律，我们这些年一直着重强调"社会发展决定教育需求"，按照这种理解，教育需求处于被动地位。其实，教育为社会发展服务不仅致力于满足社会发展的当前需求，更承载着引领社会发展方向的重要使命。人是社会发展的主体，虽然社会发展环境是人类构建的一种客观现实，但构建社会现实的人类首先是受教育的人类，从某种意义上说教育是社会发展的先行官。教育与社会发展之间不是一种单纯的决定与被决定关系，更适合表述为一种辩证的螺旋式发展关系。这种关系同时体现了社会发展对教育的制约和教育对社会发展的促进。

作为上层建筑的教育，其发展水平受制约于经济社会发展水平，随着社会的进步和变迁，教育的目标、内容、方式等也会发生相应的变化。例如，在信息化时代，社会对人才的需求发生了深刻变化，这就要求教育必须适应这种变化，培养具备信息素养和创新能力的人才。作为上层建筑的教育同时还会反作用于经济社会发展。教育为社会的进步提供了有力的人才保障和智力支持。通过教育，人们可以获得知识和技能，提高自身的素质和能力，进而推动社会生产力的发展和创新能力的提升。同时，教育还可以培养人们的道德观念和社会责任感，促进社会的和谐稳定和文明进步。因此，教育与社会发展之间的辩证关系是一个不断循环、相互促进的过程。教育通过培养人才、推动创新等方式促进社会的发展；而社会的发展又不断提出新的要求和挑战，推动教育的改革和创新。这种螺旋式的发展关系使得教育与社会能够相互促进、共同发展。需要注意的是，教育与社会发展之间的辩证关系并不是简单的线性关系，而是存在着复杂的相互作用和相互影响。

学校形态的职业教育在我国属于舶来品，工业革命催生的大规模机械

---

① 潘懋元. 教育的基本规律及其相互关系 [J]. 高等教育研究，1988（3）：6-12.

化生产对技术工人的需求是其发展的直接原因。我国职业教育源于清代末期的实业教育，起初并没有高等职业教育这一类别。1912—1913 年的"壬子癸丑学制"和 1922 的"壬戌学制"中的高等专门学校算得上是早期的高等专科学校，但从教学内容来看，高等专门学校属于普通教育序列。新中国成立后，我国高等职业教育大致经历了起步、稳步发展、规模发展和内涵发展等阶段。主要事件包括：

1949 年，《中国人民政治协商会议共同纲领》提出要"注重技术教育"，指出技术教育不能适应国家建设对人才的要求，亟须改正。1951 年，《政务院关于学制改革的决定》虽然明确了中等专业教育和高等专科教育，但从其内容来看，这个时候高等专科教育只是普通高等教育的一个层次。因此，这时国家仍未正式提出高等职业教育。1980 年，原国家教委批准成立了金陵职业大学与无锡职业大学等共计 13 所职业大学，此举动标志着我国高等职业院校正式登上历史舞台，具有划时代的意义。据统计，1980—1984 年，全国共兴办 82 所短期职业大学，在校生规模达到 1 万~2 万人，为现代高等职业教育的诞生和发展奠定了坚实的物质和人才基础。[①] 1985 年，《中共中央关于教育体制改革的决定》明确提出，"高中毕业生一部分升入普通大学，一部分接受高等职业技术教育"，"发展职业技术教育要以中等职业技术教育为重点，发挥中等专业学校的骨干作用，同时积极发展高等职业技术院校"。这是官方第一次提出高等职业技术教育和高等职业技术院校。1986 年全国职业技术教育工作会议规定高等职业学校、部分广播电视大学、高等专科学校等都应该属于职业性的高等教育。1987 年原国家教委出台的《关于改革和发展成人教育的决定》要求，"职工大学、职工业余大学、管理干部学院应当利用自己同企业、行业关系紧密的有利条件，结合需要，举办高等职业技术教育，为企业事业单位培养生产、经营管理方面的专业技术人才"。1991 年的《国务院关于大力发展职业技术教育的决定》再次重申建立初等、中等、高等职业教育体系问题，也再一次提出积极发展高等职业技术教育。1996 年开始施行的《中华人民共和国职业教育法》明确，"职业学校教育分为初等、中等、高等职业学校教育。……高等职业学校教育根据需要和条件由高等职业学校实

---

① 平和光，程宇，李孝更. 40 年来我国高等职业教育发展回顾与展望 [J]. 职业技术教育，2018，39（15）：12.

施，或者由普通高等学校实施"。当年的职业教育工作会议提出通过"三改一补"（高等专科学校、职业大学、成人高校改革；中等专业学校办高职班作为补充）来发展高等职业教育。1999 年施行的《中华人民共和国高等教育法》明确，"本法所称高等学校是指大学、独立设置的学院、高等专科学校，其中包括高等职业学校和成人高等学校"。正式确定了高等职业教育的高等教育属性。1999 年 1 月，教育部、国家计委联合印发《试行按新的管理模式和运行机制举办高等职业技术教育的实施意见》，提出"积极探索以多种途径发展高等职业技术教育"，并决定在当年的高等教育招生计划中，安排 10 万人专门用于部分省（市）试行与现行办法有所不同的管理模式和运行机制举办高等职业教育。这标志着我国高等职业教育进入规模发展阶段。同年 6 月，中共中央、国务院印发《关于深化教育改革全面推进素质教育的决定》，指出"高等职业教育是高等教育的重要组成部分。要大力发展高等职业教育，培养一大批具有必要的理论知识和较强实践能力，生产、建设、管理、服务第一线和农村急需的专门人才"。2005 年国务院出台《国务院关于大力发展职业技术教育的决定》，指出"大力发展职业教育……是全面提高国民素质，把我国巨大人口压力转化为人力资源优势，提升我国综合国力、构建和谐社会的重要途径"，明确提出要支持建设 100 所示范性高等职业院校。据统计，2005 年，全国高等职业院校已达 1091 所，当年招生 268.09 万人，在校生 712.9 万人，[①] 高等职业教育切实占据了我国高等教育的重要地位，堪称半壁江山。至此，我国高等职业教育顺利达成了与普通高等教育相协同的规模性发展。2006 年教育部印发《教育部关于全面提高高等职业教育教学质量的若干意见》，提出促进高等职业教育发展的 9 点意见，明确指出"高等职业教育作为高等教育发展中的一个类型，肩负着培养面向生产、建设、服务和管理第一线需要的高技能人才的使命，在我国加快推进社会主义现代化建设进程中具有不可替代的作用"。党的十八大以来，以习近平同志为核心的党中央，把职业教育发展提升到战略性、政治性和民生性高度，出台了一系列促进职业教育高质量发展的政策。

我国职业教育发展的上述历程确实体现出了潘懋元先生提出的教育发

---

① 改革开放 40 年我国高等职业教育发展回顾与展望 [EB/OL]. [2018-10-19]. （2024-03-16）. https://www.sohu.com/a/270207964_164989.

展的外部规律，即职业教育发展水平受制约于经济社会发展水平，职业教育发展为经济社会发展服务，但本研究认为这只是职业教育的现实性和实用性。1978—2022 年我国高职高专教育与产业和社会的协同发展情况如图 4-1 所示。

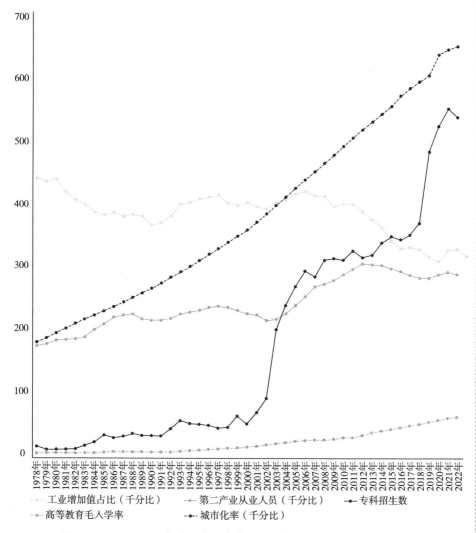

图 4-1　1978—2022 年我国高职高专教育与产业和社会的协同发展情况

（数据来源：国家统计局）

　　图 4-1 显示，1978 年我国高等教育毛入学率仅为 1.55%，到 1999 年高等教育扩招之时，我国高等教育毛入学率也仅为 10.5%，此时的高等教

育属于精英教育，离大众化水平相差甚远。1978—1999 年，我国第二产业从业人员占比为 17%～23.7%，与第二产业 41%～47% 的增加值不协调、不匹配。尤其是，这个时期工业增加值占我国 GDP 比重一直为所有细分行业最高，取值区间为 31.7%～44%。经济发展结构与人才供给的突出矛盾使我国政府不得不做出扩大高等教育规模的决策。1999 年我国共有高等院校 1041 所，其中本科学校 599 所、高等专科学校 258 所、职业技术学院 184 所，规模在 5000 人以上的学校仅为 356 所，急需快速培养受过高等教育的专门性和技术型人才。因此，1999 年 1 月，教育部、国家计委联合印发《试行按新的管理模式和运行机制举办高等职业技术教育的实施意见》。同年 6 月，中共中央、国务院印发《关于深化教育改革全面推进素质教育的决定》，两个重磅文件都提到要培养一大批兼具理论和实践水平的技术应用型人才。从这个意义上来讲，是我国经济社会发展需求和技术应用型人才供给情况促进了我国高等职业教育规模的快速扩张。但从城市化率来看，受过高等教育的人多数会居住在城市，因此在高等教育毛入学率提升的同时，城市化率也会提升，如图 4-1 所示，它们之间呈正相关关系。1978年我国城市化率仅为 17.9%，2023 年为 66.2%，年均增长 8.4%；这期间的高等教育毛入学率由 1.55% 增长到 60.2%，年均增长率为 133.4%，1999 年扩招之后的年均增长率也达到 25.8%。城市居民的增加，会带来城市生活系统性变化，包括物质需求、精神需求及生活行为方式的变化，这种变化又会传递到经济社会发展中。因此，高等职业教育发展又会改变经济社会发展方式，它们是一种辩证的互构关系。

2.2.2　高等职业教育与人的发展

服务人的全面发展是我国高等职业教育的基本使命。马克思在《资本论》第一卷中对社会分工及其二重性有过深刻论述：

每个这样的手工业者（可能带一两个帮工）都制造整个商品，因而顺序地完成制造这一商品所需要的各种操作。他仍然按照原有的手工业方式进行劳动。但是外部情况很快促使人们按照另一种方式来利用集中在同一个场所的工人和他们同时进行的劳动。例如，必须在一定期限内提供大量完成的商品这种情况，就是如此。于是劳动有了分工。各种操作不再由同一个手工业者按照时间的先后顺序完成，而是分离开来，孤立起来，在空间上并列在一起，每一种操作分配给一个手工业者，全部操作由协作者同时进行。这种偶然的分工一再重复，显示出它特有的优越性，并渐渐地固定为系统的分工。商品从一个要完成许多种操作的独立手工业者的个人产品，变成了不断地只完成同一种局部操作的各个手工业者的联合体的社会产品。

......

工场手工业在工场内部把社会上现存的各种手工业的自然形成的分立再生产出来，并系统地把它发展到极端，从而在实际上生产出局部工人的技艺。工场手工业把局部劳动变为一个人的终生职业，符合以前社会的如下倾向：使手工业变成世袭职业，使它固定为种姓，或当一定历史条件产生与种姓制度相矛盾的个人变化时，使它硬化为行会。种姓和行会由此产生的自然规律，就是调节动植物分化为种和亚种的那个自然规律。不同的只是，种姓的世袭性和行会的排他性发展到一定程度会当作社会法令来颁布。

从马克思的上述观点来看，"片面发展"指劳动过程中体力和智力的分离和对立，旧的社会分工异化了人的劳动，使人的体力和智力分离成为现实，要避免这种智力和体力的畸形发展，就必须摧毁旧的社会分工。1866年马克思在《临时中央委员会就若干问题给代表的指示》中指出："我们把教育理解为以下三件事：第一，智育。第二，体育，即体育学校和军事训练所教授的那种东西。第三，技术教育，这种教育要使儿童和少年了解生产各个过程的基本原理，同时使他们获得运用各种生产的简单的工具的技能。对儿童和少年工人应当按不同年龄循序渐进地授以智育、体育和综合技术教育课程。"由此可知，马克思所认为的教育乃是一种"技体智"全方位发展的综合教育。这里的"全面发展"是指在劳动的过程中达成体力与智力的充分运用及发展，实现体力和智力在充分发展基础之上的完整融合。这种完整融合就是人类实践，所以人的全面发展就是人的"一体三品"充分发展。高等职业教育是实现人的全面发展的重要途径，但人的全面发展并非一蹴而就，不同社会发展阶段有不同特征与可能性。以现阶段为例，我们已基本进入互联互通社会，人与人、人与物、物与物之间的连接变得前所未有地紧密。随着智能制造的深入发展，越来越多的重复、简单动作被机器和自动化设备所代替，这确实催生了高等职业教育育人理念的变革。面对生产过程日益自动化、数字化和智能化，我们不能再倡导"就业为本""技能为王"的育人理念，必须推行综合技术教育以服务人的全面发展。社会互构视角下的职业教育发展如图4-2所示。

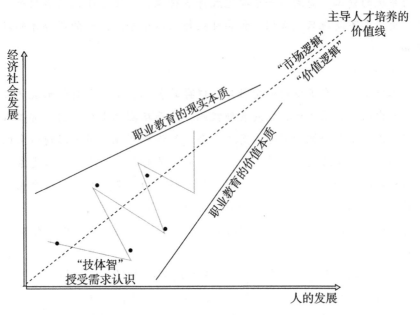

• 代表不同职业教育理念和形态等，如传统学徒制、学校形态的职业教育……

图4-2　社会互构视角下的职业教育发展

　　但如前文所述，高等职业教育的发展受限于特定经济社会发展水平。有学者将职业教育定义为技术生存需要与教育允诺的统一，这充分说明了高等职业教育的现实本质就是培养适应经济社会发展的高素质劳动者。特定的技术水平决定了劳动者需求类型，离开社会现实追求理想化的人的全面发展是违背历史唯物主义基本原则的。但高等职业教育服务人的全面发展并非完全受制于现有经济社会发展条件，如图4-2所示，高等职业教育通过培养更多职业人，职业人通过促进行业技术和社会生活的发展又对高等职业教育提出新要求，进而将职业教育服务人的全面发展向前推进。所以，现阶段的高等职业教育服务人的全面发展就是探求当前经济社会发展水平和人类自身发展需求的育人思想、理念和模式，如综合技术教育等。

3　本章小结

　　本章从人与社会的关系这一社会学的基本问题入手，先后探讨了客观意义的社会、主观意义的社会和互构论视角下社会的基本思想与特征，并基于互构论视角分析了职业教育本质。"个人"是人类社会的基本组成单元，对人性的不同假设会导致不同的社会学观点。集体能个体、智能个体和实践主体于一体的"一体三品"是人的本质特征，是社会学的元事实。职业教育作为一种人类实践活动，是一种客观存在的社会现象，但又带有人的主观意志。作为一种教育制度，职业教育是国家意志的体现，它不以个人的意志为转移，个人只能选择适应。但在职业教育实践过程中，人们会根据职业教育预期职能与实际功能的匹配度来不断修正职业教育认知。面对生产过程日益自动化、数字化和智能化，我们不能再倡导"就业为本""技能为王"的育人理念，必须推行综合技术教育，以服务人的全面发展。

社会互构视角下的职业科学研究，要求我们从职业的具体实践去考察任何一种职业行为及其关联。由于职业实践包括人的认知与行为、生产资料和劳动对象等要素，同时受职业标准和社会规范约束，这些决定了职业科学研究是一项跨学科的研究，单纯的物质科学、能源科学、信息科学或行为科学都不能有效解决该领域的问题。

第 2 篇

新时代高等职业教育发展的方法论

第5章 国际职业教育发展的探索与实践

1 德国职业教育模式

1.1 德国职业教育的历史沿革

德国职业教育是德国教育体系中的重要组成部分，以培养具有专业技能和职业素养的人才为目标，为德国的经济和社会发展提供了坚实的人才支撑。德国职业教育作为世界职业教育的典范，其发展历程展现了从早期师徒制到现代完善体系的演变。通过剖析德国职业教育在不同历史阶段的特色与变革，对提升国家技术技能水平、推动经济社会发展具有重大意义。具体来看，德国职业教育的发展主要经历了以下几个阶段。

1.1.1 早期职业教育雏形

在探讨德国早期职业教育的形态与特性时，我们必须深入分析社会经济背景与教育哲学对其的双重影响。在工业革命黎明之前，德国的职业教育体系以学徒制为核心，这一制度不仅打造了年轻人的技能成长路径，更在实践中传承了行业的精髓。学徒制作为德国早期职业教育的主要形式，其特点在于将理论与实践紧密结合。年轻的学徒在经验丰富的师傅的指导下，通过日常的实际操作，逐步积累并深化对行业技艺的理解。这种教育模式不仅强调技能的传授，更重视工作伦理和职业精神的培养，为德国工业的崛起奠定了坚实的基础。

1695年，威丁堡已设有补习学校。补习学校在德国属于职业技术教育系统，它是最早设立的一种学校。补习学校的前身是宗教改革时期的星期日学校。[①] 从1850年起，德国开始设立职业学校，或在普通学校内设有职

---

① 刘淑云，祁占勇. 德国职业教育制度的发展历程、基本特征及启示 [J]. 当代职业教育，2017（6）：104-109.

业班。大多数新的职业学校一般是由城市、工商业主和地方当局举办的。到 19 世纪后期，为已就业的青年设置的补习学校和业余学校已遍布各地。在德意志帝国形成以前，北部德意志联盟于 1869 年曾规定 18 岁以下的工人每周用一定的时间进入补习学校，雇主必须保证留给工人必需的时间。德意志帝国成立后，继续保留了补习学校和职业学校的制度。① 19 世纪末，德国成为职业教育的先驱，各种早已存在的补习学校又是职业学校的前身，其教育模式为世界其他国家树立了榜样。

在探索德国早期职业教育的崛起时，我们不难发现，这一教育体系的蓬勃发展，离不开政府与社会的坚定支持。政府不仅制定了相应的法律法规，确保政策扶持，还积极倡导企业界与行业协会的深度参与。在此背景下，德国企业高度重视员工的职业发展，坚信只有经过精心培养的劳动力，方能有效提升其生产效能与市场竞争优势。这种政府、企业和学校之间的紧密合作，为德国职业教育的快速发展提供了有力保障。

1.1.2 工业化时期的职业教育发展

工业化时期是德国职业教育发展的重要阶段，这一时期的社会经济变革对职业教育起到长远的推动作用。随着工业革命的兴起，德国的经济结构发生了巨大转变，传统手工业逐渐被机械化生产所取代，这要求劳动力市场具备更高素质的技术工人。因此，职业教育在这一背景下得到了迅速发展，以适应新的经济需求。

在工业化进程中，德国政府和企业界认识到职业教育对于提升国家竞争力和企业效率的重要性。政府制定相关政策与法规，为职业教育的发展提供强有力的保障。例如，建立职业教育学校、制定职业培训标准以及推广职业教育理念等。这些举措有效地促进了职业教育与经济发展的紧密结合，为德国培养了大量高素质的技术人才。德国企业在职业教育中也发挥了重要作用。许多大型企业纷纷设立自己的职业培训中心，为员工提供系统的技能培训。这种企业内部的职业教育模式不仅提高了员工的专业素质，也增强了企业的凝聚力和竞争力。同时，企业与学校之间的紧密合作也为职业教育注入了新的活力，推动了教育内容和教学方法的不断创新。

在该时期，德国职业教育的另一个显著特点是其双元制教育模式的形

---

① 滕大春，等. 外国教育通史：第四卷 [M]. 济南：山东教育出版社，2005.

成和发展。1969 年，德国政府颁布实施了《联邦职业教育法》，该法首次统合了各种有关企业培训的分散法规，将职业教育定义为初始职业教育、职业继续教育和职业改行培训三部分，内容涵盖全面，涉及职业教育的培训、管理等方面。①

工业化对德国职业教育的发展起到了有力的推动作用。通过政府、企业和学校的共同努力，德国职业教育形成了独特的教育体系和教育模式，为德国经济的繁荣和技术人才的培养做出了巨大贡献。

1.1.3 现代职业教育体系的建立与完善

德国现代职业教育体系的建立与完善经历了多个阶段，其形成与发展不仅彰显了德国对职业教育的深刻理解和实践，也反映了职业教育在适应社会经济发展中的不断调整与优化。在德国工业化的推动下，职业教育开始受到越来越多的重视。为了满足工业生产对技术工人的需求，德国开始着手建立系统的职业教育体系。这一时期，各类职业学校和技术学校应运而生，为青少年提供专业技能培训，以适应工厂生产的需求。这些学校的建立，标志着德国职业教育体系的初步形成。与此同时，双元制职业教育兴起。随着工业化进程的深入，德国职业教育体系也进一步得到完善。其中，最具代表性的是双元制职业教育模式的兴起。双元制职业教育是指学生在企业和学校两个场所接受培训，其中企业培训占据主导地位。这种教育模式不仅让学生在实际工作环境中学习专业技能，还能在学校中接受必要的理论知识教育。双元制职业教育的实施，大大提高了德国职业教育的质量和效率，也为德国经济的腾飞奠定了坚实的人才基础。②

为了保障职业教育的健康发展，德国政府还致力于职业教育的法制化建设。通过颁布一系列法律法规，明确职业教育的地位、目标和实施方式，为职业教育的发展提供了有力的法律保障。这些法律法规的制定和实施，不仅规范了职业教育的办学行为，也提升了职业教育的社会地位和影响力。在现代职业教育体系的发展过程中，德国还注重职业教育与普通教育的融通。通过实施学分制、开设选修课程等措施，为学生提供更多的选

---

① 贺国庆，朱文富. 外国职业教育通史：下卷 [M]. 北京：人民教育出版社，2014：48.

② Baethge M，Wolter A . The German skill formation model in transition：from dual system of VET to higher education？[Das deutsche Ausbildungsmodell im Umbruch：zwischen dualem Berufsbildungssystem und Hochschulstudium] [J]. Journal for Labour Market Research，2015（48）：97–112.

择和发展空间。这种融通不但有益于消除职业教育与普通教育之间的壁垒，而且能够更好地满足学生多元化的学习需求以及职业发展期望。

随着全球化的深入发展，德国职业教育也开始呈现出国际化趋势。德国政府积极参与国际职业教育合作与交流，推动职业教育资源的跨国共享和优势互补。这不仅为德国职业教育注入了新的活力，也提升了德国职业教育在国际上的影响力和竞争力。

德国现代职业教育体系的建立与完善是一个历史性的过程，它涉及多个方面的改革与创新。从初步建立到双元制职业教育的兴起，再到法治化进程的推进、与普通教育的融通以及国际化趋势的加强，每一步都体现了德国对职业教育的深刻思考和不断探索。这些经验对于其他国家和地区发展职业教育具有重要的借鉴意义。

1.2 德国双元制职业教育模式

1.2.1 德国双元制职业教育模式的起源与发展

德国的高等职业教育以其独特的双元制模式、与企业的紧密合作以及对实践技能的重视而闻名于世，为德国的经济发展和技术创新提供了重要的人才支持。该模式是一种将理论教学和职业实践紧密结合的职业教育体系，其核心在于培养学生的实际工作能力和解决实际问题的能力。这种模式在德国取得了巨大成功，被广泛认为是德国经济腾飞的"秘密武器"。

德国双元制教育模式的起源可追溯到19世纪末的德国工业化时期。所谓"双元制"，是指职业教育发生在两个学习场所：企业和职业学校。一方面，接受职业教育的青年要在职业教育企业或跨企业的培训机构里学习相应职业的实践性知识和从业技能；另一方面，青年要在公立职业学校接受文化教育和与职业相关的专业理论教育。[①]

双元制教育模式的核心理念是理论与实践的紧密结合。学生在企业接受实际操作技能的训练，同时在学校学习相关的理论知识。这种教育模式不仅使学生能够在实践中深化对理论知识的理解，而且能够培养他们解决实际问题的能力。正是这种教育模式为德国培养了大量高技能人才，推动

---

① 姜大源，吴全全. 当代德国职业教育主流教学思想研究. 北京：清华大学出版社，2007，220-221.

了德国经济的快速发展。①

随着时间的推移，双元制教育模式在德国得到了广泛的应用和推广。政府、企业、学校等各方共同参与，形成了完善的职业教育体系。这一体系不仅为年轻人提供了多样化的职业发展路径，也为德国经济的持续增长奠定了坚实的人才基础。

1.2.2　德国双元制教育模式的实践运作

1.2.2.1　企业与学校的合作机制

在德国双元制教育模式中，企业与学校之间的合作机制是其成功的关键之一。这种合作不仅涉及教学资源的共享，更包括双方在教育理念、教学方法以及学生评价方式上的深度合作。

企业在这个模式中扮演着至关重要的角色。它们不仅提供实训基地，还为学生创造了真实的工作环境，使他们能够亲身实践、掌握职业技能。企业的实训教师往往具有丰富的行业经验和专业技能，他们能够提供给学生最前沿的行业知识和成熟的实践技能。同时，企业还参与到学生的评价过程中，根据学生在实际工作中的表现给予反馈，这有助于学生更好地了解自己的优势和不足，从而进行有针对性的提升。

学校则承担着理论教学的重要任务。在双元制教育模式中，学校的教育并不仅仅局限于课堂讲授，而是与企业实训紧密结合，形成一种理论与实践相互促进的教学模式。学校的教师将依据企业的需求以及行业的发展态势，持续更新教学内容，保证学生所学到的理论知识与实际工作紧密结合。此外，学校还负责学生的学术评价和毕业考核，这些评价不仅考虑学生的理论知识掌握情况，还充分参考企业在实训过程中的评价，从而形成一个全面、客观的学生评价体系。

企业与学校之间的合作机制还体现在双方的定期沟通和协调上。为了确保学生的培养质量，企业和学校会定期召开联席会议，共同商讨教学计划、实训安排以及学生评价等问题。这种紧密的沟通机制有助于双方及时了解学生的学习情况，针对问题进行调整和改进，从而确保双元制教育模式的顺利实施。

---

① DGBI Tremblay . The German Dual Apprenticeship System：An Analysis of Its Evolution and Present Challenges ［J］. The Centre for Research on Work and Society, 276 York Lanes, York University, North York, Ontario, M3J 1P3 Canada .

这种企业与学校的合作机制不仅提高了教育资源的利用效率，更促进了教育与产业的深度融合。在这种模式下，教育资源得到了更加合理的配置和利用，避免了资源的浪费和重复建设。同时，通过与企业的紧密合作，学校能够更加准确地把握行业发展的动态和市场需求，从而培养出更加符合社会需求的高素质人才。这种深度融合的教育模式不仅有助于提升学生的职业素养和综合能力，还为德国的经济发展和产业创新提供了有力的人才支撑。

1.2.2.2　培训内容与方法

德国双元制教育模式的培训内容与方法，体现了其独特的教育理念和实践特色。在专业知识方面，该模式强调学生对基础理论和专业知识的掌握，这是未来职业生涯发展的基石。教师会通过课堂讲授的方式系统地传授专业知识，确保学生能够全面了解所学专业的理论体系。

在实践技能方面，德国双元制教育模式更是独具匠心。学生将在企业实训基地进行实际操作，由经验丰富的企业导师指导，学习并掌握各种实践技能。这种实践操作的学习方式，不仅使学生能够亲身体验实际工作的环境和要求，更能够深化对专业知识的理解，并将理论知识转化为实际操作能力。

除了专业知识和实践技能，德国双元制教育模式还非常重视学生的职业素养培养。这包括了学生的职业道德、沟通能力、团队协作能力等多个方面。在教学过程中，教师会通过角色扮演、模拟会议等方式，提升学生的职业素养，使他们能够更好地适应未来的职场环境。

在教学方法上，德国双元制教育模式注重多样性和互动性。除了传统的课堂授课方式，教师也会运用案例分析、小组讨论、项目合作等诸多教学手段，激发学生的学习兴趣与积极性。这些教学方法不但可以提高学生的学习成效，还能够培育他们的自主学习能力以及团队合作精神。特别是项目合作的教学方式，在德国双元制教育模式中占有重要地位。学生会在导师的指导下，分组完成实际项目，这不仅能够锻炼他们的实践能力，还能够培养他们的创新思维和解决问题的能力。通过项目合作，学生能够更加深入地了解所学专业的实际应用，为未来的职业发展做好充分准备。

总的来说，德国双元制教育模式的培训内容与方法充分体现了其注重实践、强调职业素养的教育理念。这种教育模式能够培养学生具有全面的专业知识和实践技能，提高他们的职业素养与综合能力，为未来的职业道路筑牢坚实的根基。

1.2.2.3 学生评价与反馈机制

在德国双元制教育模式中，学生评价与反馈机制被视为提升教育质量和满足学生需求的关键环节。这一机制不仅涉及对学生的全面评估，更强调通过反馈来优化教学过程，从而确保教育目标的实现。

在评价方面，德国双元制教育模式采用了多元化的评价体系。学校和企业根据各自的教学目标和要求，共同制定一套综合评价标准。这些标准不仅涵盖学生的学业成绩，还包括他们在实践中的表现、职业素养的养成以及团队合作和创新能力等多个方面。通过定期的评价活动，如课堂测试、实训考核以及项目汇报等，教师和企业导师能够全面了解学生的学习进度和掌握情况，为后续的教学提供有力依据。

在反馈方面，德国双元制教育模式注重建立及时、有效的反馈机制。学校通过定期的教学检查、学生座谈会以及在线调查等方式，收集学生对教学内容、教学方法以及教师教学效果的意见和建议。这些反馈信息被及时整理和分析，以便发现问题并制定相应的改进措施。同时，企业也积极参与到反馈过程中，提供学生在实训阶段的表现评价和需求反馈，帮助学校更好地调整教学策略和满足企业用人需求。

德国双元制教育模式中的学生评价与反馈机制还强调学生的自我评价和反思。通过引导学生对自己的学习过程进行回顾和总结，发现自身的优点和不足，并制订个人发展计划。这种自我评价和反思的过程不仅有助于培养学生的自主学习能力和批判性思维，还能激发他们的学习动力和创新精神。

德国双元制教育模式中的学生评价与反馈机制在保障教育质量方面发挥着重要作用。通过多元化的评价体系和及时有效的反馈机制，该模式能够全面了解学生的学习状况和需求，不断优化教学过程，从而培养出更多符合市场需求的高素质人才。

1.2.3 德国双元制教育模式的特点与优势

德国双元制教育模式的特点与优势体现在多个层面，这些层面共同构成了该模式的独特魅力和广泛影响力。

德国双元制教育模式的核心特点在于其深度的校企合作。在这种模式下，企业不仅仅是教育的接受者，更是教育的参与者和推动者。企业通过提供实训岗位,使学生能够在实际工作环境中学习和成长,这种实践导向的教学方式极大地提升了学生的实践能力和问题解决能力。与此同时,学校依据企业的需求与反馈情况,持续对教学内容进行调整和优化,保证教育的针对性与实效性。这种紧密的校企合作模式,不仅有益于提升学生的职业素养,也为企业培育了大批符合需求的高技能人才。

德国双元制教育模式注重学生的全面发展。该模式不仅关注学生的专业技能培养,更重视学生的综合素质提升。在教学过程中,教师会引导学生积极参与团队合作、项目实践等活动,培养学生的沟通协调能力、创新思维能力以及批判性思考能力。这种全面的培养方式,使学生在毕业后能够快速适应复杂多变的工作环境,成为企业不可或缺的重要力量。

德国双元制教育模式具有显著的经济效益和社会效益。对于企业而言,该模式能够为其提供稳定且高质量的人才来源,降低了企业的招聘成本和培训成本,提高了企业的竞争力。对于社会而言,该模式通过提升劳动者的技能和素质,推动了产业升级和社会经济发展,实现了教育与经济的良性循环。

德国双元制教育模式还体现了教育的公平性和普及性。该模式打破了传统教育的限制,为不同背景的学生提供了平等的受教育机会,无论是城市还是乡村,无论是富裕还是贫困,只要有意愿和能力,都可以通过双元制教育模式获得优质的教育资源和职业发展机会。这种公平性和普及性,不仅有助于缩小社会阶层差距,也为社会的和谐稳定和持续发展奠定了坚实的基础。

德国双元制教育模式以其独特的校企合作机制、实践导向的教学理念以及全面的人才培养体系,展现出了显著的特点与优势。这些特点和优势不仅使得该模式在德国本土取得了巨大的成功,也为全球范围内的职业教育改革提供了有益的借鉴和启示。

1.2.4 双元制教育模式的不足之处及发展趋势

德国双元制教育模式作为职业教育的佼佼者,虽然在全球范围内备受推崇,但任何教育模式都难免存在瑕疵。对于双元制教育模式而言,其不足之处主要体现在以下三个方面:

第一,企业参与度的不均衡是一个显著问题。在双元制教育模式中,企业的积极参与是至关重要的。然而,不同企业对于职业教育的投入程度和参与度存在差异。一些大型企业可能拥有完善的培训体系和资源，能够为学生提供优质的实训机会；而中小型企业则可能由于资源有限或缺乏经验，难以承担相应的培训责任。这种不均衡可能导致学生接受的教育质量存在差异，进而影响其职业发展的顺利性。

第二，双元制教育模式在应对技术变革方面存在一定的滞后性。随着科技的飞速发展，新兴行业和职业不断涌现，对人才的需求也在不断变化。然而，双元制教育模式的培训内容和标准往往由企业和学校共同制定，且更新周期相对较长。这可能导致教育内容与实际需求之间存在脱节，使学生在毕业后难以立即适应新的技术环境。

第三，双元制教育模式中的学生权益保障面临挑战。由于学生在企业实训期间同时扮演员工和学徒的双重角色，其权益保护可能面临一定的挑战。例如，学生在实训期间的工资待遇、工作时长以及劳动保障等方面可能缺乏明确的法律规定和监管机制，容易受到不公平待遇或权益侵害。

随着全球经济的不断演变和科技的日新月异，德国双元制教育模式也在不断地发展和创新。在未来的发展中，该模式将呈现出以下两个趋势：

第一，数字化与智能化将在双元制教育模式中扮演越来越重要的角色。随着大数据、云计算、人工智能等技术的普及，教育模式将迎来深刻的变革。在双元制教育中，数字化技术可以被用来优化教学流程、提升教学效果。例如，通过虚拟现实（VR）技术进行模拟实训，或者使用智能分析系统来跟踪学生的学习进度并提供个性化的指导。

第二，国际化将成为双元制教育模式的一个重要发展方向。伴随全球化的加速演进，国际交流与合作愈发频繁。德国双元制教育模式有望在全球范围内得到更广泛的推广与应用，同时吸收和借鉴其他国家的职业教育经验，进一步丰富和完善自身的教育体系。

在未来发展中，德国双元制教育模式也面临着一些挑战。其中最主要的挑战之一是如何保持教育质量与市场需求之间的平衡。随着技术的快速发展和市场需求的不断变化，双元制教育模式需要不断更新和调整教学内容和方法，以确保培养的人才能够适应新的市场需求。此外，教育资源的分配与利用也是一个需要关注的问题，如何确保所有学生都能获得优质的教育资源是双元制教育模式未来发展中需要解决的一个重要问题。

总的来说，双元制职业教育模式以其独特的理念和实践方式，为德国职业教育的发展注入了强大的动力。它不仅提高了学生的职业技能水平，还培养了他们的职业素养和综合能力，为德国经济社会的持续发展提供了坚实的人才支撑。通过不断创新和完善自身体系，双元制教育模式有望培养出更多具备专业技能和职业素养的高素质人才。同时，这一模式也为其他国家提供了有益的借鉴和启示，推动了全球职业教育的创新与发展。

2　美国职业教育模式

2.1　美国职业教育的历史沿革

美国职业教育从早期学徒制到工业化时期的系统化教育，再到当代的在线职业教育，展现出强大的适应性和创新性。其灵活多样的教育模式、实践与理论的紧密结合以及行业与教育的深度融合，共同构成了美国职业教育的显著特点。此外，学徒制与校企合作的深入实践、社区学院在职业教育中的重要作用以及在线职业教育的蓬勃发展，均体现了美国职业教育体系的完善与活力。

2.1.1　早期职业教育的起源

在美国历史的早期阶段，职业教育并未形成如今这样系统化的教育体系。殖民地时期的学徒制是美国职业教育发展的起点。在殖民地时期，学徒制是主要的职业培训形式，通过师傅带徒弟的方式传授技能。相反，它主要依赖一种古老而深厚的传统——学徒制。在这种制度下，年轻人通过跟随经验丰富的师傅，以实践操作的方式，逐渐掌握特定的职业技能。学徒制不仅是技艺传承的重要手段，更是社会文化和价值观念的传递方式。

随着美国独立战争的胜利，美国社会逐渐稳定，对农业和技工的需求增加，职业教育开始得到发展。例如，1775 年在费城成立的"农业促进协会"推动了农业科学技术教育。随着 18 世纪末至 19 世纪初工业革命的兴起，美国的社会经济结构发生了翻天覆地的变化。工厂制度的建立和机器的广泛使用，使得社会对具备专业技能的劳动力需求急剧增加。这一时期，简单的学徒制已经无法满足社会对技能人才的大规模需求，职业教育开始逐渐走向正规化和系统化的发展路径。

随着工业革命的深入推进，美国的产业结构发生了巨大的变化，从农业国逐渐转变为工业国。这种转变对劳动力市场的需求产生了深远的影响，技能型人才的需求日益凸显。为了满足这种需求，美国政府和社会各界开始关注职业教育的发展。在这一背景下，以学校为主体的职业教育体系初步建立。各级各类学校纷纷开设职业教育课程，旨在培养学生具备从事特定职业所需的基本技能和职业素养。这些课程不仅涵盖了传统的工艺技能，还逐渐引入了更多与现代工业相关的技术和知识。通过这种教育体系，学生能够获得实用的职业技能，为未来的职业生涯做好充分准备。

美国政府也通过立法和政策支持来推动职业教育的发展。例如，通过制定相应的法律法规，明晰职业教育的地位与作用，为职业教育给予资金支持与政策保障。这些措施有效地促进了职业教育的发展，为美国的工业化进程提供了有力的人才支持。

美国早期职业教育的起源与发展是紧密围绕工业化进程和劳动力市场需求的。通过建立完善的职业教育体系、政府立法和政策支持以及校企合作等模式，美国成功地培养了大量的技能型人才，为经济社会的快速发展奠定了坚实基础。这一时期的职业教育不仅为美国的工业化进程提供了有力的人才支持，还为后续职业教育的发展奠定了重要基础。

2.1.2 职业教育体系的形成与发展

进入 20 世纪后，随着美国经济的快速发展和产业结构的不断升级，其职业教育体系也经历了显著的变革和完善。这一时期，美国政府通过制定一系列关键法案，为职业教育的发展奠定了坚实的法律基础和资金保障。

《史密斯-休斯法案》的颁布具有里程碑意义，它不仅推动了职业教育与产业发展的紧密结合，还进一步促进了职业教育与普通教育的融合与协调发展。随着这些法案的实施，美国职业教育逐渐形成了多元化的办学格局，涵盖了学校、企业、社区等多个层面，为不同层次、不同类型的学生提供了灵活多样的教学模式和学习路径。特别是 1984 年《卡尔·D. 珀金斯法案》的出台，更是美国职业教育发展史上的一个重要转折点。该法案强调了职业教育与普通教育的整合，推动了以学校为基础的职业教育项目的创新与发展，进一步提升了职业教育的社会地位和影响力。[1] 在这一法案的推动下，美国职业教育不仅关注学生的技能培养，还注重学生的综合素质和未来发展潜力，为学生的终身学习和职业发展奠定了坚实基础。

美国职业教育还积极借鉴和吸收国际先进经验，不断创新教育模式和教学方法。例如，美国社区学院的办学经验就为高等职业教育提供了有益

---

① Howard R. D., Gordon. The History and Growth of Vocational Education in America [M]. Boston: Allyn and Bacon, Prentice Hall, 200 Old Tappan Rd. 1999.

的参考。这些学院以其灵活多样的课程设置、紧密结合社区需求的办学理念和开放的招生政策，为广大学生提供了接受高等职业教育的机会，同时也为社区的经济社会发展做出了重要贡献。①

美国职业教育的终身化发展理念也处于世界领先地位。从 20 世纪 70 年代开始，美国就致力于推动职业教育的终身化发展，以满足不同年龄段、不同职业背景人群的学习需求。这种发展理念不仅体现了美国职业教育的前瞻性和包容性，也为全球职业教育的未来发展指明了方向。

美国职业教育体系的形成与发展是一个不断完善、不断创新的过程。在这个过程中，政府、学校、企业和社会各界共同努力，推动了职业教育的蓬勃发展。这不仅为美国的经济社会发展提供了有力的人才支撑，也为全球职业教育的改革与发展提供了宝贵的经验和启示。

2.1.3　当代职业教育的改革与趋势

随着全球化与信息化的快速发展，以及美国经济结构的深度调整，美国的职业教育正遭遇前所未有的挑战和机遇。为了有效应对这些变革并充分抓住新时期的发展机遇，美国政府和社会各界已经积极推动了一系列职业教育的改革与创新举措。

在推动职业教育与产业发展深度融合方面，美国加强了校企合作和工学结合的模式。通过与企业界的紧密合作，职业院校能够更准确地把握行业发展的脉搏，根据市场需求调整专业设置和课程内容，从而确保教育输出的技能型人才能够满足产业发展的实际需求。这种深度融合不仅有助于提升学生的就业竞争力，还为企业提供了源源不断的高素质人才资源，进一步推动了产业的持续创新和发展。

在培养学生的创新思维和实践能力方面，美国职业教育也进行了大量的探索和实践。通过引入项目式学习、问题解决学习等创新教学方法，以及开展丰富多彩的课外活动和实践项目，学校致力于激发学生的创新思维，培养他们解决实际问题的能力。这些努力不仅提高了职业教育的质量和效益，还为学生的全面发展奠定了坚实基础。随着在线教育、远程教育等新兴教育形式的快速兴起，美国职业教育也在积极探索数字化转型和智能化发展的新路径。通过利用先进的网络技术和智能化教学工具，职业院

---

① 易红郡. 美国社区学院的高等职业技术教育及启示［J］. 现代大学教育，2002（3）：103-107.

校能够打破时间和空间的限制，为学生提供更加灵活多样的学习方式。这种数字化转型不仅有助于扩大职业教育的覆盖面和影响力，还为学生提供了更加便捷高效的学习体验。

在全球化和信息化的大背景下，美国职业教育的改革与趋势充分体现了与时俱进的精神。通过加强校企合作、培养创新思维和实践能力，以及积极探索数字化转型等举措，美国职业教育正努力适应经济社会发展的新要求，为培养更多高素质技能型人才做出积极贡献。这些改革举措不仅为美国职业教育的持续发展注入了新的活力，也为全球职业教育的改革与发展提供了有益的借鉴和参考。

美国职业教育在当代社会的创新与发展主要体现在跨学科和跨领域的综合能力培养、互联网推动下的在线职业教育兴起以及与市场需求的紧密结合等方面。这些创新和发展举措使得美国职业教育更加贴近时代需求和市场变化，为培养高素质、高技能的人才队伍奠定了坚实基础。我们也应看到，美国职业教育的改革与创新是一个持续不断的过程。面对未来经济社会的快速发展和变化，美国职业教育仍需要不断探索和完善，以更好地满足产业发展对技能型人才的需求，推动社会的整体进步和繁荣。

2.2 美国职业教育主要模式

2.2.1 学徒制与校企合作

学徒制作为美国职业教育的一种重要模式，具有深厚的历史底蕴和实践价值。在这一模式下，学生有机会在实际工作环境中，从经验丰富的师傅那里学习专业技能和行业经验。这种一对一的教学模式，使得学习过程更具有针对性和实效性。与此同时，学生能够借此获得与未来职业环境进行接触的契机，进而助力他们更为深入地理解和适应职业要求。

校企合作则是美国职业教育中的另一种关键模式。企业不仅为学校提供实习和就业机会，还参与到学校的教学计划和课程设置中，促使教育内容与实际工作需要更为贴近。这种合作形式不但提升了教育的实用性，还增强了学生的就业竞争能力。通过校企合作，学校能够及时了解行业动态和技术发展趋势，从而调整教学策略，确保教育内容的时效性和前瞻性。

这两种模式的结合，体现了美国职业教育对于实践与理论相结合的重视。学生在学校学习理论知识，通过学徒制在实践中加以应用，再在校企合作中得到进一步的锻炼和提升。这样的教育体系，意在培育既具有坚实理论根基，又具有丰富实践阅历的综合型人才。

美国职业教育在推广这两种模式时，也面临一些挑战，如师傅资源的稀缺、企业参与的积极性不高等。然而，通过政府、学校、企业等多方的共同努力，这些问题正在逐步得到解决。政府提供政策支持和资金补贴，鼓励企业参与到职业教育中来；学校则积极与企业沟通合作，共同打造符合市场需求的教育产品。

总的来说，学徒制与校企合作在美国职业教育中扮演着举足轻重的角色。它们不仅为学生提供了多元化的学习路径，也为社会培养了大量高素质的技能人才。这两种模式的成功实践，无疑为我国职业教育改革提供了有益的参考和启示。我们可以借鉴其经验，结合我国实际，探索一条适合自身发展的职业教育道路。

2.2.2　社区学院与职业教育

社区学院与职业教育的紧密结合，体现了美国教育体系的多元化和包容性。这些学院不仅为传统意义上的学生提供服务，还为广大社区居民、在职人员以及希望提升技能或转换职业的人士提供宝贵的学习机会。

在社区学院的运作模式下，职业教育被赋予了更加灵活和实用的特性。学院通常根据当地经济和行业需求来调整课程设置，确保所教授的技能和知识能够紧密对接市场需求。这种以需求为导向的教育理念，使得社区学院在职业教育领域具有极高的敏锐度和适应性。

社区学院还与企业、行业协会等建立了广泛的合作关系，共同推进职业教育的深入发展。这些合作不仅为学生提供了实习和就业的机会，还使学院能够及时了解行业发展的最新动态，从而不断更新和完善教学内容。

社区学院在职业教育领域的贡献还体现在其对于终身学习的推动上。在当今这个知识更新迅速的时代，终身学习已经成为每个人职业发展的必由之路。社区学院通过提供多样化的课程和灵活的学习安排，使每个人都能够在自己方便的时间和地点进行学习，从而不断提升自己的职业技能和竞争力。

从更深层次的角度来看，社区学院与职业教育的结合还反映了美国社会对于教育的重视和投入。政府、企业以及社会各界都积极参与到职业教育的推广和支持中，共同营造了一个有利于人才培养和经济发展的教育环境。这种全社会的参与和支持，无疑为美国职业教育的繁荣和发展提供了坚实的基础。

总的来说，社区学院在美国职业教育体系中扮演着举足轻重的角色。它们通过灵活多样的教育方式和紧密的行业合作，为广大学习者提供了实用、高效的职业教育服务。同时，社区学院还承载着推动终身学习、促进社会经济发展的重任，为美国社会的进步和繁荣做出了不可磨灭的贡献。

2.2.3　CBE 职业教育模式

CBE（Competency Based Education，能力本位教育）人才培养模式在美国经历了从理论积淀到具体实践、从满足"两战"期间作战需要到与职业教育完美匹配的过程，并随着美国经济发展和产业结构调整而不断完善，为美国的人才培养发挥了积极作用。[①] CBE 模式在 20 世纪 60 年代开始影响美国的职业教育，并逐步推广到世界各地。它不仅改变了职业教育的内容和方法，还对国际职业教育的改革产生了深远的影响。到了 90 年代初，这一模式被引入中国，为中国职业教育的改革和发展提供了重要的参考和启示。

CBE 模式的核心理念深刻体现了职业教育的本质要求和价值取向。以能力作为核心要点，并非仅仅聚焦于学生对知识的掌握水平，而是更加注重学生在实际工作当中运用知识去解决问题的本领。这种能力本位的观念，打破了传统教育以知识传授为中心的局限，使教育更加贴近职业岗位的实际需求。

明确的能力标准是 CBE 模式的教学和实践的指南。这些标准通常根据行业企业的实际需求制定，具有鲜明的职业性和实用性。通过将这些标准融入教学内容和评价体系，CBE 模式确保了学生所学知识与技能的实用性和前瞻性，从而为学生未来的职业生涯奠定了坚实的基础。

同时，该模式强调以学生为中心的教学理念。这表明教育进程不再仅仅是教师单方面地进行知识传授，而是演变为教师和学生共同投入、彼此互动协作的历程。在此过程中，教师的角色转化成为引导者与促进者，其职责在于激发学生的学习兴致和潜在能力，助力学生自主地构建起知识架构。而学生则成为学习的主体，需要积极主动地参与到学习和实践中，通过自我探索、实践和创新来不断提升自身能力。该模式聚焦于学生的个性

---

① 张学英，王璐. 产业结构调整视角下的美国 CBE 人才培养模式探析 [J]. 职教论坛，2012（21）：93-96.

化成长与需求。每一个学生皆是独一无二的存在，拥有各不相同的兴趣爱好、特长优势以及发展潜能。同时尊重学生的个性差异，致力于提供多样化的教育路径和选择，以满足不同学生的成长需求。这种个性化的教育理念，有助于培养学生的创新意识和批判性思维，使学生在面对复杂多变的职业环境时能够灵活应对、脱颖而出。

CBE 模式的核心理念体现了职业教育改革的发展方向和价值取向。它以能力为核心、以市场需求为导向、以学生为中心、关注个性化发展，这些理念共同构成了 CBE 模式的独特魅力和实践价值。通过深入理解和贯彻这些核心理念，我们能够更好地把握 CBE 模式的本质要求，推动职业教育质量的全面提升。这种模式打破了传统教育中以学历或学科知识体系为主导的教育形式，转而强调对学习者原有能力的评估和认可，并提倡灵活多样的教育途径。学习者可以根据自己的情况选择学习方式和进度、课程长度和毕业时间，从而更好地满足个性化和多样化的学习需求。

2.3 美国职业教育优势

美国职业教育模式在全球范围内享有盛誉，其显著优点和成功经验值得深入剖析。这些优势不仅体现在教育体系的完善与灵活性上，更彰显在教育与行业需求的紧密结合以及对学生全面发展的重视上。

2.3.1 美国职业教育模式展现出极高的灵活性和多样性

这一特点使职业教育能够紧密贴合社会发展和行业需求的变化。通过灵活调整课程设置和教学计划，美国职业教育能够快速响应市场的变动，为学生提供与时俱进的知识和技能。这种灵活性确保了教育内容的实用性和前瞻性，使学生在毕业后能够迅速适应职场环境。

2.3.2 美国职业教育非常注重实践与理论的结合

这种教育理念有助于学生在掌握理论知识的同时，提升实际操作能力。通过大量的实践环节和实习机会，学生能够在实际操作中不断磨炼技能，增强解决问题的能力。这种以实践为导向的教学方法，不仅提高了学生的职业素养，也为他们未来的职业发展奠定了坚实基础。

2.3.3 美国职业教育与行业之间保持着紧密的合作与对接

这种深度融合确保了教育内容与市场需求的一致性，使学生能够在学习过程中接触到真实的职场环境和项目案例。借助与企业的合作，学校可以及时把握行业发展的最新态势和技术走向，进而对教学内容与策略作出调整。这种行业与教育的深度合作，为学生提供了更多的实践机会和职业发展资源。

2.3.4 美国职业教育非常注重学生的全面发展

美国职业教育除了对专业技能的培养，还强调批判性思维、团队协作、沟通能力等软技能的提升。这些能力的培养使学生在面对复杂多变的职场环境时能够迅速适应并脱颖而出。

美国职业教育模式的优势在于其灵活性、实践性、行业合作性以及对学生全面发展的重视。这些优势共同构成了美国职业教育的核心竞争力，为全球职业教育的发展提供了有益的借鉴和启示。

3 日本职业教育模式

3.1 日本职业教育的历史沿革

在全球经济一体化和科技进步的背景下，职业教育成为提升国家竞争力和促进经济发展的关键因素。日本作为职业教育发展的典范国家，其职业教育体系历经明治维新时期的初创、近代的变革与拓展，至当代已形成了涵盖学校教育、企业内教育和社会教育等多元化模式的完善体系。

3.1.1 明治时期至二战

日本职业教育的起源可以追溯到明治维新时期。在这一时期，明治时期的日本农业和手工业技艺传承发展主要是师徒传授和家族传承两种方式。[①] 同时，随着与西方国家的通商，欧洲先进的机械化生产方式传入日本，日本政府认识到职业教育对于国家工业化和经济发展的重要性，积极推动国家现代化进程。为了迎头赶上西方国家的工业化水平，日本政府开始积极引进西方先进的职业教育理念和技术，以期提升国内劳动力的技能水平，满足工业化生产的需求。职业教育逐渐进入国民教育。

在这一背景下，日本初步建立了职业教育体系。早期的日本职业教育主要以传授职业技能和培养实用型人才为目标。通过设立各种职业学校和培训机构，日本政府为年轻人提供了学习专业技能的机会，帮助他们更好

---

① 刘紫英，梁晨. 日本职业教育结构性变革的动因研究与经验借鉴［J］. 中国职业技术教育，2021（10）：87-94.

地适应工业化生产的需要。这些职业学校和培训机构不仅教授学生具体的职业技能，还注重培养学生的职业素养和实际操作能力。[1]

随着时间的推移，日本职业教育逐渐发展壮大，为日本的工业化进程提供了有力的人才支撑。在明治维新后的几十年里，日本经济迅速崛起，成为亚洲强大的工业国家之一。这一成就的取得，与日本政府对职业教育的重视和投入密不可分。通过大力发展职业教育，日本培养了大量具备专业技能的劳动力，为国家的经济发展注入了强大的动力。[2]

日本职业教育的起源与早期发展是日本现代化进程的重要组成部分。通过积极引进西方先进的职业教育理念和技术，并结合本国实际情况进行创新和发展，日本逐渐建立起了完善的职业教育体系，为国家的经济发展提供了有力的人才保障。

3.1.2 二战后至20世纪90年代

二战后至20世纪70年代中期是日本高等职业教育的形成期。二战后，日本亟待恢复的国内经济呼唤产业技术工人技能升级。日本政府决定摆脱欧美职业教育体制，对国内的职业教育制度进行根本性改造。日本相继出台了《教育基本法》和《学校教育法》，奠定了日本高等教育的改革基础，这是日本第一次对高等教育进行体系上的改革。[3] 1964年，日本政府对《学校教育法》进行了修改，从法律上明确了日本的高等教育体系包含短期大学和普通大学。1975年，日本再度修订《学校教育法》，构建起职业学校制度，创立专修学校，招收高中毕业生，设置各类职业课程。20世纪70年代中期至20世纪90年代，日本处于高等职业教育扩张期。该时期，专修学校发展迅速，招生规模远远大于高等专科学校。纵览这一历史阶段，日本的职业教育依次历经了改革、调整、恢复重建以及再改革等时期，构建了学校职业教育与社会职业培训这两大体系。这其中，学校职业教育的类型丰富多样、层次多元，办学、管理以及投资等体制逐步趋于完

---

[1] Rong-Wu J, Hong C, Xiao-Wen Q U. The Evaluation and Enlightenment of CIPP based on Japanese Vocational Education Model [J]. Journal of Liaoning Higher Vocational, 2013.

[2] 高柳，妙子，吉田，和浩. Japanese experiences for skills development in developing countries: rise and fall of vocational education during the post-war high economic growth in Japan [J]. Journal of International Cooperation in Education, 2007, 10.

[3] 刘紫英，梁晨. 日本职业教育结构性变革的动因研究与经验借鉴 [J]. 中国职业技术教育，2021（10）：87-94.

善，形成了国立、公立、私立这三种模式。可以说，20 世纪 70 年代，日本职业教育体系完善，特色鲜明，成为世界很多国家学习和模仿的样本。[①] 20 世纪 90 年代后进入高职教育发展稳定阶段。面对社会经济飞速发展带来的压力，以及就业环境的变化，日本政府期望借助对专修学校的改革，创立新型的职业大学，守护国内教育的多样性，提升自身执政的影响力。

3.1.3　2010 年代至今

在当代，日本职业教育经过长期的发展与完善，已经形成了较为成熟的体系和多样化的模式，有效地为经济社会发展提供了坚实的人才基础。20 世纪 90 年代之后，短期大学、高等专门学校日渐重视学科的应用性，废除了教育学专业以及对人才素质要求高的医学专业，重点培育应对职业国际化的技术人才，如强化外语、信息技术、机械制造等职业学科。就日本职业教育发展而言，专业及学校类型的存废与经济社会发展形势密切相关，再加上灵活互通的职业教育内部体系，给不同兴趣的学生提供了较为宽广的交流渠道。这一体系的建立，不仅促进了日本产业的持续升级，也增强了其国际竞争力。[②] 日本文部科学省再次修订了《学校教育法》，通过法律确立了专门职业大学和专门职业短期大学的设置，并与普通大学、短期大学共同构成了新的日本高等教育体系。专门职业大学和专门职业短期大学作为培养实践型专业人才的新设机构，承担了高等职业教育理论衔接实践的研究工作。

进入 21 世纪，随着全球化和信息化的加速发展，日本职业教育也面临着新的挑战和机遇。为了适应时代的需求，日本职业教育不断调整和完善自身的教育模式。例如，增加信息技术课程的比重，强化学生的信息素养；加强与国际职业教育的交流与合作，提升学生的国际视野等。这些举措使得日本职业教育在新的时代背景下依然保持领先地位。在推动职业教育国际化进程的同时，日本也在积极探索教育模式的创新。信息技术的发展为职业教育提供了更多的可能性，如远程教育、在线教育等新型教育模式正逐渐被引入职业教育体系中。这些新模式不仅能够突破时间和空间的限制，为更多人提供学习机会，还能够根据学习者的个体差异提供个性化

① 丁宁. 日本职业教育发展历程、特点及启示 [J]. 教育与职业, 2019 (4): 79-85.

② Rong-Wu J, Hong C, Xiao-Wen Q U. The Evaluation and Enlightenment of CIPP based on Japanese Vocational Education Model [J]. Journal of Liaoning Higher Vocational, 2013.

的学习路径，从而提高教育的效率和效果。

为了适应新时代经济社会发展的需求，日本职业教育还在不断加强与产业界的合作，以确保教育内容与实际工作需求的紧密结合。通过校企合作、工学结合等方式，学生能够在实践中深化理论知识，提高实际操作能力，从而更好地适应未来职场的需求。当代日本职业教育在保持其传统优势的同时，正积极应对全球化的挑战，探索教育模式的创新，并加强与产业界的合作，以适应新时代的发展需求。这些举措不仅有助于提升日本职业教育的整体水平，也为其他国家提供了有益的借鉴和启示。

日本高等职业教育的发展受到了多种因素的影响，包括经济需求、技术进步、政策支持和社会变迁等。日本职业教育的发展历程展示了其适应社会变化和经济发展需求的能力，我们也应注意到，日本职业教育的成功并非一蹴而就，而是经过长期的探索和实践才得以实现。因此，我们在借鉴其经验时，也需要结合我国实际情况进行具体分析和灵活运用，以确保职业教育改革的针对性和实效性。只有这样，我们才能真正发挥出职业教育在促进经济社会发展中的重要作用。

3.2 日本职业教育的主要模式

3.2.1 企业模式下的实践

在企业模式下，日本职业教育的实践应用显得尤为突出。学校与企业的紧密合作，不仅让教育资源与产业资源得到了优化配置，更在某种程度上重塑了传统教育模式。这一模式的运作机制是建立在学校和企业相互依赖、相互促进的基础之上的。

为了更好地满足企业的人才需求，学校会根据企业的反馈调整教学计划和课程内容。这种灵活性确保了教育内容的实用性和前瞻性，使学生能够及时接触到最新的行业知识和技能。同时，学校还会引入企业的先进技术和管理经验，将这些宝贵的实践经验融入日常教学中。这不仅丰富了教学手段，还让学生在学习过程中能够更直观地了解行业现状和发展趋势。

企业积极参与到学校的教学活动中，为学生提供实习、实训的机会。这些实践活动往往与企业的实际业务紧密相连，让学生在实践中深化对理论知识的理解和应用。此外，企业还会派遣经验丰富的员工到学校进行授课或指导，从而帮助学生更好地将理论与实践相结合。这种双向交流不仅促进了学校与企业的深度融合，还为学生未来的职业发展奠定了坚实的基础。这种企业模式下的实践应用，不仅提高了学生的专业技能和职业素养，更在某种程度上推动了整个行业的发展。通过为企业输送大量高素质的技术技能型人才，日本职业教育为产业的持续创新和升级提供了有力的人才保障。

这种模式的成功并非一蹴而就。它需要学校、企业和政府等多方面的共同努力和持续投入。只有这样，才能确保日本职业教育的企业模式在实践中不断焕发新的活力和创造力，为社会的繁荣和发展贡献更多的力量。

3.2.2 产学官合作模式

进入 21 世纪，日本传统的职业教育体系越来越难以满足行业企业发展对于人才的需求，企业与职业院校并行的双轨教育模式，很难适应产业体系和就业体系的全新变化。在此背景下，2006 年，日本政府出台相关政策，将产学官合作作为职业教育产教融合的重要实现形式。① 产学官合作模式在日本职业教育中占据着举足轻重的地位，它是学校、企业和政府三方协同合作的典范，共同致力于推动职业教育与产业发展的紧密结合。这种合作模式的深远影响，不仅体现在教育资源的优化配置上，更体现在对人才培养质量和实效性的显著提升上。产学官合作模式就其主导的职能而言，合作的三方各司其职，发挥各自独特的优势。"学"，即大学以基础教育和研究为中心，科研项目多，科研成果含金量高，独立研究机构的情况也是这样。"产"，即企业方面，它主要生产产品，但更要考虑社会需求，了解客户的变化，因此企业拥有大量的市场信息，这是企业的优势。"官"既是实体概念（指政府和公共的研究机构），又是虚拟的概念，指政府、公共研究领域、大学、企业管理机构中的协调部分，它的优势就在于其协调职能。②

在产学官合作模式下，学校与企业之间的合作变得更为紧密和深入。双方共同商讨并制定人才培养方案，确保教育内容与实际工作需求的紧密对接。企业不仅为学校提供实习实训场所，还派遣经验丰富的技术人员参与学校的教学活动，将最新的行业知识和技能传授给学生。这种校企之间

---

① 林江鹏，朱诗雨. 美日德产教融合的考察与经验借鉴 [J]. 职业教育研究，2019 (6)：78-81.

② 何家蓉，傅文利. 探析日本产学官联合制 [J]. 国外社会科学，2009 (3)：96-99.

的深度融合，使学生在学习过程中能够接触到真实的工作环境和任务，从而更好地掌握专业技能，提升职业素养。

政府在产学官合作中也发挥着不可或缺的作用。政府通过制定一系列优惠政策和提供资金支持，为产学官合作创造有利的环境和条件。这些政策和资金的支持，不仅鼓励了更多的企业参与到职业教育中来，还促进了学校与企业之间的深度合作。政府的引导和推动，使产学官合作模式得以顺利实施并取得显著成效。

在产学官合作模式的推动下，日本职业教育的人才培养质量得到了显著提升。这种合作模式注重实践教学和技能训练，强调学生的职业指导和就业服务，使得毕业生在就业市场上具有更强的竞争力。同时，产学官合作也促进了教育资源的共享和优化配置，提高了教育资源的利用效率，为日本的经济发展和社会进步做出了重要贡献。产学官合作模式具有很好的灵活性和适应性。随着科技的不断进步和产业的不断升级，职业教育也需要不断调整和完善以适应新的需求。在产学官合作模式下，学校、企业和政府可以根据实际情况及时调整合作内容和方式，确保职业教育始终与产业发展保持同步。这种灵活性和适应性使得产学官合作模式在未来的职业教育发展中具有广阔的应用前景。

产学官合作模式是日本职业教育中的一大亮点，它通过学校、企业和政府之间的协同作用，实现了职业教育的优化发展，为日本的经济繁荣和社会进步注入了强大的动力。这种合作模式值得我们深入学习和借鉴，以期为我国职业教育改革和发展提供有益的启示和参考。

3.3　日本职业教育发展的影响因素

3.3.1　政策与法规因素

政策与法规因素在日本职业教育的发展历程中扮演了至关重要的角色。日本政府深知职业教育对于国家经济发展的重要性，因此通过制定和实施一系列有针对性的政策和法规，为职业教育的发展提供了坚实的法律保障和政策支持。

日本政府通过立法明确了职业教育的地位和作用。例如，《职业训练法》等法律法规的颁布，不仅规定了职业教育的目标、内容和方式，还明确了政府、企业、学校等各方在职业教育中的责任和义务。这些法律法规的实施，有效地推动了职业教育的规范化、法治化发展。政府加大了对职业教育的财政投入，通过设立专项基金、提供奖学金和助学金等方式，鼓励更多的学生接受职业教育，培养高素质的技术技能人才。同时，政府还为企业提供税收优惠等政策措施，引导企业加大对员工职业培训的投入，提高员工的职业技能水平。

日本政府还注重与国际接轨，积极参与国际职业教育合作与交流。通过与其他国家和地区分享职业教育经验、引进先进的职业教育理念和技术，不断提升本国职业教育的水平和质量。这种开放的态度和国际化的视野，使得日本职业教育始终保持在世界前列。

总的来说，政府政策和法规的引导与支持是日本职业教育得以快速发展的关键因素之一。通过不断完善政策体系、加大财政投入以及推动国际化交流等举措，日本政府为职业教育的发展创造了有利的环境和条件，进而促进了国家经济的繁荣与进步。

3.3.2 经济与社会因素

经济和社会环境是日本职业教育发展的重要影响因素。随着日本经济的持续增长和产业结构的优化升级，职业教育在培养符合市场需求的高素质人才方面发挥了关键作用。经济的繁荣不仅为职业教育提供了更多的资源和投入，同时也对职业教育的质量和效果提出了更高的要求。

在经济全球化的大背景下，日本企业面临着日益激烈的国际竞争，这促使它们更加重视员工的职业技能和创新能力。因此，职业教育不再仅仅是传授基础的职业技能，还需要注重培养学生的创新思维、团队协作和跨文化沟通能力。这种转变使得日本职业教育更加贴合经济发展的实际需求，为日本企业培养了大量具备国际竞争力的人才。

社会环境的变化也对日本职业教育产生了深远影响。随着社会的进步和人们生活水平的提高，公众对职业教育的期望也在不断提升。人们更加注重职业教育的实用性和前瞻性，希望通过职业教育获得更好的就业机会和职业发展前景。这种社会期望推动了日本职业教育在课程设置、教学方法和评价体系等方面的不断创新和完善。日本社会的老龄化问题也对职业教育提出了新的挑战。随着劳动力市场的变化，职业教育需要更多地关注中老年人的职业技能培训和再就业问题。这不仅需要职业教育机构调整培训内容和方式，还需要政府、企业和社会各方共同努力，为中老年人提供更多的职业教育机会和资源。

经济和社会环境对日本职业教育的发展产生了深刻的影响。在经济全球化的趋势下，日本职业教育需要不断创新和完善，以适应经济社会发展的实际需求，为日本的繁荣和进步做出更大的贡献。

3.3.3 教育系统内部因素

研究教育系统内部因素对日本职业教育发展的影响，不可忽视的是教育资源的配置、教育理念的创新以及师资力量的培养等方面。

教育资源的合理配置是日本职业教育发展的基础。在教育资源的分配中，日本政府和教育机构始终注重平衡与公平，确保各地区、各类型的职业教育学校都能获得必要的教育资源。这种资源的合理配置，不仅保证了职业教育的普及率，还提高了职业教育的整体质量。例如，一些先进的实验设备、模拟实训基地等教育资源的共享，使学生能够更直观地理解和掌握职业技能，提升职业教育的实践性和实用性。

教育理念的创新是推动日本职业教育发展的关键。随着科技的进步和产业的发展，职业教育需要不断更新和完善教育理念，以适应新时代的需求。日本职业教育机构积极引进国际先进的教育理念，如"以学生为中心""实践教学""创新教育"等，将这些理念融入日常教学中，提升了学生的学习兴致与实践水平。这一教育理念的革新，不但培育了学生的职业素养与创新才能，而且为他们日后的职业发展筑牢了稳固根基。

师资力量的培育乃是日本职业教育发展的关键保障。教师作为教育的核心要素，其专业素养与教学能力对职业教育的质量与成效有着直接影响。日本政府及教育机构极为重视师资力量的培育工作，借助定期开展的培训、考核以及激励机制，来增强教师的专业素养与教学能力。与此同时，还大力引进杰出的教育人才，给职业教育的发展注入全新的活力与动力。这种对师资力量的重视和培养，使得日本职业教育能够始终保持高水平的教学质量，为国家和社会培养大量的优秀人才。

教育系统内部因素对日本职业教育发展的影响是多方面的，包括教育资源的配置、教育理念的创新以及师资力量的培养等。这些因素相互作用、相互影响，共同推动了日本职业教育的持续发展和进步。

4 英国职业教育模式

4.1 英国职业教育的历史沿革

英国职业教育历经数百年的演进，形成了独具特色且多样化的教育体系，对推动国家经济社会发展起到了关键作用。英国职业教育以灵活性与多样性著称，通过紧密结合理论与实践、深度行业参与及严格的教育质量监控机制，培养了大量既具备理论知识又精通实践技能的高素质人才。此外，英国职业教育还面临着资金投入不足、社会认可度有待提高等挑战，为此政府需加大政策支持与资金投入，同时推动教育模式创新以适应经济社会发展的新需求。

4.1.1　第一次工业革命后：早期萌芽

工业革命的到来，为英国带来了前所未有的经济与社会变革。这一时期的显著特征是机器被广泛使用，工厂制度的建立和机器的广泛使用，使得生产力大幅提高，商品经济日益繁荣。这场革命不仅推动了英国经济的飞速增长，更促使了职业教育体系的初步形成。

为了满足工业生产对技术工人的迫切需求，英国在这一时期开始建立起了一系列的职业培训机构。这些机构，如技工学校、学徒制度等，标志着英国职业教育的早期萌芽。它们以传授实用技能为主要目标，致力于培养具备专业技能的工人，以适应工业生产的需求。在这一阶段，技工学校成为培养技术工人的重要基地，它们提供有针对性的课程和实践机会，使学生能够掌握一技之长，并为未来的职业生涯做好准备。

学徒制度也在这一时期得到了广泛推广。通过师傅带徒弟的方式，新手工人能够在实践中学习和掌握专业技能，这种一对一的教学模式使得技能传承更加直接和高效。学徒制度不仅为年轻人提供了学习技能的机会，还为他们未来的职业发展奠定了坚实的基础。这些职业教育机构的建立，为英国工业的发展提供了有力的人才支撑。通过传授实用技能，这些机构培养了大量具备专业技能的工人，他们为英国的工业化进程注入了强大的动力。这些工人的专业技能和高效工作，使英国的工业生产得以快速发展，进一步推动了经济的繁荣。

第一次工业革命后的职业教育发展也对英国社会产生了深远影响。随着工业革命的深入推进，社会对于技术工人的需求越来越大，而职业教育则成为满足这一需求的重要途径。通过接受职业教育，更多的人获得了进入工业领域的机会，这不仅提高了他们的生活水平，也为英国社会的经济发展做出了积极贡献。通过建立技工学校、学徒制度等职业培训机构，英国成功地培养了大量技术工人，为工业的快速发展提供了有力支持。同时，职业教育的发展也推动了英国社会的进步和繁荣。虽然职业教育在这一时期得到了初步发展，但仍然存在着诸多问题和挑战。例如，教育资源的分配不均、教育质量的参差不齐等，这些问题都亟待解决。正是这些挑战和问题，为后续的职业教育改革和发展提供了契机和动力。

在未来的发展中，英国职业教育将继续发挥其重要作用，为工业领域和社会经济发展提供更多优秀的技术人才。并且伴随科技的不断前行以及工业的持续演进，职业教育同样会迎来更多的机遇与挑战。因此，我们有必要对职业教育进行持续关注和深入研究，以推动其不断完善和发展。

4.1.2　第二次世界大战前：恢复与重建

第二次世界大战期间，英国经历了巨大的经济和社会动荡，职业教育体系也遭受了前所未有的冲击和破坏。战争的硝烟使得许多职业教育机构被迫关闭，师资和学生流失严重，职业教育的发展陷入了停滞。正是这场战争，让英国政府深刻认识到职业教育对于国家经济复苏和重建的重要性。

在战后重建的过程中，英国政府将职业教育的恢复与发展放在了重要位置。政府通过制定一系列政策和措施，积极推动职业教育体系的重建工作。这些政策包括但不限于增加对职业教育的资金投入、提高职业教育的社会地位、加强师资队伍建设以及推动职业教育与产业的深度融合等。在政府的积极推动下，英国职业教育在战后困境中迎来了新的发展机遇。一方面，政府加大了对职业教育的投入，修复和重建了职业教育设施，提高了职业教育的硬件设施水平；另一方面，政府还积极推动职业教育课程改革，以适应战后经济发展的新需求。这些举措为英国职业教育的恢复与发展奠定了坚实的基础。

随着职业教育体系的逐渐恢复与完善，英国职业教育开始为战后经济的恢复与发展提供有力的人才支撑。职业学校和培训机构积极与企业合作，根据市场需求调整专业设置和课程内容，培养了大批具有专业技能的人才。这些人才在战后英国经济的重建过程中发挥了重要作用，推动了英国经济的快速复苏。

第二次世界大战后，英国政府在职业教育领域采取了一系列积极的政策和措施，推动了职业教育的恢复与发展。经过这一时期的努力，英国逐渐形成了较为完善的职业教育体系，为战后英国经济的恢复与发展做出了重要贡献。同时,英国职业教育的国际化发展也提升了其国际影响力,为英国经济的全球化发展奠定了坚实基础。

虽然"二战"后英国职业教育取得了显著的恢复与发展,但仍面临一些挑战和问题,如教育资源的不均衡分布、职业教育与普通教育的衔接不畅等。因此,未来英国职业教育的发展仍需政府、学校、企业和社会各方的共同努力,以推动职业教育的持续改进和创新发展。

4.1.3　20世纪中后期:探索、改革与发展

进入20世纪50年代后,英国职业教育迎来了一个显著的发展阶段。随着"二战"后经济的迅速复苏和科技的日新月异,社会对职业教育的需求也日益增长。为了满足这种需求,英国职业教育开始积极探索新的教育模式和方法。

这一时期,英国政府采取了多项重要措施来推动职业教育的改革与发展。其中,建立多科技术学院成为一项重要的举措。这些学院的建立,不仅提供了更多元化的教育选择,还使得职业教育与高等教育之间的联系更加紧密。多科技术学院注重实践与应用,给学生带来了与实际工作场景更为贴近的学习感受,进而更有效地培育了学生的职业技能与素养。英国政府还大力推广国家职业资格证书制度。这一制度的实施,使得职业教育的评价标准更加统一和规范,同时也使学生更为明晰职业发展指向。经由考取国家职业资格证书,学生不但可以证实自身的职业能力,还能够在就业市场中赢得更多的机遇与优势。

除了上述措施,英国政府还加大了对职业教育的投入和支持力度。例如,政府设立了专门的职业教育基金,用于支持职业教育机构的建设和发展。同时,政府还鼓励企业参与职业教育,与学校建立紧密的合作关系,共同培养学生的职业技能和素养。

这一系列改革举措的推行,极大程度地促进了英国职业教育的健全与发展。至20世纪90年代,英国已经形成了较为成熟和完善的职业教育体系。这一体系不仅注重学生的职业技能培养,还关注学生的全面发展和终身学习能力的培养。通过职业教育的学习,学生能够更好地适应社会的需求和变化,为英国经济的繁荣和社会的进步做出了重要贡献。

20世纪中后期是英国职业教育发展的重要时期。通过政府的大力推动和社会各界的共同努力,英国职业教育不断探索新的教育模式和方法,逐

渐形成了较为成熟和完善的教育体系。这一体系为英国培养了大量高素质的职业人才，为英国经济的繁荣和社会的进步提供了强有力的支持。同时，英国职业教育的成功经验也为其他国家和地区提供了有益的借鉴和参考。

4.2 英国 BTEC 模式

4.2.1 模式运作体系剖析

BTEC 模式（文凭+证书模式）作为英国职业教育的一种重要教育模式，其运作体系体现了行业需求导向和对学生实践能力及职业素养的高度重视。该模式的运作涵盖了课程开发、教学实施及质量评估等多个核心环节，各环节相互衔接，共同构成了一个完整且高效的教育体系。

在课程开发方面，BTEC 模式紧密结合行业需求和企业标准，确保课程内容和教学标准与当前行业发展的实际需求相契合。这不仅有助于学生掌握前沿的专业知识，还能使他们在毕业后更好地适应职场环境，提升就业竞争力。例如，在计算机类专业中，BTEC（HND，文凭）的教学大纲会根据行业发展的最新动态进行定期调整，确保课程设置的前沿性和实用性。

在教学实施环节，BTEC 模式注重理论与实践的深度融合。通过采用多样化的教学方法，如案例分析、项目实践等，鼓励学生积极参与实践操作和项目开发，培养他们在实际问题解决中的动手能力和创新思维。这种教学方式不仅增强了学生的学习体验，还有效提升了他们的专业素养和综合能力。

质量评估是 BTEC 模式运作体系中不可或缺的一环。该模式采用严格的评估标准和流程，对教学质量和学生能力进行全面、客观的评价。评估过程不仅关注学生的知识掌握情况，还重视他们在团队协作、沟通表达等方面的表现。这种全方位的评估方式有助于确保教学质量的稳步提升，同时为学生提供了展示自己多方面才能的平台。

BTEC 模式的运作体系以行业需求为引领，通过优化课程开发、创新教学实施和强化质量评估等环节，实现了对学生实践能力和职业素养的全面培养。这种教育模式不仅为英国职业教育的发展注入了新的活力，也为其他国家提供了有益的借鉴和参考。特别是对我国而言，在探索具有中国特色的高等职业教育发展道路过程中，积极借鉴 BTEC 模式的成功经验，将有助于推动我国高职教育的持续创新与发展。

4.2.2 模式评价

BTEC 模式作为英国职业教育的一种重要教育模式，通过其独特的优势和显著的教学效果，已经在英国职业教育领域赢得了广泛的认可和应用。该模式不仅显著提升了学生的实践能力和职业素养，还有效地促进了校企合作以及产学研结合的发展，为英国的职业教育注入了新的活力。在 BTEC 模式的实施过程中，学生的实践能力得到了极大的提升。BTEC 模式强调以行业需求为导向，注重理论与实践的紧密结合。通过参与实际项目和案例研究，学生可以在实践过程中掌握并运用所学的知识内容，提升解决问题的本领。这种以实践作为核心的教学模式，不但强化了学生的职业技能，还为他们未来的职业历程夯实了牢固的基础。

BTEC 模式注重培养学生的职业素养。在 BTEC 的教学体系中，学生不仅需要掌握专业知识，还需要培养良好的职业道德、团队合作精神以及创新思维能力。这些职业素养的培养，使学生在面对复杂多变的职业环境时，能够迅速适应并展现出优秀的综合素质。BTEC 模式在促进校企合作和产学研结合方面也发挥了积极作用。通过与企业合作开发课程、共同承担教学任务以及开展实习实训等活动，学校能够更深入地了解企业的需求和期望，从而调整教学策略，培养出更符合企业要求的人才。这种紧密的校企合作关系，不仅提高了职业教育的针对性和实效性，也为企业输送了大量高素质的技能型人才。

尽管 BTEC 模式具有诸多优势，但也存在一些不足之处。有观点认为，该模式在过于强调实践操作的同时，可能忽视了理论知识的传授和完整性。这可能导致学生在某些方面缺乏必要的理论基础，限制其未来的职业发展空间。因此，在推广和应用 BTEC 模式的过程中，需要平衡理论与实践的关系，确保学生既能够掌握扎实的理论知识，又具备出色的实践能力。BTEC 模式在发展过程中也在不断地进行自我完善和改进。例如，近年来 BTEC 开始更加注重理论知识的学习和学生的人文精神培养，以弥补过去可能存在的不足。同时，BTEC 还加强了产教合作的融合，通过开展各种奖励和推广活动，使该模式呈现出新的发展趋势。

BTEC 模式以其独特的优势和显著的效果为英国职业教育的发展做出了重要贡献。在充分肯定其成绩的同时，我们也应关注其存在的不足，并积极探索改进和完善的方法。通过不断优化和创新，相信 BTEC 模式将在未来继续发挥其在职业教育领域的重要作用，为更多学生提供优质的教育资源和职业发展机会。

4.3　英国现代学徒制模式

现代学徒制的内涵丰富而深刻，它不仅仅是一种教育模式，更是一种人才培养的新理念。在现代学徒制中，企业成为教育的主体，这意味着教育内容和方式更加贴近实际需求，更加注重实践性和应用性。岗位技能培养作为核心，让学生在学习进程中可以直接触及未来工作的实际情境与要求，进而为未来的职业生涯进行筹备。

4.3.1　实施方式与案例分析

现代学徒制的实施，得益于学校与企业间的深度合作，这种合作模式打破了传统教育的界限，使学生能够在真实的工作环境中学习与成长。实施方式主要涵盖了企业内训、校企合作等多种形式，每一种形式都根据企业的实际需求和情况进行灵活调整。

以企业内训为例，这种模式主要是企业在其内部设立培训机构或岗位，为学生提供实践机会和职业技能培训。学生在企业导师的指导下，参与实际工作项目，逐步掌握岗位所需的技能和知识。这种内训方式不仅使学生获得了宝贵的实践经验，还为企业提供了直接从内部选拔优秀人才的机会。

校企合作则是另一种典型的实施方式。在这种模式下，学校与企业共同制订教学计划，整合双方资源，为学生提供更为全面的教育服务。学校负责传授理论知识和基础技能，而企业则提供实践平台和职业规划指导。这种合作模式充分发挥了学校和企业各自的优势，使学生在理论与实践之间找到了最佳的平衡点。

为了更直观地展示现代学徒制的实施效果，以下将结合具体案例进行分析。某大型制造企业与当地一所知名职业学校建立了校企合作关系。企业为学校提供了先进的生产设备和实习岗位，学校则根据企业的需求调整了课程设置，加强了实践教学环节。经过一段时间的合作，学生的实践能力和职业素养得到了显著提升，企业的生产效率和产品质量也有了明显改善。更重要的是，这种合作模式为企业培养了一批忠诚度高、技能过硬的高素质人才，为企业的长远发展奠定了坚实基础。

通过上述案例分析，我们不难看出，现代学徒制在提高学生实践水平和职业素养之际，也给企业带来了切实的人才收益。这种教育形式不但契合职业教育的发展法则，也顺应了产业升级的时代要求。因此，我们有理由相信，现代学徒制将在未来的职业教育领域发挥更加重要的作用。

4.3.2 效果评价与改进建议

现代学徒制在英国职业教育领域的实践已经证明了其独特的价值和显著的效果。这一模式不仅有效地提升了学生的职业技能和素养，还为企业输送了大批高素质的技能型人才，从而促进了产业的升级和经济的发展。然而，任何教育模式都不是完美的，现代学徒制在实施过程中也暴露出了一些问题和挑战，亟待我们进行深入的探讨和提出建设性的改进建议。

在效果评价方面，现代学徒制显著提高了学生的就业竞争力和职业发展潜力。通过深入的企业实践和精心的学校教育，学生得以在真实的工作环境中锤炼技能，积累经验，从而更好地适应未来职场的需求。同时，这一模式也为企业提供了更多的人才选择，有助于企业构建更为合理和高效的人力资源体系。

现代学徒制作为一种创新的职业教育模式，在英国已经取得了显著的成效。然而，为了使其更好地服务于社会经济的发展和人才的培养，我们仍须不断探索和完善这一模式，推动其向更高层次、更广领域的发展迈进。

4.4 英国"三明治"教育模式

"三明治"教育模式，这一名称源自其独特的教学安排，如同三明治一般，将理论学习与实践操作层层叠加，相互交融。该模式不仅关注学生的理论知识掌握，更致力于培养学生的实际操作能力和创新思维，从而确保学生具备全面的职业素养。在"三明治"教育模式中，学校学习与企业实践被巧妙地结合起来。学生不再是单纯地接受课堂知识的灌输，而是有机会亲身参与到企业的实际运营中，通过实践来深化对理论知识的理解。这种交替进行的学习方式，不仅增强了学生的实践能力，也让他们在实践中发现了新的问题，进而激发了他们的求知欲和创新精神。

4.4.1 实施流程与案例分析

"三明治"教育模式的实施流程呈现出一种独特的循环性，每个阶段都紧密相连，共同构成了一个完整的教育体系。在理论学习阶段，学生主要在学校接受基础知识和专业理论的教育，为后续的企业实践打下坚实的基础。这一阶段的教学注重培养学生的思维能力和理论素养，使他们能够具备解决实际问题的基本能力。

进入企业实践阶段后，学生将在真实的工作环境中进行实践操作，将所学的理论知识应用于实际工作中。这一阶段的学习不仅能够加深学生对理论知识的理解，还能够培养他们的实践能力和职业素养。在企业实践的过程中，学生需要面对和解决各种实际问题，这不仅能够锻炼他们的动手能力，还能够提高他们的创新意识和团队协作精神。

在完成一段时间的企业实践后，学生会返回到学校进行返校学习。这一阶段的学习主要是对前一阶段实践的总结和反思，同时也是为了进一步提升学生的理论水平和综合能力。返校学习期间，学生将有机会与教师和同学进行深入的交流和讨论，分享彼此的实践经验和心得体会。这种互动式的学习方式不仅能够促进学生的知识内化，还能够激发他们的学习热情和创新思维。

4.4.2　效果评估与持续发展

"三明治"教育模式，作为英国职业教育的一种创新实践，已经在多个领域展现了其显著的效果。然而，任何一种教育模式的发展都不可能一帆风顺，"三明治"教育模式同样面临着挑战与机遇并存的局面。因此，对其效果进行全面评估，并探讨其持续发展的路径，显得尤为重要。

在效果评估方面，我们可以通过多个维度来衡量"三明治"教育模式的实际成效。首先，从学生的角度来看，该模式是否真正提升了他们的实践能力和职业素养，是否帮助他们更好地适应了职场环境，这些都是评估的重要指标。其次，从企业的角度来看，"三明治"教育模式是否为企业输送了符合需求的高素质人才，是否增强了企业的竞争力和创新力，也是衡量其效果的关键。最后，从社会的角度来看，该模式是否促进了教育资源的优化配置，是否推动了职业教育与产业发展的深度融合，同样是我们需要关注的问题。

在持续发展方面，"三明治"教育模式需要不断适应变化的环境和需求，以保持其生命力和活力。首先，宣传和推广工作是必不可少的。通过加强宣传，可以让更多的人了解和认可"三明治"教育模式，从而提高其社会认知度和接受度。其次，政策和法规的支持也是至关重要的。政府应制定和完善相关政策，为"三明治"教育模式的发展提供有力的制度保障和支持。例如，可以出台优惠政策鼓励企业参与校企合作，推动"三明治"教育模式的广泛应用。最后，职业教育学校与行业和企业的沟通与合作也是实现持续发展的关键。经由强化与企业及行业的关联，职业教育学校能够及时知晓行业动态与人才需求状况，进而对"三明治"教育模式的教学内容与实施方法进行调整和优化。

除此之外，"三明治"教育模式还需要在创新中不断寻求突破。例如，可以探索将现代信息技术融入该模式的教学中，利用在线教育、虚拟现实等技术手段提升教学效果和学习体验。同时，还可以尝试开展国际化合作与交流，引进国外先进的职业教育理念和实践经验，为"三明治"教育模式的发展注入新的活力和动力。

"三明治"教育模式在英国职业教育领域的应用取得了显著成效，但仍需不断加强和完善。通过全面评估其效果并探讨持续发展的路径，我们可以期待"三明治"教育模式在未来能够发挥更大的作用，为英国乃至全球的职业教育事业做出更大的贡献。

第6章　中国职业教育发展的探索与实践

不少学者梳理了中国职业教育发展历史，但大部分都属于编年体体例。根据互构论视角下的职业教育认知，本研究以不同经济形态为标志来梳理中国职业教育发展的探索与实践，将中国经济发展分为封建经济时代、近代经济转型阶段、计划经济阶段、改革开放与市场经济阶段和新时代经济高质量发展阶段。按照社会互构论，经济和技术发展水平制约职业教育发展水平，职业教育通过自身功能来服务经济社会发展和形塑社会形态。

1　封建经济时代的职业教育

中国古代大部分时期都属于封建经济时代。本研究所说的封建经济时代始于春秋战国至鸦片战争前夕。封建经济是一种自给自足的自然经济，土地是最重要的生产资料，社会分工比较简单，政府重农抑商。但随着农业、手工业和商业的不断发展，社会对专业技能人才的需求日益增加，因此也出现了形式多样的职业教育。具体包括家族式传承、师徒制、官学和私塾等。

1.1　封建经济时代的社会特征

封建经济时代的社会特征主要表现在以下五个方面：

1.1.1　以土地为主要生产资料的自然经济

封建经济的基础是封建土地所有制，土地主要由封建地主阶级所拥有，而农民则作为佃农或农奴，从地主那里租种土地。这种以土地为主要生产资料的经济形态，生产力低下，注定了其自然经济形态的核心特征是自给自足。生产主要是为了满足家庭需要，进入市场流通的产品不多。家庭是主要生产单位，生产规模小，生产工具和方法较为落后，技术水平相对较低，分工和协作程度低。

1.1.2　等级制度严格和社会阶层固化

封建社会中，农民与地主之间存在人身依附关系。农民往往对地主有一定的依赖性，包括经济上的依赖和人身上的束缚。这种依附关系限制了农民的自由和独立性，使得他们在经济和社会生活中处于相对弱势的地位。这同时也造成了相对严格的等级制度，不同的社会阶层在经济、政治和文化等方面享有不同权利和地位，而且这种社会阶层相对固化，流动性低。官僚制度更加稳固了这种社会现象。由于土地、财富和权力的集中，使得社会上层阶级通常能够保持其地位和利益，而社会下层阶级则难以改变自己的命运。这种阶层固化导致了社会的不平等和稳定性的降低。出身社会下层家庭的孩子主要通过考取社会功名进入上层社会，"学而优则仕"是这个时期教育的典型观点。这种等级制度和低流动性社会对职业教育有深远影响。

1.1.3　商业经济欠发达

在封建社会，由于自然经济占据主导，商品经济相对不发达。受限于交通和通信技术，商业活动相对有限，市场体系不发达，商品流通缓慢。由于交通不便、信息不畅，各地区之间的经济联系相对较弱，形成了一种相对孤立的经济体系。由于封建社会的地域性、交通不便以及地方保护主义的存在，国内市场的统一和整合程度较低。各地之间的商品流通受到诸多限制，缺乏统一的交易规则和制度，这限制了商品经济的发展和市场的扩大。在封建社会中，统治者往往采取重农抑商的政策，强调农业的重要性，限制或抑制商业发展。这种政策导致了商业活动的受限和商品经济的滞后，使封建社会以农业为主导的经济形态得以维持。

1.1.4　技术与创新不发达

人是技术创新的主体，社会网络理论表明，社会网络节点通达度与技术创新速度呈显著正相关。技术创新理论也表明了社会网络对创新扩散的重要作用。由于封建社会的生产方式以家庭为单位，缺乏协作与分工，这在一定程度上限制了技术与创新的发展。尽管在某些领域可能存在一些技术进步，但总体上，封建社会的生产技术水平相对滞后，缺乏大规模、系统性的技术创新。

1.1.5 劳动力流动性差

在封建社会，农民往往被束缚在土地上，缺乏迁徙和流动的自由，这主要是土地所有制和人身依附关系所导致的。农民难以离开自己的土地，也难以改变自己的社会地位，这在一定程度上限制了劳动力的合理配置和流动。这种由土地所有制带来的劳动者人身依附关系与交通、通信技术的不发达共同造成了封建经济时代劳动力流动性极差，而这不利于文化与技艺技能的传播与交流，并阻滞了社会的技术创新。

在封建社会中，文化观念和经济制度往往相互交织、相互影响。封建文化强调等级秩序、家族观念和道德伦理等，这些观念在一定程度上塑造了封建经济的形态和特征。同时，经济的发展也反过来影响文化的演变，如商业的繁荣可能带来文化的交流和融合。这种经济形态下的文化对职业教育的影响也十分显著，如"学而优则仕""万般皆下品唯有读书高"等。

1.2 封建经济时代的职业教育

社会生活是作为社会主体的人与其所处社会生活环境以一定方式相结合的实践活动。职业和教育都是社会生活的重要组成部分。职业是社会分工的直接产物，职业的发展也带来了教育的发展。人类有生活即有教育。教育是一种社会生活，而不是社会生活的全部。但需要强调的是，在人类社会生活的一切领域中，都离不开教育生活的存在，教育既是个人生活的需要，也是社会生活的需要。没有教育的社会生活是不可想象的。①

在我国 2000 多年的封建社会中，封建经济特征决定了职业教育的形态和内容。纵观整个封建社会发展历程，这个时期我国职业教育以学徒制为主，教育内容以手工业为主，接下来本研究将从学徒制教育、职业学校教育和职业技术教育等方面来分析封建经济时代我国的职业教育。

1.2.1 学徒制教育

1.2.1.1 学徒制教育发展历史

在中国漫长的封建社会时期，个体的手工业经济占据重要地位。手工业的发展促进了职业教育的发展，但封建统治者排斥学校形态的职业教育，使人们只能通过学徒制来推广和学习手工业生产知识。学徒制教育在

---

① 张启航. 教育生活简论 [J]. 教育评论, 1990 (5): 3-6.

西周时期就已出现，起初为家庭式学徒制，即以家庭成员为边界，父传子、子传孙，口口相传。春秋战国时期，社会变革加剧，手工业和商业得到了进一步发展。这一时期，学徒制开始实行"工师授徒"制度。工师作为工匠和师傅的双重身份，不仅负责传授技艺，还负责管理和指导学徒的学习。这种制度使学徒能够更系统地学习技艺，也促进了技艺的广泛传播。到了唐代，学徒制已经走向成熟。这一时期，出现了专门管理学徒制的机构——少府监。少府监负责监管学徒的学习和生活，确保学徒能够得到良好的教育和培养。唐代朝廷还制定了相关的法律法规来规范学徒制的发展，使得这一制度更加完善和规范。宋朝时期，学徒制得到了进一步的发展和完善。这一时期，学徒制形成了完备的培训体系，包括学徒的选拔、培养、考核等方面。宋代盛行"法式"学徒培训法，即通过制定详细的操作规程和技艺标准来指导学徒的学习和实践。此外，民间的学徒制也出现了类似今天行业协会的"团行"，这些团行负责协调和管理各个行业的学徒制发展，促进了技艺的交流和传承。明代特别是明代中后期，随着商品经济的活跃和资本主义萌芽的出现，学徒制开始与市场经济更加紧密地结合。许多工匠师傅开始以盈利为目的招收学徒，而学徒则通过为师傅工作以换取技艺的学习。这种以市场为导向的学徒制形式，不仅促进了技艺的广泛传播，也推动了手工业和商业的进一步发展。清代，学徒制得到了官方的进一步认可和规范。清政府设立了许多官办的手工业作坊，并在其中实行严格的学徒制度。这些官办作坊通常拥有完善的培训体系和管理制度，为学徒提供了更好的学习和实践环境。同时，清政府还通过制定相关法律法规来保障学徒的权益，防止师傅滥用权力或剥削学徒。

总的来说，我国古代学徒制的形成和发展是一个逐步完善和规范化的过程。它不仅是我国古代手工业和商业发展的重要支撑，也为我国古代职业教育体系的发展奠定了基础。学徒制所强调的师徒传承和技艺保密性也在一定程度上保护了传统技艺的独特性和价值。在今天看来，我国古代学徒制的形成和发展依然具有重要的历史和文化价值，值得我们深入研究和借鉴。明清时期，随着手工业和商业的进一步繁荣，我国古代学徒制也达到了其发展的高峰。我国古代学徒制所蕴含的师徒传承、实践学习和技艺保密等核心价值依然具有重要的启示意义。在今天这个快速发展的时代，我们或许可以借鉴古代学徒制的某些优点，结合现代教育的理念和方法，探索出更加符合时代需求的职业教育模式。

1.2.1.2　我国古代学徒制的教育内容

我国古代学徒制的教育内容主要围绕技艺传承和道德教育两个方面展开。在技艺传承方面，学徒制的教育内容主要涵盖了各种手工艺、技艺的学习与实践。学徒在师傅的指导下，通过观察、模仿和实践，逐步掌握所学手艺或工艺的背景知识和实际操作技能。这种学习方式注重实践经验和技能操作的积累，使学徒能够在学习与工作的过程中不断提高自己的技术水平。在道德教育方面，学徒制的教育内容同样丰富。师傅在教授技艺的同时，也注重对学徒进行职业道德和社会规范的教育。这包括尊师重道、敬业精神、诚信经营等儒家伦理观念的传承。学徒在师傅的引导下，不仅学会了技艺，更学会了如何成为一个有道德、有责任感的人。

除了技艺传承和道德教育，我国古代学徒制的教育内容还涉及文化素养的培养。在古代，无论是工匠还是其他行业的学徒，都需要具备一定的文化素养。这包括识文断字的能力，以及对古代经典文献的阅读和理解。师傅通常会教导学徒学习诗词歌赋、历史故事等，以培养他们的审美能力和人文情怀。这种文化素养的培养不仅有助于学徒更好地理解和传承技艺，也使他们能够更好地融入社会，与他人进行交流和合作。这充分体现了古代社会对手工技艺人才培养的全面性和综合性要求。师傅还注重培养学徒的创新能力，鼓励他们在掌握基本技能的基础上，通过不断积累经验，探索创新，改进工艺和提出新的想法或解决方案。

由于每个学徒的资质和兴趣不同，师傅会根据学徒的实际情况进行个性化的教学安排，使每个学徒都能在最适合自己的领域得到发展。古代学徒制乃是一种极具情境性的学习模式，其核心要点在于师傅的传授、引导与帮助。徒弟在实际的工作场所里进行观察、体悟并获取师傅的知识与技艺，进而逐步发展成行业中的专业人才。这种制度对于我国古代手工业的发展、技艺的传承以及社会文化的传承都具有重要意义。

1.2.2　职业学校教育

虽然我国古代没有现代意义上的职业学校，但确实存在职业学校教育。从古代的文献记载和教育实践中，我们可以看到一些类似于现代职业教育的元素和形式。

早在先秦时期，我国就有了专门的技艺传授和教育机构。例如，墨子创办的私学就以传授木工和机械制造技术为主，鲁班则是以传授建筑和制作工具技术而著称。这些私学实际上可以看作古代职业教育的雏形。到了东汉时期，我国出现了第一所文艺专科学校——鸿都门学，专门学习尺牍和字画等艺术。这是我国古代专科学校教育的开始，也标志着我国古代职业教育进入了一个新的阶段。有学者指出，鸿都门学是我国最早出现的职业化的学校，是当时世界上前所未有的以文学、艺术为专业的第一所高等专科学校。南北朝时期，随着社会的发展和生产的进步，职业教育得到了进一步的发展。南朝宋元嘉二十年（443）设置的"医学"专科职业学校，是世界上最早的医学专科学校。此外，天文历法、算学等学科也出现了相应的专科职业学校。① 唐代是我国古代职业教育发展的鼎盛时期。各级中央和地方都建立了分类齐全、学制和内容统一的职业教育体系。这些教育机构有的是官府承办的，有的是半官半民的。唐代还出现了"书学""律学""算学"和"医学"等各专门学校，培养了大量专业人才。为培养更多工匠，唐代还设立了工艺学校，开设手工艺品采料、用色、烧制和编制技术等课程。同时唐代在职业教育教材建设和跨国交流等方面也取得了显著成绩。宋代以后，职业教育进一步发展，出现了武学、画学等新型教育机构，同时私学也在职业教育领域发挥重要作用。宋代职业教育的典型事件就是推行行业标准（当时叫"法式"）教育，以李诫编写的《营造法式》最为著名。

封建经济时代我国职业教育发展的同时，也涌现了一些推行实学教育的教育思想家，典型代表包括：颜之推（531—约595）认为当时的教育"空守章句，但诵师言，施之世务，殆无一可"，即教育严重偏离社会现实和生活，因此他认为应推行包括"德""艺"两个方面的实学教育。他批评那些士大夫"不知几月当下几月当收，安识世间余务乎"！认为"人生在世，会当有业，农民则计量耕稼，商贾则讨论货贿，工巧则致精器用，伎艺则沉思法术，武夫则惯习弓马，文士则讲议经书"（《颜氏家训·勉学》）。有学者认为他是中国教育史上第一个提出实学教育主张的人。继颜之推后，宋代的王安石主张教育应该培养"经世致用"的人才，又一次推行和发展了实学教育。清代的颜元则明确提出以"实文、实体、实用"为核心的实学教育思想，他与学生订下"教条"，明确要求"凡为吾徒者，当立志学礼、乐、射、御、书、数及兵、农、钱谷、水、火、工、虞"

---

① 倪方六．古人为什么喜欢报考"职校"［J］. 职业教育（下旬刊），2016（18）：71-72.

（《颜习斋先生年谱》）。颜元发展和完善了实学教育理论并将之付诸于实践，是封建经济时代我国职业教育的杰出代表，也充分体现了他所在时代的中国资本主义萌芽状态，更是职业教育办学规律的观照。

2 近代经济转型阶段的职业教育

2.1 主要制度改革

鸦片战争击碎了清政府的闭关锁国政策，自此，中国开启了半殖民地半封建社会的历史进程。为救亡图存，以曾国藩和李鸿章等为代表的洋务派主张学习西方的科技与教育，提出了"师夷长技以制夷"的战略思想，主办了一系列洋务事业，大办实业学堂就是其中一个重要组成部分。我国学校形态的职业教育正是源于这个时期的实业学堂，它们大致可以分为方言（外语）学堂、军事学堂和职业技术学堂三类。典型代表有京师同文馆、天津水师学堂和福建船政学堂。

洋务派搞的实业学堂为推进中国学制改革起到了重要作用。在实业教育思想的强大影响下，举国开始痛斥科举制度，清政府被迫改良科举制度，如著名的"壬寅学制"和"癸卯学制"。"壬寅学制"的问世标志着中国近代职业教育在学校教育系统中已初步形成自己的体系。在该学制中，实业教育被分为简易、中等和高等实业学堂，但所有实业学堂均未单独设立，而是附设在普通教育的学校之中。由于种种原因，该学制最终未能实行，但它反映了资本主义发展初期对中国教育的影响，特别是对实用型人才和技术人才的需求。

由于壬寅学制未能实施，张百熙等重新拟定新的学制，并于1904年正式颁布，这就是著名的"癸卯学制"。相比壬寅学制，癸卯学制的最大亮点在于独立设置实业学堂，使其不再依附于普通学校，至此中国真正建立了职业教育体系。但该学制仿照日本教育体制而设定，注定存在诸多水土不服。在实业教育思想的持续影响下，清政府被迫于1905年取消科举制度，我国延续1300多年的科举制度至此终结。

癸卯学制内容丰富，包括《初等小学堂章程》《高等小学堂章程》《中学堂章程》《高等学堂章程》《大学堂章程》等多个部分[①]，涵盖了从幼儿教育到高等教育的各个阶段。该学制明确了学堂的办学宗旨，对各级

---

① 摩罗．"五四"精英群体的教育改造［J］．社会科学论坛，2009（10）：113-130．

各类学堂的性质与任务、入学条件、修业年限以及彼此之间的衔接和关系等作出了规定，从而构建起一个相对完整的教育体系。癸卯学制的实行，对于推动中国教育现代化、培养多样化人才以及促进国家发展等方面都起到了积极的作用。它引入了现代化的教育理念和方法，打破了封建教育的垄断地位，推动了中国教育的现代化进程。同时，癸卯学制注重培养学生的实践能力和创新精神，提倡因材施教，为国家的工业化、农业现代化和科技进步提供了有力的人才保障。然而，癸卯学制的实行也受到了一些限制和挑战。由于当时的社会环境和历史背景，该学制的实施并不完全顺利，面临着资金、师资、教材等多方面的困难。此外，癸卯学制也具有一定的半资本主义半封建性，是传统性和近代性的综合产物，这也在一定程度上影响了其实行效果。

1912 年 1 月 1 日，中华民国于南京宣布成立，清政府统治结束，新的民主共和国开始。民国政府在 1912 年（壬子年）至 1913 年（癸丑年）间在教育领域进行了系列改革，并形成中国历史上的第一个现代教育制度，即"壬子癸丑"学制。壬子癸丑学制设普通教育、师范教育、实业教育三个系统，并对各级学校的课程设置、修业年限、入学条件等做了具体规定。壬子癸丑学制在中国教育史上具有重要地位，它是中国第一个具有资本主义性质的学制。它废除了尊孔读经，取消了进士出身奖励，确定了妇女的受教育权利和男女同校制度，并对学堂进行了改革，使其更符合现代教育的要求。同时，它也标志着中国现代教育制度的初步建立，为后来的教育改革和发展奠定了基础。但该学制对中国实际情况考虑不充分，某些方面过于模仿他国，实施起来也面临一定困难和挑战。

在职业教育、科学教育的思潮推动下，1917 年 5 月黄炎培等 48 名教育界和实业界人士发起成立中华职业教育社，将实业教育正式改名为职业教育。1919 年，全国教育会联合会的第五届年会着手对学制系统进行讨论并加以修改，该问题一直延续到 1921 年的第七届年会。多数代表倡议实行美国的"六、三、三"式学制，该学制于 1922 年正式公布施行，史称"壬戌学制"。

中国共产党领导的文化教育事业，向来提倡"教育与生产劳动相结合"的教育方针。进入国内革命战争时期后，党和苏维埃政府创建的学校能反映出这一点，如中国工农红军大学和苏维埃大学等。进入抗日战争阶段后，毛泽东同志曾指出，抗日根据地的教育必须坚持从实际出发，着重做好三个方面的事：一是坚持中国共产党的领导；二是坚持教育为了服务抗战胜利;三是教育应该适应农村的生产和生活需要。在这些原则指导下,战争与生产所需要的知识和技能重于其他一般文化知识教育,虽然没有被冠以职业教育之名,但各类教育实质都在以职业教育的思想推进。这是抗日民主根据地职业教育的显著特征。

2.2 典型人物与职业教育思想

张之洞是清末洋务运动后期的代表人物,他深刻认识到实业教育对于国家发展和人才培养的重要性。他主张通过实业教育培养具备实用技能和知识的人才,以满足国家现代化建设和工业发展的需要。他强调实业教育应该注重实践和应用,使学生能够将所学知识和技能应用于实际工作中,解决实际问题。他主张改革传统的教育体制和课程设置,引入现代化的教育理念和教学方法。他提倡建立与实业发展相适应的职业教育体系,培养具备专业技能和职业素养的人才。此外,他还注重实业教育与实际生产的结合,倡导学校与企业之间的合作,通过校企合作、产学研结合等方式,使学生能够接触到真实的生产环境和技术应用,提高其实践能力和创新精神。

张謇在吸收日本和欧美等国先进职业教育理念的基础上,形成了其独特而富有远见的职业教育观。他推崇"知""行""用"并举的教育思想。他强调知识与实践的结合,认为教育不应仅仅停留在书本知识的传授上,更应注重培养学生的实践能力和创新精神。他认为职业教育要"学必期于用,用必适于地",强调教育应当服务于社会经济的发展,培养能够适应社会需要的人才。在人才培养方面,张謇提出了"知行并进""学问兼理论与阅历乃成"的理念。他认为,知识和技能的学习应当与实践经验相结合,通过实际操作和亲身体验来深化对知识的理解和掌握。这种理念体现了现代职业教育的核心要求,即培养学生的综合素质和实践能力。在育人模式上,张謇倡导"校厂一体"的教育模式。他主张学校应当与企业紧密合作,共同培养符合社会需求的人才。这种模式使学生在学习理论知识的同时,能够接触到实际的工作环境,从而更好地适应未来的职业生涯。

黄炎培在其导师蔡元培影响下,接触到杜威的实用主义教育思想,亲自赴美考察美国教育制度,在深刻反思中国新教育问题和教训的基础上,形成了其极具特色的职业教育思想。他积极倡导实用主义教育,强调教育应该与社会生产和生活实际紧密结合,以解决个人生计问题为核心。随着对职业教育认识的深化,黄炎培逐渐将职业教育的目标概括为"使无业者有业,使有业者乐业",这充分概括了职业教育谋生和实现人生价值的双重目标。20 世纪 20 年代中后期，黄炎培总结了职业教育发展的经验，提出"大职业教育主义"观。① 他认为，仅仅依靠职业学校或教育界的力量是无法真正发达职业教育的，必须跳出教育来办职业教育，这一观点的提出，标志着其教育思想基本成熟。

3 计划经济阶段的职业教育

新中国成立初期到 1978 年之前，我国的职业教育以技工学校、职（农）业中学和中等专业学校为主，高等专科学校归属在普通高等教育序列，不存在全日制的高等职业教育，② 具体如图 6-1 所示。

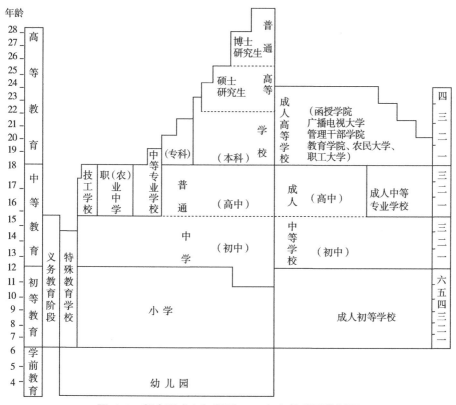

图 6-1　新中国成立初期到 1978 年之前我国学制图
注：成人教育年龄不定。

① 祝士明，马睿智. 兼顾个性共性培育大国工匠——黄炎培职教思想及其现代价值 [J]. 中国职业技术教育，2017（13）：40-44.
② 毛礼锐，沈灌群. 中国教育通史：第六卷 [M]. 2 版. 济南：山东教育出版社，1989.

1953—1957 年，新中国实施第一个五年计划，原有短期技术技能培训班已不能满足大规模经济建设对技术工人的需求。1953 年 5 月，中央劳动就业委员会召开座谈会，明确提出要根据生产发展需要培训技术工人。同年 9 月，国务院转发了劳动部《关于目前技工学校工作的报告》和《关于提高（技工学校）教学质量的决议》。1958 年 3 月，时任教育部部长马文瑞在全国技工学校工作会议上作报告，会议指出：技工学校的生产与教育应是统一的，不能离开生产孤立地去进行教育，也不能离开教育单独地进行生产。技工学校迎来了新中国成立后的第一个发展高潮，据统计，河南省在 1957 年只有 27 所技校，1958 年则有 533 所。技工学校的快速发展超出了当时的经济承受能力，从 1961 年起，根据党中央对国民经济实行"调整、巩固、充实、提高"的方针进行了调整。1957 年全国仅有技工学校 87 所，1960 年发展到 962 所，1962 年又调整到 88 所。职（农）业中学也大致经历了类似情况。这个时期我国的高等职业教育主要是面向在职职工的非全日制高等教育，如夜大学、函授教育和职工大学等，没有严格意义上的全日制高等职业教育。

4　改革开放与市场经济阶段的职业教育

职业教育包括短期培训、中等职业学校（含职业高中）、技工学校、中等专业学校和高等职业教育等。本书的研究对象是高等职业教育，但改革开放前我国并不存在高等职业教育，因此本书主要研究改革开放以后高等职业教育的发展情况。

党的十一届三中全会以来，我国商品经济发展迅速，工矿企业由单纯的生产企业向综合型企业迅速转变，这种变化催生了新型人才需求。为推动新型经济发展，职业大学应运而生，旨在培养配套的工程技术、应用研究和管理人才。因此从历史角度来看，职业大学是我国高等职业教育的前身和重要组成部分。职业大学的基本特征是多层次、多渠道、灵活性、适应性、地方性和联合性等。1980 年成立的南京金陵职业大学、合肥联合大学和江汉大学是我国最早创办的职业大学。1985 年，《中共中央关于教育体制改革的决定》明确提出："……积极发展高等职业技术院校，……逐步建立起一个从初级到高级、行业配套、结构合理又能与普通教育相沟通的职业技术教育体系。"1986 年，全国第一次职业教育大会盛大召开。李鹏提出，有相当一部分广播电视大学以及高等专科学校的毕业生将会步入各种职业岗位，此类情况属于职业性高等教育范畴，那么是否应当归为高等职业技术教育这一层次？这是第一次从官方的角度提出"高等职业教育"一词，规定高等职业学校、部分广播电视大学、高等专科学校等都应该属于职业性的高等教育。1987 年颁布的《关于改革和发展成人教育的决定》要求，"职工大学、职工业余大学、管理干部学院要结合需要举办高等职业教育"。到 1988 年，全国共有 119 所职业大学，在校生 7.5 万多人，其中规模在 1000 人以上的有 28 所，华东和华南地区各有 29 所，充分体现了职业大学与区域经济发展的密切联系。1991 年出台的《国务院关于大力发展职业技术教育的决定》明晰了职业技术教育的性质、所处地位、发挥的作用以及发展方向、肩负任务、具体措施等内容，强调构建初等、中等、高等职业教育体系的问题，提出积极推进高等职业技术教育的任务。1993 年，全国教育工作会议召开，会后国务院颁布了《中国教育改革和发展纲要》（以下简称《纲要》）。会议明确指出我国教育今后发展的两个重点，一是基础教育（重中之重），二是职业技术教育。《纲要》更加明确指出："职业教育是现代教育的重要组成部分，是工业化和生产社会化、现代化的重要支柱。"1994 年国务院下发的《关于〈中国教育改革和发展纲要〉的实施意见》（以下简称《实施意见》）提出："有计划地实行小学后、初中后、高中后三级分流，大力发展职业教育，逐步形成初等、中等、高等职业教育和普通教育共同发展、相互衔接、比例合理的教育系列。""积极发展多样化的高中后职业教育和培训。通过改革现有高等专科学校、职业大学和成人高校以及举办灵活多样的高等职业班等途径，积极发展高等职业教育"。《实施意见》进一步明确了高等专科学校、职业大学、成人高校、重点中专举办高等职业教育的主体地位。至此，我国的高等职业教育逐步形成独立体系且不断完善发展。1996 年，全国职业教育工作会议顺利召开。同年，全国人大审议通过并颁布了《中华人民共和国职业教育法》。全国职业教育工作会议提出，通过三级分流大力发展职业教育，通过"三改一补"大力发展高等职业教育。与此同时，《中华人民共和国职业教育法》的颁布促使职业教育走上了依法治教的发展道路。该法第 13 条指出："职业学校教育分为初等、中等、高等职业学校教育。……高等职业学校教育根据需要和条件由高等职业学校实施，或者由普通高等学校实施。"

随着学校层次和类型的增多，我国逐步开始建立起职业教育体系，因此体系的名称问题也就开始显现。1949 年草定《中国人民政治协商会议共同纲领》之时，曾有人主张用"职业教育"的名称，最终采纳了"技术教育"的名称。1958 年中共中央、国务院在《关于教育工作的指示》中采用"职业（技术）教育"这一名称。1980 年国务院批转的《关于中等教育结构改革的报告》中，第一次采用"职业技术教育"的名称，包括职业教育和技术教育。后续的中央和国务院正式文件均采用"职业技术教育"。但党的十二大、十四大报告又使用了"职业教育"这一名称。1996 年《中华人民共和国职业教育法》明确将"职业技术教育"称为"职业教育"，从而确立了"职业教育"的正统地位。

2006 年 11 月 16 日发布的《教育部关于全面提高高等职业教育教学质量的若干意见》（教高〔2006〕16 号）明确指出："高等职业教育作为高等教育发展中的一个类型，肩负着培养面向生产、建设、服务和管理第一线需要的高技能人才的使命，在我国加快推进社会主义现代化建设进程中具有不可替代的作用。"同时，开始推行被称作"高职 211 工程"的"国家示范性高等职业院校建设计划"：致力于在 2020 年之前，让中国大陆涌现出 20 所文化底蕴深厚、办学基础坚实、具备核心发展力且被国外高等职业教育领域广泛认同的世界著名高职院校；着重建设 100 所办学特色鲜明、教学质量优异、在全国起到引领示范作用的高职院校；重点打造 1000 个技术含量高、社会适应性强、具有地方特色和行业优势的品牌专业。截至2008 年，教育部和财政部已正式筛选出天津职业大学、成都航空职业技术学院、深圳职业技术学院等 100 所国家示范性高等职业院校建设单位以及 8 所重点培育院校。自此，中国大陆的高等职业教育和高职院校迈入一个前所未有的全新发展历史阶段。

5 新时代经济高质量发展阶段的职业教育

5.1 政策梳理

中国特色社会主义进入新时代以来，党中央高度重视职业教育的发展，重磅政策频出，有力地推进了我国高等职业教育的发展。以下是关于相关政策的梳理。

5.1.1 关于职业教育发展

（1）《国务院关于加快发展现代职业教育的决定》（国发〔2014〕19 号）
2014 年 5 月出台《国务院关于加快发展现代职业教育的决定》（以下

简称《决定》），这是党的十八大以来第一次以国发形式下发的关于职业教育的文件。《决定》的目的在于解决当时职业教育在结构方面存在不合理之处、质量有待提升、办学条件较为薄弱以及体制机制不够顺畅等问题，该内容共有 6 个部分 28 条规定。《决定》在现代职教体系建设方面明确了普通高中要适当增加职业技术教育内容、开展本科层次职业教育、健全职业教育考试招生办法、推进农民和退役士兵教育培训；在激发职业教育办学活力方面提出了支持社会力量举办职业教育，发挥企业重要办学主体作用行业组织指导、评价、服务作用，完善现代学校制度，多元组建职教集团，加强技术技能积累；在提高人才培养质量方面主要是推进人才培养模式创新，形成对接紧密、特色鲜明、动态调整的职业教育课程体系，建设"双师型"教师队伍，提高信息化水平，加强国际交流与合作，鼓励职业教育"走出去"；在提升发展保障水平方面提出了具体可量化的投入和激励政策，加强基础能力建设，完善资助政策体系和加大对农村和贫困地区职业教育支持力度，促进教育公平，健全就业和用人的保障政策，消除对职业教育的歧视；在加强组织领导方面强调落实政府职责、强化督导评估、营造良好环境，提出了设立职业教育活动周的建议。《决定》是一个综合性、纲领性的文件，目标是形成适应发展需求、产教深度融合、中职高职衔接、职业教育与普通教育相互沟通，体现终身教育理念，具有中国特色、世界水平的现代职业教育体系；重点在通过在国家层面健全体制机制，促进职业教育适应经济社会发展，在转方式、调结构、促升级等方面发挥重要作用，服务经济社会发展和人的全面发展。

（2）《国务院关于印发国家职业教育改革实施方案的通知》（国发〔2019〕4 号）。

2019 年 2 月出台《国务院关于印发国家职业教育改革实施方案的通知》（俗称"职教 20 条"，以下简称《通知》）。进入新发展阶段后，职业教育与建设现代化经济体系、建设教育强国的要求相较而言，仍旧存在职教体系不够完备、制度标准不够完善、企业参与办学的动力欠缺等问题。为服务建设现代化经济体系和实现更高质量更充分就业需要，《通知》重点关注健全国家职业教育制度框架、构建职业教育国家标准、促进产教融合校企"双元"育人、建设多元办学格局、完善技术技能人才保障政策、加强职业教育办学质量督导评价、做好改革组织实施工作等内容，提出通过职业院校教学条件基本达标、职业教育标准体系建设、产教融合型企业培育、高水平专业化产教融合实训基地建设、教师教学创新团队建设、1+X 证书制度试点等具体工作，历经 5 至 10 年的时间，职业教育基本实现由政府举办为主向政府统筹管理、社会多元办学格局的转变，由追求规模扩张向注重提高质量转变，由参照普通教育办学模式向企业社会参与、具有专业特色鲜明的类型教育转变，大幅度提升新时代职业教育现代化水平，为推动经济社会发展和提高国家竞争力提供优质的人才资源支撑。《通知》是对国发〔2014〕19 号文件的延伸和升级，依然关注职教体系、产教融合校企合作、激励保障政策等，首次以国发文件的形式提出职业教育是教育类型，并被吸收到 2021 新修订的《中华人民共和国职业教育法》中。近年来职业教育诸多质量工程项目均来源于该文件。

(3)《国务院关于同意建立国务院职业教育工作部际联席会议制度的批复》(国函〔2018〕144 号)

职业教育是一个复杂的系统工程，牵涉到人事、土地、税务、财政等方面，单纯靠教育一个部门的力量是不够的。为贯彻落实党中央、国务院关于职业教育工作的重大决策部署；统筹协调全国职业教育工作，研究解决职业教育重大问题；研究审议拟出台的职业教育法律法规和重大政策，部署实施职业教育改革创新重大事项；听取国家职业教育指导咨询委员会等方面的意见建议；督促检查职业教育有关政策措施的落实情况；完成党中央、国务院交办的其他事项，成立了由教育部、发展改革委、工业和信息化部、财政部、人力资源社会保障部、农业农村部、国资委、税务总局、扶贫办 9 个部门和单位组成，教育部牵头的国务院职业教育工作部际联席会议，进一步加强对职业教育工作的领导，强化统筹协调，形成工作合力。

(4) 中共中央办公厅、国务院办公厅印发的《关于推动现代职业教育高质量发展的意见》(以下简称"意见")

为贯彻落实全国职业教育大会精神，推动现代职业教育高质量发展，中共中央办公厅、国务院办公厅印发了该《意见》。《意见》提出 5 个坚持：坚持立德树人、德技并修，推动思想政治教育与技术技能培养融合统一；坚持产教融合、校企合作，推动形成产教良性互动、校企优势互补的发展格局；坚持面向市场、促进就业，推动学校布局、专业设置、人才培养与市场需求相对接；坚持面向实践、强化能力，让更多青年凭借一技之长实现人生价值；坚持面向人人、因材施教，营造人人努力成才、人人皆可成才、人人尽展其才的良好环境。《意见》共 7 部分 22 条，通过巩固职业教育的类型定位，推进不同层次的职业教育纵向贯通，促进不同类型教育横向融通等举措，以强化职业教育的类型特色；通过优化职业教育供给结构、健全多元办学格局、协同推进产教深度融合等方式，来完善产教融合办学体制；借助丰富职业学校办学形态、拓展校企合作形式内容、优化校企合作政策环境等途径，创新校企合作办学机制；通过强化双师型教师队伍建设、创新教学模式与方法、改进教学内容与教材、完善质量保证体系等关键要素，深化教育教学改革；通过提升中外合作办学水平、拓展中外合作交流平台、推动职业教育走出去等行动，打造具有中国特色的职业教育品牌。意见的主要关键词是类型特色、产教融合、校企合作、国际化。

5.1.2 关于职业院校建设

（1）《教育部等六部门关于印发〈职业学校校企合作促进办法〉的通知》（教职成〔2018〕1 号）

为促进、规范、保障职业学校校企合作，发挥企业在实施职业教育中的重要办学主体作用，推动形成产教融合、校企合作、工学结合、知行合一的共同育人机制，建设知识型、技能型、创新型劳动者大军，完善现代职业教育制度，制定本办法。该办法认为校企合作是指职业学校和企业通过共同育人、合作研究、共建机构、共享资源等方式实施的合作活动。职业院校和企业可以通过人才培养、技术创新、就业创业、社会服务、文化传承等形式开展合作。分别针对地方人民政府、主管部门、行业企业、职业学校制定相关激励政策。办法旨在完善职业教育和培训体系，深化产教融合、校企合作。

（2）《教育部 财政部关于实施中国特色高水平高职学校和专业建设计划的意见》（教职成〔2019〕5 号）

为深入贯彻落实全国教育大会精神，落实《国家职业教育改革实施方案》，集中力量建设一批引领改革、支撑发展、中国特色、世界水平的高职学校和专业群，带动职业教育持续深化改革，强化内涵建设，实现高质量发展，就实施中国特色高水平高职学校和专业建设计划（简称"双高计划"）提出意见。意见提出加强党的建设、打造技术技能人才培养高地、打造技术技能创新服务平台、打造高水平专业群、打造高水平双师队伍、提升校企合作水平、提升服务发展水平、提升学校治理水平、提升信息化水平、提升国际化水平"1加强4打造5提升"的建设任务。"双高计划"服务建设现代化经济体系和更高质量更充分就业需要，扎根中国、放眼世界、面向未来，强力推进产教融合、校企合作，聚焦高端产业和产业高端，重点支持一批优质高职学校和专业群率先发展，引领职业教育服务国家战略、融入区域发展、促进产业升级，为建设教育强国、人才强国作出重要贡献。双高计划坚持持续推进。按周期、分阶段推进建设。

为落实、落细该文件，教育部财政部关于印发《中国特色高水平高职学校和专业建设计划项目遴选管理办法（试行）》（教职成〔2019〕8号）的通知，申报双高学校，除在办学条件高、人才培养和治理水平高、坚持职业教育办学定位和方向外，还需要在近两届获得过国家级教学成果奖励（第一完成单位），主持国家级职业教育专业教学资源库立项项目，承担国家级教育教学改革试点，有国家级重点专业，近五年学校就业工作被评为全国就业创业典型，近五年学生在国家级及以上竞赛中获得过奖励，教师获得过国家级奖励，建立校级竞赛制度并近五年承办过全国职业院校技能大赛，建立校级质量年报制度、近五年连续发布《高等职业院校质量年度报告》且未有负面行为被通报9项指标中满足5项。

（3）《教育部办公厅关于贯彻执行〈高等职业学校建设标准〉的通知》（教发厅函〔2019〕80号）

为提升高等职业学校规划建设的科学化、标准化以及现代化程度，为高等职业学校营造良好的办学条件与育人环境，制定《高等职业学校建设标准》。该标准共分六章和四个附录，包括总则、建设规模与项目构成、选址与校园规划、面积指标、建筑与建筑设备、主要技术经济指标等。高等职业学校的类别分为普通高等职业学校（包括综合类、师范类、工业类、农林类、医药类、财经类、政法类、外语类、管理类学校）及体育类、艺术类高等职业学校。高等职业学校的建设项目由房屋建筑、建筑设备和场地三部分构成。校舍由必须配置的校舍项目、根据需要选择配置的校舍项目和国家规定的民防工程组成，必须配置的校舍项目包括教学实训用房（教室、专业教学实训实验实习用房及场所、系及教师教研办公用房）、图书馆、室内体育用房、校级办公用房、大学生活动用房、学生宿舍（公寓）、单身教师宿舍（公寓）、食堂、后勤及附属用房共九项。各项校舍的建筑面积指标根据学校类别采用不同的计算参数。

(4)《教育部财政部关于印发〈中国特色高水平高职学校和专业建设计划绩效管理暂行办法〉的通知》（教职成〔2020〕8号）

为规范和加强"双高计划"的绩效管理，明确责任，提高资金的配置效益与使用效率，确保绩效目标能够如期实现，依据相关规定，制定本办法。绩效目标着重对接国家战略，响应改革任务部署，紧盯"引领"、强化"支撑"、凸显"高"、彰显"强"、体现"特"，展示在国家形成"一批有效的职业教育高质量发展政策、制度、标准"方面的贡献度。绩效评价按评价主体分为学校绩效自评和部门绩效评价，学校自评包括年度、中期及实施期结束后自评。界定了退出计划和限期整改情况。绩效指标分为产出指标、效益指标、满意度指标3个一级指标，数量指标、质量指标、时效指标、社会效益指标、可持续影响指标、服务对象满意度指标6个二级指标以及多个三级指标。"双高计划"建设学校、中央及省级教育部门和财政部门组织实施绩效目标管理，依据设定的绩效目标实施过程监控，开展绩效评价并加强评价结果应用。

(5)《教育部等九部门关于印发〈职业教育提质培优行动计划（2020—2023年）〉的通知》（教职成〔2020〕7号）

"职业教育提质培优行动计划"落实高度重视、加快发展的工作方针，坚持服务高质量发展、促进高水平就业的办学方向，坚持职业教育与普通教育不同类型、同等重要的战略定位。通过建设，职业教育与经济社会发展需求对接更加紧密、同人民群众期待更加契合、同我国综合国力和国际地位更加匹配，中国特色现代职业教育体系更加完备、制度更加健全、标准更加完善、条件更加充足、评价更加科学。落实立德树人根本任务、推进职业教育协调发展、完善服务全民终身学习的制度体系、深化职业教育产教融合、校企合作、健全职业教育考试招生制度、实施职业教育治理能力提升行动、实施职业教育"三教"改革攻坚行动、实施职业教育信息化2.0建设行动、实施职业教育服务国际产能合作行动、实施职业教育创新发展高地建设行动10部分27条内容。在落实立德树人根本任务中首次提出"加强职业教育研究，加快构建中国特色职业教育的思想体系、话语体系、政策体系和实践体系"，在德育、思政治教育方面提出具体量化指标；提出强化中职教育基础作用、巩固专科高职教育主体地位、稳步发展高层次职业教育，把发展本科职业教育作为完善职业教育体系的关键一环；通过建设职业教育国家"学分银行"、落实育训并举法定职责、强化职业学校的继续教育功能等完善服务全民终身学习的制度体系；深化职业教育产教融合、校企合作，提出健全以企业为重要主导、职业学校为重要支撑、将产业关键核心技术攻关作为核心任务的产教融合创新机制；健全高职分类考试招生制度，推进"文化素质+职业技能"评价方式；发挥标准在职业教育质量提升中的基础性作用，完善政府、行业企业、学校、社会等多方参与的质量监管评价机制，打造高素质专业化管理队伍；实施职业教育"三教"改革；通过加快培养国际产能合作急需人才，提升职业教育国际影响力，职业教育服务国际产能合作；实施职业教育创新发展高地建设行动。行动计划旨在办好公平有质量、类型特色突出的职业教育，提质培优、增值赋能、以质图强，加快推进职业教育现代化，更好地支撑我国经济社会持续健康发展。

(6)《教育部关于印发〈本科层次职业学校设置标准（试行）〉的通知》（教发〔2021〕1号）

《本科层次职业学校设置标准（试行）》共11条内容，规定在校生规模应在8000人以上，有3个以上专业群。关于师资队伍规定专任教师总数应满足生师比不高于18∶1的标准，专任教师总数不少于450人，具备硕士及以上学位的教师数量在专任教师总数中的占比应当不低于50%，具有高级专业技术职务的专任教师人数一般应不低于专任教师总数的30%，其中具有正高级专业技术职务的专任教师应不少于30人，近五年内在职在岗教师（教师团队）获得国家级奖励或荣誉1项。关于人才培养规定在近两届教学成果奖评选中获得过国家级二等奖以上或省级最高奖奖励。关于科研与社会服务规定近五年累计立项厅级及以上科研项目20项以上，近五年横向技术服务与培训平均每年到账经费在1000万元以上（以文科专业为主的学校为500万元以上），近五年平均每年非学历培训的人次数不得低于全日制在校生数的2倍。关于基础设施规定了校园占地面积、建筑面积、仪器设备、图书、实训和实习场所详细数量指标。标准的出台主要目的是完善现代职业教育体系。

(7)《教育部办公厅关于印发〈本科层次职业教育专业设置管理办法（试行）〉的通知》（教职成厅〔2021〕1号）

《本科层次职业教育专业设置管理办法（试行）》共5章21条。关于教师队伍规定全校师生比不低于1∶18；专业专任教师与该专业全日制在校生人数之比不低于1∶20，高级职称专任教师比例不低于30%，具有研究生学位专任教师比例不低于 50%，具有博士研究生学位专任教师比例不低于 15%，"双师型"教师占比不低于 50%，由省级及以上教育行政部门等认定的高水平教师教学（科研）创新团队，或省级及以上教学名师、高层次人才担任专业带头人，或专业教师获省级及以上教学领域有关奖励两项以上。专业生均教学科研仪器设备值原则上不低于 1 万元。关于技术研发与社会服务规定有省级及以上技术研发推广平台。专业面向行业企业和社会开展职业培训人次每年不少于本专业在校生人数的 2 倍。专业招生计划完成率一般不低于 90%，新生报到率一般不低于 85%，应届毕业生就业率不低于本省域内高校平均水平。本科层次职业教育专业总数不超过学校专业总数的 30%，本科层次职业教育专业学生总数不超过学校在校生总数的 30%。该办法进一步规范和完善本科层次职业教育专业设置管理，引导高校依法依规设置专业。

5.1.3 关于教学评价与过程管理

（1）中共中央、国务院印发《深化新时代教育评价改革总体方案》

为完善立德树人体制机制，扭转不科学的教育评价导向，坚决克服唯分数、唯升学、唯文凭、唯论文、唯帽子的顽瘴痼疾，提高教育治理能力和水平，加快推进教育现代化、建设教育强国、办好人民满意的教育，制定本方案。方案包含党委和政府教育工作评价、学校评价、教师评价、学生评价、用人评价五个方面建设任务。改革学校评价：提出把立德树人成效作为根本标准，促进学生身心健康、全面发展；重点评价职业学校德技并修、产教融合、校企合作、育训结合、学生获取职业资格或职业技能等级证书、毕业生就业质量、"双师型"教师队伍建设等方面，扩大行业企业参与评价，深化职普融通，加大职业培训、服务区域和行业的评价权重。改革教师评价：提出坚持把师德师风作为第一标准，突出教育教学实绩，健全"双师型"教师认定、聘用、考核等评价标准，突出实践技能水平和专业教学能力；提出"实施教材建设国家奖励制度，每四年评选一次"；强化一线学生工作，高校青年教师晋升高一级职称，至少须有一年担任辅导员、班主任等学生工作经历；改进高校教师科研评价，突出质量导向，坚持分类评价，推行代表性成果评价，探索长周期评价，完善同行专家评议机制，注重个人评价与团队评价相结合；推进人才称号回归学术性、荣誉性。改革学生评价：提出树立科学成才观念，促进德智体美劳全面发展，完善德育评价，强化体育评价，改进美育评价，加强劳动教育评价，严格学业标准，健全高等职业教育"文化素质+职业技能"考试招生办法。改革用人评价：主要树立正确用人导向，促进人岗相适，职业学校毕业生在落户、就业、参加机关企事业单位招聘、职称评聘、职务职级晋升等方面，与普通学校毕业生同等对待。该方案坚持立德树人，坚持问题导向，坚持科学有效，坚持统筹兼顾，坚持中国特色，系统推进教育评价改革，各级党委和政府科学履行职责水平明显提高，各级各类学校立德树人落实机制更加完善，引导教师潜心育人的评价制度更加健全，促进学生全面发展的评价办法更加多元，社会选人用人方式更加科学，通过建设，形成富有时代特征、彰显中国特色、体现世界水平的教育评价体系。

（2）《教育部关于印发〈职业院校教材管理办法〉的通知》（教材〔2019〕3号）

为加强和改进新形势下大中小学教材建设的意见，建立健全大中小学教材管理制度，切实提高教材建设水平，制定《职业院校教材管理办法》。教材事关国家事权，必须体现党和国家意志。该办法共10章40条。提出职业院校教材实行单位编写制、主编负责制；坚持凡编必审，实行教材编审分离制度，除统编教材外，教材审核实行盲审制度；不得以岗位培训教材取代专业课程教材等详细规定和要求。教材编写依据职业院校教材规划以及国家教学标准和职业标准（规范）等。服务学生成长成才和就业创业。努力构建中国特色、融通中外的概念范畴、理论范式和话语体系，防范错误政治观点和思潮的影响，引导学生树立正确的世界观、人生观和价值观，努力成为德、智、体、美、劳全面发展的社会主义建设者和接班人。

（3）《教育部关于进一步推进职业教育信息化发展的指导意见》（教职成〔2017〕4号）

为全面提升信息技术支撑和引领职业教育创新发展的能力，加快推进职业教育现代化，制定《关于进一步推进职业教育信息化发展的指导意见》。该意见共分推进职业教育信息化发展的重要机遇与基本要求、全面落实推进职业教育信息化发展的重点任务、着力完善推进职业教育信息化发展的各项保障措施等3部分13条内容。意见根据当今教育改革和信息技术创新应用趋势，立足推进职业教育现代化，着眼于教育服务供给方式改革，落实"三通两平台"建设要求，普遍开展自主、泛在、个性化的学习，推进职业院校数字校园建设，优化职业院校信息化教学环境，推广一批示范性虚拟仿真实训基地，将信息化帮扶纳入职业教育东西协作行动计划；推动优质数字教育资源共建共享，突出资源库"能学、辅教"的功能定位；深化教育教学模式创新，推进信息技术与教育教学深度融合；建成集行政、教学、科研、学生和后勤管理于一体的信息服务平台；提升师生和管理者信息素养；增强网络与信息安全管控能力。该意见提出将教育信息化作为职业院校基本办学条件纳入办学评估指标体系并开展督导。

（4）《教育部关于发布〈职业院校数字校园规范〉的通知》（教职成函〔2020〕3号）

为发展"互联网+职业教育"，规范、引导职业院校在新形势下的信息化工作，制定《职业院校数字校园规范》。《规范》共分为11个部分：引言、总体要求、师生发展、数字资源、教育教学、管理服务、支撑条件、网络安全、组织体系、评价指标和附录。本规范适用于职业院校数字校园的建设与应用，将发展师生信息技术素养与职业能力作为核心目标，以支撑职业院校教育变革与发展的技术系统和组织体系作为核心内容。通过价值重建、结构重组、流程再造、文化重构以及教育教学模式创新，构建形成促进师生全面、自由、个性化发展的现代化校园环境。数字校园是网上虚拟校园与现实物理校园深度融合且良性互动的信息化环境，支持职业院校实现混合教学、泛在学习、个性化学习、精细化管理和智能化服务，通过信息化来支撑并引领驱动职业院校的现代化进程。数字校园将在职业院校的教学、科研、管理、交流合作、服务以及评价等方面产生积极的赋能作用。职业院校数字校园评价指标体系的目的在于推动职业院校数字校园从建设向应用服务转变，从应用操作向关注师生体验转变，从注重投入向关注绩效转变。高等职业学校的评价指标体系设有7项一级指标，分别为师生发展、数字资源、教育教学、管理服务、支撑条件、网络安全和组织体系，二级指标20项和三级指标34项。

（5）《教育部关于印发〈职业教育专业目录（2021年）〉的通知》（教职成〔2021〕2号）

为贯彻《国家职业教育改革实施方案》，加强职业教育国家教学标准体系建设，落实职业教育专业动态更新要求，推动专业升级和数字化改造，教育部组织对职业教育专业目录进行了全面修（制）订，形成了《职业教育专业目录（2021年）》。专业目录是职业教育类型特征的重要展现，同时也是职业教育支撑并服务于经济社会发展的重要观测点。该目录按照"十四五"国家经济社会发展和 2035 年远景目标对职业教育的要求，在科学分析产业、职业、岗位、专业关系基础上，对接现代产业体系，服务产业基础高级化、产业链现代化，统一采用专业大类、专业类、专业三级分类，一体化设计中等职业教育、高等职业教育专科、高等职业教育本科不同层次专业，共设置 19 个专业大类、97 个专业类、1349 个专业，其中中职专业 358 个、高职专科专业 744 个、高职本科专业 247 个。通过新增、更名、合并、撤销等方式，专业总体调整幅度超过 60%。目录坚持服务发展、促进就业导向，对接经济社会发展、技术进步、劳动组织方式变革产生的新职业，衔接产业发展新业态，针对新职业带来的岗位供需变化，新业态带来的市场需求变化，尤其是对标 2019 年以来公布的 38 个新职业，设计急需专业及专业方向，升级专业内涵，填补专业人才培养空白，助力行业发展。

5.1.4　关于师资队伍建设

（1）《教育部关于印发〈全国职业院校教师教学创新团队建设方案〉的通知》（教师函〔2019〕4 号）

为打造一批高水平职业院校教师教学创新团队，示范引领高素质"双师型"教师队伍建设，深化职业院校教师、教材、教法"三教"改革，制定本方案。国家级团队立项条件需具备团队师德师风高尚、团队结构科学合理（骨干成员一般 15 人至 20 人，"双师型"教师占比超过一半，高职具有高级专业技术职称（职务）或相关高级以上职业资格证教师分别占 30%、40% 以上，骨干成员有五年以上相关工作经验的行业企业高级技术人员兼职任教）、团队负责人能力突出（具有高级职称且年龄不超过 55 周岁；牵头建有省级以上"双师型"名师工作室、教师技艺技能传承创新平台、技能大师工作室等优先）、教学改革基础良好（承担国家职业教育专业教学资源库和国家在线开放课程，获得国家级教学成果奖或建有全国黄大年式教师团队的同等条件下优先）、专业特色优势明显（承接过国家或地方、企业重大科技攻关项目或研究课题，师生在全国职业院校技能大赛中获奖，中央财政支持建设的国家重点建设专业、国家（省）级特色专业、中国特色高水平高职学校和专业建设计划入选专业或承担国家级教师培训任务的国家重点建设专业优先）、保障措施完善健全等条件。建设任务中提出了教师模块化教学设计实施能力、课程标准开发能力、教学评价能力、团队协作能力、信息技术应用能力、实习实训指导能力和技术技能积累创新能力7种能力；建立团队建设协作共同体；构建对接职业标准的课程体系；每位教师要全面参与人才培养方案制（修）订、课程标准开发、教学流程重构、课程结构再造、学习管理与评价等专业建设全过程，教师分工协作进行模块化教学；形成具有中国特色、世界水平的职业教育教学模式。2019年7月、2021年8月，分两批共确定360个立项单位，4个培育建设单位；第一批教师教学创新团队已完成验收。打造高水平、结构化的国家级团队，通过高水平学校领衔、高层次团队示范，教师按照国家职业标准和教学标准开展教学、培训和评价的能力全面提升，教师分工协作进行模块化教学的模式全面实施，辐射带动全国职业院校加强高素质"双师型"教师队伍建设，为全面提高复合型技术技能人才培养质量提供强有力的师资支撑。

（2）《教育部等四部门关于印发〈深化新时代职业教育"双师型"教师队伍建设改革实施方案〉的通知》（教师〔2019〕6号）

教师队伍是发展职业教育的第一资源，是支撑新时代国家职业教育改革的关键力量。为深化职业院校教师队伍建设改革，培养造就高素质"双师型"教师队伍，制定《深化新时代职业教育"双师型"教师队伍建设改革实施方案》。该方案涵盖建设分层分类的教师专业标准体系，推进以双师素质为导向的新教师准入制度改革，构建以职业技术师范院校为主体、产教融合的多元培养培训格局，完善"固定岗+流动岗"的教师资源配置新机制，建设"国家工匠之师"引领的高层次人才队伍，创建高水平结构化教师教学创新团队，聚焦1+X证书制度开展教师全员培训，建立校企人员双向交流协作共同体，深化突出"双师型"导向的教师考核评价改革，落实权益保障和激励机制提升社会地位，加强党对教师队伍建设的全面领导，强化教师队伍建设改革的保障措施等12条内容。该方案提出探索建立新教师为期1年的教育见习与为期3年的企业实践制度，相关专业教师原则上从具有3年以上企业工作经历并具有高职以上学历的人员中公开招聘；建设100家校企合作的"双师型"教师培养培训基地和100个国家级企业实践基地，发挥行业企业在培养"双师型"教师中的重要作用；实施现代产业导师特聘岗位计划，推动形成"固定岗+流动岗"、双师结构与双师素质兼顾的专业教学团队；建设1000个国家级"双师型"名师工作室和

1000个国家级教师技艺技能传承创新平台；全面落实教师5年一周期的全员轮训制度，认定300个"双师型"教师培养培训示范单位；以职教园区、职教集团、产教融合型企业等为依托，建立校企人员双向交流协作共同体，专业课教师每年至少累计1个月以多种形式参与企业实践或实训基地实训；破除"五唯"，建立多元参与的"双师型"教师评价考核体系等具体内容。通过建设支撑职业教育改革发展，落实立德树人根本任务，加强师德师风建设，突出"双师型"教师个体成长和"双师型"教学团队建设相结合，提高教师教育教学能力和专业实践能力，优化专兼职教师队伍结构，大力提升职业院校"双师型"教师队伍建设水平，为实现我国职业教育现代化、培养大批高素质技术技能人才提供有力的师资保障。

5.1.5 人才培养过程

（1）《教育部关于深化职业教育教学改革全面提高人才培养质量的若干意见》（教职成〔2015〕6号）

《教育部关于深化职业教育教学改革全面提高人才培养质量的若干意见》涵盖总体要求、落实立德树人根本任务、改善专业结构和布局、提升系统化培养水平、推进产教深度融合、强化教学规范管理、完善教学保障机制、加强组织领导8方面共26条内容，在立德树人中，提出德育为首，德育与智育、体育、美育有机结合，强化文化基础以及中华优秀传统文化教育，将学生职业技能与职业精神的培养高度融合；职业院校要结合自身优势和区域经济社会发展科学合理设置专业，形成与区域产业分布形态相适应的专业布局，推动国家产业发展急需的示范专业建设；推进中高职人才培养衔接，完善专业课程衔接体系，拓宽技术技能人才终身学习通道；深化校企协同育人，提出积极推动校企联合招生、联合培养，一体化育人的现代学徒制试点，强化行业对教育教学的指导作用，推进专业教学紧贴技术进步与生产实际，有效开展实践性教学；通过教学标准体系、教学常规管理、教学质量管理水平以及教材建设管理制度来强化教学规范管理；把教师培养培训、信息化教学能力、实习实训装备水平、教科研及服务体系作为教学保障要素。该意见中有些提法已经过时，但其内涵思路却一直被坚持并日臻完善。

（2）《全国职业院校技能大赛章程》

针对大赛存在的诸多问题，2020年举办全国职业院校技能大赛改革试点赛，对大赛申办体制机制等进行改革，在总结改革经验的基础上，对章程进行修订，形成新的大赛章程。大赛借鉴世界技能大赛的理念和标准，对标世界先进水平，培养高素质技能人才，促进技能型社会建设；坚持政府主导、学校主体、行业指导、企业支持、社会参与，推动合作办赛、开放办赛，打造富有创意、影响深远的技能大赛。大赛旨在优化职业教育类型定位，加快构建现代职业教育体系，深化"三教"改革、推进"岗课赛证"综合育人，推动职业教育高质量发展，培育更多高素质技术技能人才、能工巧匠以及大国工匠。

（3）《教育部等四部门印发〈关于在院校实施"学历证书+若干职业技能等级证书"制度试点方案〉的通知》（教职成〔2019〕6号）

《关于在院校实施"学历证书+若干职业技能等级证书"制度试点方案》是贯彻落实"职教20条"的1+X技能等级证书的具体举措。培育培训评价组织，开发职业技能等级证书，融入专业人才培养，实施高质量职业培训，严格职业技能等级考核与证书发放，探索建立职业教育国家"学分银行"，建立健全监督、管理与服务机制7项试点内容。职业技能等级证书围绕服务国家需要、市场需求、学生就业能力提升开展。1+X证书制度试点与专业建设、课程建设、教师队伍建设等紧密结合，推进"1"和"X"的有机衔接，提升职业教育质量和学生就业能力。通过试点，深化教师、教材、教法"三教"改革；促进校企合作；建好用好实训基地；探索建设职业教育国家"学分银行"，构建符合国情的国家资历框架。

（4）《教育部办公厅关于全面推进现代学徒制工作的通知》（教职成厅函〔2019〕12号）

为落实立德树人根本任务，深化产教融合、校企合作，健全德技并修、工学结合的育人机制、构建多方参与的质量评价机制，深入推进教师、教材、教法改革。总结现代学徒制试点的成功经验与典型案例，在国家重大战略和区域支柱产业等相关专业领域，全面推广政府引导、行业参与、社会支持、企业和职业学校双主体育人的中国特色现代学徒制。通知提出招生招工一体化、标准体系建设、双导师团队建设、"3+2"培养模式（三天在企业、两天在学校）等具体举措。

（5）《教育部关于职业院校专业人才培养方案制订与实施工作的指导意见》（教职成〔2019〕13号）

专业人才培养方案是职业院校落实党和国家关于技术技能人才培养总

体要求，组织开展教学活动、安排教学任务的规范性文件，是实施专业人才培养和开展质量评价的基本依据。为推进国家教学标准落地实施，提升职业教育质量，制定本意见。专业人才培养方案应当体现专业教学标准规定的各要素和人才培养的主要环节要求，包括专业名称及代码、入学要求、修业年限、职业面向、培养目标与培养规格、课程设置、学时安排、教学进程总体安排、实施保障、毕业要求等内容，并附教学进程安排表等。意见规定确定 6—8 门专业核心课程，三年制高职总学时数不低于 2500 学时，公共基础课程学时应当不少于总学时的 1/4，选修课教学时数占总学时的比例均应当不少于 10%。制定程序如下：规划与设计——调研与分析——起草与审定——发布与更新。人才培养方案要体现课程思政、现代学徒制、信息技术与教学有机融合等要求。意见坚持育人为本，构建全面发展人才培养体系，突出职业教育的类型特点，深化产教融合、校企合作和推进教师、教材、教法改革，规范人才培养全过程，培养复合型技术技能人才。

(6)《教育部办公厅等七部门关于教育支持社会服务产业发展提高紧缺人才培养培训质量的意见》（教职成厅〔2019〕3 号）

意见涵盖学科专业布局，培养规模，培养适应新业态、新模式需要的复合型创新人才，培养高层次管理和研发人才，支持从业人员学历提升、鼓励开展职业培训，健全教学标准体系，建设课程教材资源，开展 1+X 证书制度试点，推动校企深度合作，鼓励学生创新创业，打造"双师型"教师队伍，开展国际交流与合作 13 条建设内容。意见主要是针对家政服务、养老服务、中医药健康服务、托育托幼等领域进行专业制定。鼓励高职院校电子信息大类、装备制造大类等专业增设相关课程，加快培养家庭服务机器人、健康监测、家用智能监控等健康养老、家政服务领域智能设施设备的研发制造人才，促进人工智能技术、虚拟现实（VR）技术、智能硬件、新材料等在社会服务业深度应用；高职院校财经商贸大类专业中增设相关课程，不断满足养老金融创新急需人才。意见针对"互联网+家政""物业+养老服务""互联网+养老"等新业态，聚焦专业人才供给，全面提高人才培养质量，不断满足城乡社区居民多样化、个性化、中高端新需求，支撑服务产业发展，增强广大人民群众的获得感、幸福感和安全感。

(7)《教育部办公厅等十四部门关于印发〈职业院校全面开展职业培训促进就业创业行动计划〉的通知》（教职成厅〔2019〕5 号）

针对职业教育发展的薄弱环节，推动职业院校全面开展职业培训，提高劳动者素质和职业技能水平，提升职业教育服务发展、促进就业创业能力，制定行动计划。提出广泛开展企业职工技能培训、积极开展面向重点人群的就业创业培训、大力开展失业人员再就业培训、做好职业指导和就业服务、推进培训资源建设和模式改革、加强培训师资队伍建设、支持多方合作共建培训实训基地、完善职业院校开展培训的激励政策、健全参训人员的支持鼓励政策、建立培训评价与考核机制 10 条行动措施。提出"学历教育与培训并举是职业院校的法定职责"。该行动计划的目标是职业院校面向社会广泛开展职业培训，培训理念更加先进，培训层次更加完善，培训课程资源更加丰富，培训类型与形式更加多样；政府引导、行业参与、校企合作的多方协同培训机制基本建立，培训能力和服务就业创业能力显著增强；职业院校成为开展职业培训的重要阵地，学历教育与培训并举并重的职业教育办学格局基本形成。

(8)《教育部办公厅关于印发〈教育部产学合作协同育人项目管理办法〉的通知》（教高厅〔2020〕1 号）

为推进产学合作协同育人，为加强和规范产学合作协同育人项目管理，特制定本办法。办法共 9 章 35 条。产学合作协同育人项目主要包括新工科、新医科、新农科、新文科建设项目，教学内容和课程体系改革项目，师资培训项目，实践条件和实践基地建设项目，创新创业教育改革项目，创新创业联合基金项目 6 类。高校是项目运行管理的主体。企业提交产学合作协同育人项目指南需要满足独立法人、成立 2 年、注册实缴资金原则上在 500 万元以上、每批次提供的实际支持资金总额不少于 50 万元（不包含软硬件等投入）等条件。对四新建设项目、教学内容和课程体系改革项目、创新创业教育改革项目等实际支持资金不少于 5 万元/项，师资培训项目、创新创业联合基金项目等实际支持资金不少于 2 万元/项，实践条件和实践基地建设项目软硬件支持价值总额不少于 20 万元/项。企业每批次立项数量不应少于 2 项。产学合作协同育人项目旨在通过政府搭台、企业支持、高校对接、共建共享，深化产教融合，促进教育链、人才链与产业链、创新链有机衔接，以产业和技术发展的最新需求推动高校人才培养改革。

5.2 新时代全国高职教育办学成果

5.2.1 办学规模和专业结构

2013—2023 年，我国高职招生规模，例如，学校数、专业点数和招生人数具体情况如表 6-1 所示。

表 6-1　我国高职高专院校招生规模

年份	全国高校总数（所）	高职高专院校数量（所）	专业点数	招生人数（万人）	专业点平均招生规模（人）	学校平均招生规模（人）
2013	2491	1321	47619	318.40	67	2410
2014	2529	1327	49179	338.00	69	2547
2015	2560	1341	47077	348.40	74	2598
2016	2596	1359	50810	343.20	68	2525
2017	2631	1388	52901	350.70	66	2527
2018	2663	1418	54840	368.83	67	2601
2019	2688	1423	57788	483.61	84	3399
2020	2738	1468	59536	524.33	88	3572
2021	2756	1486	62024	552.58	89	3719
2022	2759	1489	64038	538.97	84	3620
2023	2820	1547	64861	564.06	87	3646

由表 6-1 可知，从 2013 年到 2023 年，我国高职高专招生学校规模增长了 17.1%，招生专业点规模增长了 36.2%，招生人数增长了 77.2%，专业点平均招生规模增长了 29.9%，学校平均招生规模增长了 3.8%，名副其实建成了世界上规模最大的职业教育体系。

2024 年全国高职高专院校共设置 740 个专业，开设 65701 个专业点，专业设置点数超过 500 的共有 30 所院校，设置点数排名前 30 的专业大类所设置专业点数占专业点总数的 38.7%，其中电子类和制造类各有 7 个专业，商贸类有 5 个专业。2024 年全国高职高专院校部分专业点数变化具体如表 6-2 所示。

表 6-2　2024 年全国高职高专院校部分专业点数变化

专业名称	专业点数	数量占比（%）	专业代码	所属大类
大数据与会计	1665	2.5	530302	商贸
电子商务	1575	2.4	530701	商贸

专业名称	专业点数	数量占比（%）	专业代码	所属大类
机电一体化技术	1235	1.9	460301	制造
计算机应用技术	1229	1.9	510201	电子
旅游管理	1025	1.6	540101	旅游
计算机网络技术	971	1.5	510202	电子
大数据技术	964	1.5	510205	电子
学前教育	947	1.4	570102K	教育
现代物流管理	946	1.4	530802	商贸
建筑工程技术	881	1.3	440301	土木建筑
市场营销	862	1.3	530605	商贸
软件技术	844	1.3	510203	电子
酒店管理与数字化运营	838	1.3	540106	旅游
工程造价	834	1.3	440501	土木建筑
工业机器人技术	812	1.2	460305	制造
电气自动化技术	796	1.2	460306	制造
护理	791	1.2	520201	医药卫生
新能源汽车技术	782	1.2	460702	制造
物联网应用技术	739	1.1	510102	电子
婴幼儿托育服务与管理	714	1.1	520802	医药卫生
数字媒体技术	692	1.1	510204	电子
汽车检测与维修技术	692	1.1	500211	交通运输
汽车制造与试验技术	635	1.0	460701	制造
人工智能技术应用	624	0.9	510209	电子
数控技术	619	0.9	460103	制造
空中乘务	575	0.9	500405	交通运输
大数据与财务管理	563	0.9	530301	商贸
环境艺术设计	533	0.8	550106	文化艺术
机械制造及自动化	522	0.8	460104	制造
数字媒体艺术设计	501	0.8	550103	文化艺术

截至 2023 年，全国可以招生的高职高专院校数量为 1547 所，而开设该点的学校数量却为 1665 所。经统计，全国共有 1209 所高校（含部分普通本科）开设了大数据与会计专业，其中 53 所高职院校开设了 3 个不同学制的大数据与会计高职专业，351 所高专院校开设了 2 个不同学制的大数据与会计专业。全国共有 1120 所高职高专院校开设了电子商务专业，其中 47 所开设了 3 个不同学制的电子商务专业，362 所开设了 2 个不同学制的电子商务专业。全国共有 853 所高职高专院校开设了机电一体化专业，其中 55 所开设了 3 个不同学制的机电一体化专业，272 所开设了 2 个不同学制的机电一体化专业。在所有专业点数中，每个专业门类所开设专业点数具体如表 6-3 所示。

表 6-3　2024 年全国高校——高职高专各专业大类专业点开设数量变化

专业门类	专业点数	占比（%）
51 电子与信息大类	9597	14.61
53 财经商贸大类	9212	14.02
46 装备制造大类	8804	13.40
52 医药卫生大类	5445	8.29
55 文化艺术大类	5117	7.79
50 交通运输大类	4852	7.38
57 教育与体育大类	4803	7.31
44 土木建筑大类	4614	7.02
54 旅游大类	3027	4.61
41 农林牧渔大类	1720	2.62
49 食品药品与粮食大类	1631	2.48
42 资源环境与安全大类	1543	2.35
59 公共管理与服务大类	1356	2.06
56 新闻传播大类	1138	1.73
43 能源动力与材料大类	955	1.45
47 生物与化工大类	767	1.17
58 公安与司法大类	457	0.70
48 轻工纺织大类	440	0.67
45 水利大类	223	0.34
合计	65701	100

如表6-3所示，开设点数排名前4的专业占整个专业点数的50%以上，这与我国经济产业结构发展基本一致。

5.2.2 专业结构变化

表6-4到表6-7是2021—2024年开设点数排名前4的电子与信息、财经商贸、装备制造和医药卫生四个专业大类排名前10的专业构成的变化情况。

表6-4 2021—2024年电子与信息大类专业点数变化

专业名称	专业点数	占比（%）	年份
计算机应用技术	1229	12.81	2024
计算机网络技术	971	10.12	2024
大数据技术	964	10.04	2024
软件技术	844	8.79	2024
物联网应用技术	739	7.70	2024
数字媒体技术	692	7.21	2024
人工智能应用技术	624	6.50	2024
信息安全技术应用	443	4.62	2024
电子信息工程技术	427	4.45	2024
动漫制作技术	425	4.43	2024
计算机应用技术	1216	13.17	2023
计算机网络技术	963	10.43	2023
大数据技术	924	10.01	2023
软件技术	842	9.12	2023
物联网应用技术	694	7.52	2023
数字媒体技术	645	6.99	2023
人工智能应用技术	513	5.56	2023
动漫制作技术	427	4.63	2023
电子信息工程技术	422	4.57	2023
信息安全技术应用	379	4.11	2023
计算机应用技术	1205	13.32	2022
计算机网络技术	945	10.44	2022
大数据技术	886	9.79	2022
软件技术	827	9.14	2022

续表

专业名称	专业点数	占比（%）	年份
物联网应用技术	688	7.60	2022
数字媒体技术	609	6.73	2022
人工智能应用技术	458	5.06	2022
动漫制作技术	436	4.82	2022
电子信息工程技术	421	4.65	2022
应用电子技术	382	4.22	2022
计算机应用技术	1169	13.48	2021
计算机网络技术	921	10.62	2021
大数据技术	830	9.57	2021
软件技术	796	9.18	2021
物联网应用技术	665	7.67	2021
数字媒体技术	569	6.56	2021
动漫制作技术	427	4.92	2021
电子信息工程技术	415	4.79	2021
应用电子技术	406	4.68	2021
人工智能应用技术	387	4.46	2021

表6-4表明，2021—2024年，电子信息大类开设点数排前10的专业点总数处于增加状况，分别为6585、6857、7025和7358；开设点数排名前10的专业构成变化不大，应用电子技术专业在2021年和2022年排进前10名，2023年和2024年则未能排进。信息安全技术应用专业开设点数则在2023年和2024年排进前10名；开设点数变化比较大的是人工智能应用技术，近4年开设点数分别为387、458、513和624；数字媒体技术，近4年开设点分别为569、609、645和692；大数据技术，近4年开设点数分别为830、886、924和964。4年内，开设点数增加值超过100的专业有：大数据技术，由2021年的830增加到2024年的964；数字媒体技术，由2021年的569增加到2024年的692；人工智能技术应用，由2021年的387增加到2024年的624；信息安全技术应用，由2021年的301增加到2024年的443。没有出现开设点数明显锐减的专业。这与我国近几年人工智能、大数据、自媒体和直播带货产业发展密切相关。

表 6-5　2021—2024 年财经商贸大类专业点数变化

专业名称	专业点数	占比（%）	年份
大数据与会计	1665	18.07	2024
电子商务	1575	17.10	2024
现代物流管理	946	10.27	2024
市场营销	862	9.36	2024
大数据与财务管理	563	6.11	2024
跨境电子商务	425	4.61	2024
网络营销与直播电商	380	4.13	2024
工商企业管理	341	3.70	2024
金融服务与管理	330	3.58	2024
国际经济与贸易	270	2.93	2024
大数据与会计	1665	17.92	2023
电子商务	1561	16.80	2023
现代物流管理	959	10.32	2023
市场营销	910	9.79	2023
大数据与财务管理	556	5.98	2023
跨境电子商务	395	4.25	2023
工商企业管理	358	3.85	2023
金融服务与管理	345	3.71	2023
网络营销与直播电商	300	3.23	2023
国际经济与贸易	284	3.06	2023
大数据与会计	1662	17.77	2022
电子商务	1546	16.53	2022
现代物流管理	982	10.50	2022
市场营销	961	10.27	2022
大数据与财务管理	559	5.98	2022
工商企业管理	382	4.08	2022
跨境电子商务	372	3.98	2022
金融服务与管理	357	3.82	2022

专业名称	专业点数	占比（%）	年份
国际经济与贸易	311	3.33	2022
网络营销与直播电商	221	2.36	2022
大数据与会计	1627	17.74	2021
电子商务	1484	16.18	2021
现代物流管理	987	10.76	2021
市场营销	978	10.66	2021
大数据与财务管理	550	6.00	2021
工商企业管理	385	4.20	2021
金融服务与管理	349	3.81	2021
国际经济与贸易	333	3.63	2021
跨境电子商务	322	3.51	2021
金融科技应用	213	2.32	2021

表6-5表明，2021—2024年，财经商贸大类开设点排名前10的专业点总数几乎没发生变化，分别为7228、7353、7333和7357；开设点数排名前10的专业构成变化不大，连续4年开设点数排前5名的几乎没变；4年内，开设点数排名前6到前10的专业，除金融科技应用外，其他专业都没变化。现代物流管理专业开设点数连续4年呈下降趋势，数量分别为987、982、959和946。市场营销专业开设点数同样连续4年呈下降趋势，数量分别为978、961、910和862。国际经济与贸易也呈现同样趋势，数量分别为333、311、284和270。跨境电子商务专业开设点数连续4年呈上升趋势，数量分别为322、372、395和425。网络营销与直播电商专业开设点数显著增加，由2022年的221增加到2024年的380。这与近几年我国物流智慧化、直播电商发展、跨境电商发展直接相关。

表6-6 2021—2024年装备制造大类专业点数变化

专业名称	专业点数	占比（%）	年份
机电一体化技术	1235	14.03	2024
工业机器人技术	812	9.22	2024

专业名称	专业点数	占比（%）	年份
电气自动化技术	796	9.04	2024
新能源汽车技术	782	8.88	2024
汽车制造与试验技术	635	7.21	2024
数控技术	619	7.03	2024
机械制造及自动化	522	5.93	2024
无人机应用技术	440	5.00	2024
智能控制技术	364	4.13	2024
智能网联汽车技术	279	3.17	2024
机电一体化技术	1208	14.10	2023
工业机器人技术	805	9.40	2023
电气自动化技术	774	9.04	2023
新能源汽车技术	716	8.36	2023
汽车制造与试验技术	690	8.06	2023
数控技术	640	7.47	2023
机械制造及自动化	512	5.98	2023
无人机应用技术	417	4.87	2023
智能控制技术	347	4.05	2023
模具设计与制造	279	3.26	2023
机电一体化技术	1189	14.27	2022
工业机器人技术	771	9.25	2022
电气自动化技术	769	9.23	2022
汽车制造与试验技术	743	8.91	2022
数控技术	666	7.99	2022
新能源汽车技术	632	7.58	2022
机械制造及自动化	506	6.07	2022
无人机应用技术	401	4.81	2022
智能控制技术	336	4.03	2022
模具设计与制造	302	3.62	2022

续表

专业名称	专业点数	占比（%）	年份
机电一体化技术	1144	14.28	2021
汽车制造与试验技术	786	9.81	2021
电气自动化技术	763	9.52	2021
工业机器人技术	756	9.44	2021
数控技术	665	8.30	2021
新能源汽车技术	588	7.34	2021
机械制造及自动化	495	6.18	2021
无人机应用技术	374	4.67	2021
模具设计与制造	335	4.18	2021
智能控制技术	305	3.81	2021

表 6-6 表明，2021—2024 年，装备制造大类开设点排名前 10 的专业点总数呈缓慢增加趋势，分别为 6211、6315、6388 和 6484；开设点数排名前 10 的专业构成变化不大，除 2024 年模具设计与制造专业开设点数退出前 10 名，被智能网联车技术专业取代以外，其他专业开设点数一直排名前十。4 年内专业开设点数增幅在 100 以上的专业有：新能源汽车技术，由 2021 年的 588 增加到 2024 年的 782；智能网联汽车技术，由 2021 年的 51 增加到 2024 年的 279；开设点数排名前 10 的其他专业，4 年内开设点数增幅均小于 100。4 年内，开设点数排名前 10 的专业中，点数减幅超过 100 的有，汽车制造与试验技术，由 2021 年的 786 减少到 2024 年的 635，其他专业开设规模相对平稳。这与我国大力发展智能制造、新能源汽车和无人驾驶技术的政策相关。

表 6-7　2021—2024 年医药卫生大类专业点数变化

专业名称	专业点数	占比（%）	年份
护理	791	14.53	2024
婴幼儿托育服务与管理	714	13.11	2024
康复治疗技术	444	8.15	2024
药学	375	6.89	2024

专业名称	专业点数	占比（%）	年份
助产	305	5.60	2024
医学检验技术	276	5.07	2024
中药学	262	4.81	2024
口腔医学技术	211	3.88	2024
健康管理	202	3.71	2024
医学影像技术	194	3.56	2024
护理	782	14.77	2023
婴幼儿托育服务与管理	661	12.48	2023
康复治疗技术	419	7.91	2023
药学	366	6.91	2023
助产	333	6.29	2023
医学检验技术	280	5.29	2023
中药学	245	4.63	2023
口腔医学技术	200	3.78	2023
健康管理	197	3.72	2023
医学影像技术	194	3.66	2023
护理	757	15.26	2022
婴幼儿托育服务与管理	566	11.41	2022
康复治疗技术	386	7.78	2022
药学	353	7.11	2022
助产	325	6.55	2022
医学检验技术	258	5.20	2022
中药学	228	4.59	2022
健康管理	196	3.95	2022
医学影像技术	188	3.79	2022
口腔医学技术	175	3.53	2022
护理	722	15.46	2021
婴幼儿托育服务与管理	511	10.94	2021

续表

专业名称	专业点数	占比（%）	年份
康复治疗技术	362	7.75	2021
药学	339	7.26	2021
助产	323	6.92	2021
医学检验技术	249	5.33	2021
中药学	207	4.43	2021
医学影像技术	188	4.02	2021
健康管理	185	3.96	2021
口腔医学技术	159	3.40	2021

　　表6-7表明，2021—2024年，医药卫生专业大类开设点排名前10的专业点总数呈明显增加趋势，分别为3245、3432、3677和3774；开设点数排名前10的专业构成几乎没有变化，除2022年健康管理专业开设点数和医学影像技术专业开设点数排名互换外。4年内专业开设点数增加值超过100的仅有婴幼儿托育服务与管理专业，由2021年的511增加到2024年的714。其他专业开设点数处于平稳增长状态。

第7章 高等职业教育高质量发展的方法论整体框架

1 方法论建构的影响因素

1.1 对高等职业教育的认知

1.1.1 职业人的智能行为产生过程

职业人指参与社会分工，凭借自身的专业知识、技能、体能以及智慧，为社会创造物质与精神财富，进而获得合理报酬并最大程度实现自我价值的一类人群。职业人的典型特征就是"一体三品"，即集体能个体、智能个体和实践主体于一体。人性假设是判断职业人职场行为的基本逻辑。例如，基于"经济人"的职业人假设通常会将对职业人的激励建立在"物本主义"基础上，造成以物为中心，以技术为中心，人是机器的附属物，人愈来愈非人化，愈来愈成为"非本质"的人，"人即工具"。[①] 基于"自我实现人"的职业人假设则会更多将对职业人的激励建立在精神激励和人生价值的追求上。根据钟义信教授（2023）的研究成果，作为"一体三品"的职业人，他们的职场决策过程大致如图7-1所示。[②]

图7-1表明职业人的职场履职行为首先离不开的就是自身的智能，人作为一种社会化动物，其成长过程就是社会化的过程，这个过程也是人自身综合知识库建立的过程。离开综合知识库，人在任务面前更多依靠本能决策，而自身知识库建立起后，人在任务面前则更多依靠智能决策，这也就是我们平常说的"知识即智慧"。教育的本质在于培养人才，培养人才的本质在于养成健全的人格，健全人格的本质在于智体双全，培养智体双

---

① 夏卫星，谢建斌，张长元. 论现代职业人 [J]. 中国职业技术教育，2009 (33)：10-12.
② 钟义信. 统一智能理论 [M]. 北京：科学出版社，2023.

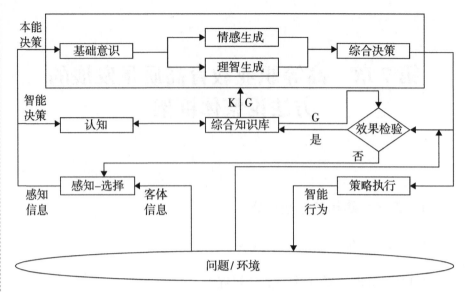

图 7-1　职业人职场决策过程

注：K＝knowledge　G＝Goal

全的人是教育工作者的共同追求。不同的人才具有不同的知识库，这是他们决策的"智慧"。教育是建立知识库的必要而非充分条件，知识库类型是不同教育类型的本质区别。这对高等职业教育方法论建构的启示就是我们要基于职业科学认知来构建能体现自身特质的知识体系。

1.1.2　职业人的发展、经济社会发展和职业教育发展的关系

图 7-1 表明职业人的职场决策和职场行为具有物质性、情境性、社会性和主观价值性等特性，其中物质性是第一性，其决策情境不管是物质的、意识的还是社会约定俗成的，都是客观存在的，因此客观性是第二性，客观性是事物的呈现形态。作为社会主体的人，在遇到具体问题时，会充分发挥"一体三品"特性，并以此推动社会发展，同时获得自身的发展。因此，职业人发展、经济社会发展和职业教育发展之间是一种互构的关系，三者共同统一于实践，具体如图 7-2 所示。

职业人是职业教育形塑的职业人，职业教育是人构建出来的社会存在。二者的关系可以表述为"特定阶段职业人发展的'技体智'授受需求"。作为一种客观实在，职业教育影响和制约职业人的发展；作为一种社会建构，职业人可以创造和变革职业教育需求。职业教育的任务就是在

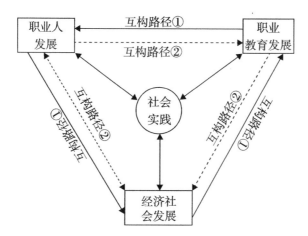

图7-2 职业人发展、经济社会发展、职业教育发展之间的关系

这种互构关系中通过职业教育这种手段让人朝着全面发展的方向发展，服务经济社会发展就是其具体表现。

在理想状态下，这三者的关系应该构成一个等边三角形，如果出现不匹配情况，政府、市场或社会会采取修复措施，以不断接近理想状态。例如，如果职业教育办学过多偏重职业人的发展，就会出现所培养人才不能适应社会需求的情况；如果职业教育办学过多侧重服务经济社会发展，就可能出现"物本"或工具化的现象。

关于环境和教育具有改变作用的唯物主义学说忽略了环境是由人来加以改变的，并且教育者自身必定也是接受教育的对象。鉴于此，这种学说必然会将社会划分成两个部分，其中一部分处于凌驾于社会之上的地位。

环境的改变与人的活动或者自我改变的一致性，只能被视作革命的实践，并且合理地理解为革命的实践。所以，实践是我们认识和开展职业教育的基本立场、逻辑以及思维方式。职业教育的发展逻辑可以大致描述为：职业人发展、经济社会发展与职业教育相互间的关系是职业教育的基本问题、元问题和首要问题。不弄清楚这个问题，我们就找不到职业教育发展的方向、着力点和落脚点。图7-3展现了高职教育发展的宏观逻辑。

职业教育发展的宏观逻辑大致可以表述为"生产力发展—新的生产关系—社会分工—职业—不同'技体智'需求—职业教育—职业人—企业生产力—新的社会生产力"，其本质是一种与生产力发展相适应的职业人培养活动。根据该逻辑，人类对职业教育的认知是一个不断深化的过程，生

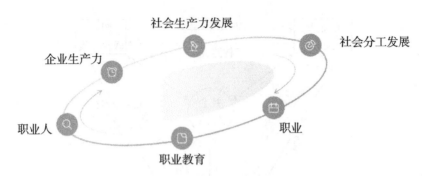

社会生产力发展

社会分工发展

企业生产力

职业人

职业

职业教育

图7-3　高职教育发展的宏观逻辑

产力发展是其根本动力，职业的"技体智"需求形态是职业人培养模式的逻辑起点。职业教育和社会的关系是人和生产力关系的具体体现。生产力乃是社会发展的根本推动力，生产资料、劳动者以及劳动对象为其构成要素，而人在生产力当中是最为活跃的因素。生产力的实质是人类整体生产能力，主要指人类在生产活动中所使用的各种资源和工具，以及将这些资源和工具转化为有用产品或服务的能力。劳动力是生产力的基础，它代表了人类在生产过程中所提供的努力和智慧。技术则是提高生产力的关键因素，通过创新和改进，技术能够帮助人们更有效地利用资源和提高生产效率。根据人类发展史，人类发展过程中首先利用技术扩充体质能力（主要提升肉体的硬度）、体力能力（变革能源动力方式）和智力能力。根据工作岗位的技术依赖程度，我们大致可以将工作岗位分为低技术岗位、中技术岗位和高技术岗位，随着人工智能的发展，社会岗位越来越呈现出两头大、中间小的"哑铃"状。

1.2　高等职业教育所处发展阶段

事物的不同发展阶段都有其独有的特征和规律，这对方法论构建影响重大。不同发展阶段，事物的发展任务和重点不同，这同时决定了其所面临的主要问题和挑战也不同。任务决定问题，问题决定方法，所以方法会随任务的变化而变化。事物的发展阶段也影响了其方法论的可行性和适用性。马克思指出"所以人类始终只提出自己能够解决的任务，因为只要仔细考察就可以发现，任务本身，只有在解决它的物质条件已经存在或者至少是在形成过程中的时候，才会产生"[①]。在某些阶段，某些方法论可能更

---

① 马克思，恩格斯. 马克思恩格斯全集：第13卷 [M]. 北京：人民出版社，1972：9.

加适用，而在其他阶段则可能不再适用。这是因为不同的发展阶段对事物的性质、特点和需求有不同的要求，而方法论则需要根据这些要求进行选择和调整。在不同的阶段，事物的发展环境和条件会有所不同，这为方法论的创新和发展提供了可能性和空间。

我国职业教育先经历封建经济时代的传统学徒制，资本主义萌芽阶段的实业学堂，新民主主义革命时期的教育与生产劳动相结合，新中国成立初期的技工教育、职业高中教育和中等专业教育并存的中初等职业教育阶段。1980年成立的职工大学标志着我国高等职业教育正式起步，1997年邢台职业技术学院正式挂牌标志着我国高等职业教育开启大发展时代，1999年国家提出"三改一补"政策，将高等专科学校列入高等职业教育范畴，这为我国高等职业教育规模实现短期内扩充奠定了基础。2006年首批示范校建设标志着我国高等职业教育开始由规模扩张转入内涵发展。后又经历从第二批示范校、骨干校、优质校，到2019年的高职教育"双高"建设，这标志着我国高等职业教育进入高质量发展阶段。2022年新版《职业教育法》正式确定职业教育的类型地位，同年11月中共中央办公厅、国务院办公厅印发了《关于深化现代职业教育体系建设改革的意见》，2024年初启动第一批"双高"计划建设绩效评估。虽然学校形态的职业教育在我国是舶来品，但100多年来，我国教育界和实业界一直在努力探索适合中国国情的职业教育发展路径和模式。高等职业教育就是从实践中探索出来的符合我国国情的教育类型。高等职业教育经过近30年的大规模发展，已经具有较为完善的顶层设计、关键办学能力显著提升、社会认可度有所提升、办学理念逐步明晰，并已构建出较为完整的职业教育体系，目前已进入高质量发展阶段。

1.3 高等职业教育发展所面临的问题

以文献名含"高职"或"职业教育"对CNKI数据库收录的发表在中文核心或CSSCI期刊上的文献主题进行统计，如图7-4所示。

根据图7-4的数据，不管是篇名含"高职"还是篇名含"职业教育"的研究文献，以研究主题为统计变量，两类文献中排名前40的大致情况如下：

篇名含"高职"的文献共有34466篇，数据显示排名前40的研究主题大致可以分为：高职教育的宏观发展、校企合作、人才培养、专业设置与发展和学生发展等。篇名含"职业教育"的文献共有19201篇，数据显

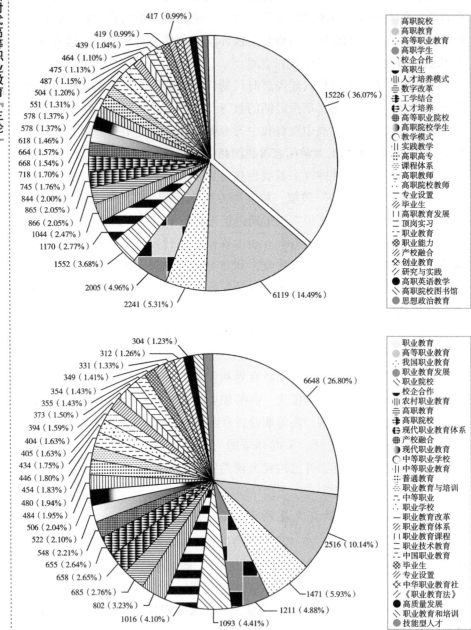

417（0.99%）
419（0.99%）
439（1.04%）
464（1.10%）
475（1.13%）
487（1.15%）
504（1.20%）
551（1.31%）
578（1.37%）
578（1.37%）
618（1.46%）
664（1.57%）
668（1.54%）
718（1.70%）
745（1.76%）
844（2.00%）
865（2.05%）
866（2.05%）
1044（2.47%）
1170（2.77%）
1552（3.68%）
2005（4.96%）
2241（5.31%）
15226（36.07%）
6119（14.49%）

高职院校
高职教育
高等职业教育
高职学生
校企合作
高职生
人才培养模式
数字改革
工学结合
人才培养
高等职业院校
高职院校学生
教学模式
实践教学
高职高专
课程体系
高职教师
高职院校教师
专业设置
毕业生
高职教育发展
顶岗实习
职业教育
职业能力
产校融合
创业教育
研究与实践
高职英语教学
高职院校图书馆
思想政治教育

304（1.23%）
312（1.26%）
331（1.33%）
349（1.41%）
354（1.43%）
355（1.43%）
373（1.50%）
394（1.59%）
404（1.63%）
405（1.63%）
434（1.75%）
446（1.80%）
454（1.83%）
480（1.94%）
484（1.95%）
506（2.04%）
522（2.10%）
548（2.21%）
655（2.64%）
658（2.65%）
685（2.76%）
802（3.23%）
1016（4.10%）
1093（4.41%）
6648（26.80%）
2516（10.14%）
1471（5.93%）
1211（4.88%）

职业教育
高等职业教育
我国职业教育
职业教育发展
职业院校
校企合作
农村职业教育
高职教育
高职院校
现代职业教育体系
产校融合
现代职业教育
中等职业学校
中等职业教育
普通教育
职业教育与培训
中等职业
职业学校
职业教育改革
职业教育体系
职业教育课程
职业技术教育
中国职业教育
毕业生
专业设置
中华职业教育社
《职业教育法》
高质量发展
职业教育和培训
技能型人才

图7-4 CNKI 数据库中文核心或 CSSCI 期刊包含"高职"或
"职业教育"的文献主题统计

示排名前 40 的研究主题大致可以分为：职业教育的宏观发展、校企合作与产教融合、人才培育与教学改革、职业院校发展、职业教育体系建设、专业设置和职业教育思想等。从数据来看，两类文献的研究主题没有明显差别。这些研究主题可以概况为以提升高等职业教育适应性和吸引力为目标的理论、政策和手段研究，产教融合、"三教"改革、师资队伍建设、内部治理、学生管理和专业设置等，这些都是影响因素，也可以称为自变量。所以，高等职业教育发展面临的问题可以概括为：以提升办学适应性和吸引力为目标的路径和手段探寻。

2　方法论构建原则

2.1　坚持唯物史观

唯物史观是马克思的两大重要发现之一，是马克思主义哲学的根基。它强调物质是社会的本原，社会发展有其客观规律，但客观规律不是一成不变的。唯物史观强调物质是社会的本原。这意味着社会的一切现象，包括文化、政治、经济等，都是建立在物质生产活动的基础之上的。物质生产不仅创造了人们生存所需的物质财富，也塑造了人们的思想观念、社会关系和制度结构。因此，物质生产的发展水平，直接决定了社会的性质和面貌。唯物史观认为社会发展有其客观规律。这些规律不是人的意志所能随意改变的，而是由社会历史条件所决定的。例如，生产力和生产关系之间的矛盾运动，是推动社会发展的根本动力。当生产力发展到一定阶段，原有的生产关系就会成为束缚其进一步发展的桎梏，这时就需要通过社会变革来解放生产力，推动社会的进步。随着社会历史的不断发展，新的社会现象和问题不断涌现，这要求我们对社会规律的认识也要不断深化和更新。同时，人类的主观能动性也可以在一定程度上影响社会规律的实现方式和进程。因此，我们在遵循客观规律的同时，也要充分发挥人的主观能动性，积极推动社会的健康发展。

教育是上层建筑的一种，必须建立在一定的物质生产活动水平之上，受社会历史条件约束，必须与之相适应。这点对职业教育尤为重要。作为与经济社会发展联系最为紧密的教育类型，我们不可能抛开客观条件与需求来办职业教育。关于职业教育的发展路径与模式，我们只能在实践中探寻，不存在固定的路径与模式等待我们去发现。

2.2 坚持守正创新

构建职业教育高质量发展方法论，我们必须坚持守正创新。守正，意味着我们要坚守职业教育的本质属性和核心价值，确保其正确的政治方向和育人本质。职业教育的外部规律决定了我们必须不断探索适应特定历史条件和物质生产活动水平的职业教育路径和模式。守正是职业教育高质量发展的基石。我们要坚守职业教育的政治性、战略性、民生性、职业性和实践性，确保教育内容与社会发展、个人发展和职业需求紧密对接，教学方法与实践操作相结合。创新是职业教育高质量发展的动力源泉。在守正的基础上，我们要不断探索职业教育的创新路径。这包括创新发展路径、办学模式，优化课程体系，引入行业前沿知识和技术，提升职业教育的专业性和前瞻性；加强职业教育师资队伍建设，培养一支既懂教育又懂产业的师资队伍；深化产教融合，推动学校与企业、行业的紧密合作，实现资源共享、优势互补。

构建职业教育高质量发展的方法论需要我们坚持守正创新，既要坚守职业教育的本质属性和核心价值，又要不断探索适应新时代发展要求的职业教育模式和方法。只有这样，我们才能推动职业教育实现高质量发展，为经济社会发展和个人成长成才做出更大贡献。

2.3 坚持系统观念

前述研究表明职业教育发展是一个复杂的系统工程，必须跳出教育来改革和发展教育，这就要求我们在整个发展过程中坚持系统观念。坚持系统观念，首先要求我们站在国家战略需要、区域发展需求和个人发展诉求等外部因素来思考教育定位，将学校发展融入国家和区域发展大格局。一旦定位基本确定后，要以此为统领来构建学校内部治理体系。职业院校因其面向行业而得其办学特色，行业性和区域性是其办学特色的根源。行业性特色以职业学科为基础，区域性特色以产教融合为载体，二者有效融合则生成整个学校办学治校的特色，这就是职业院校办学特色的"一体两翼"。这统领职业院校的学科专业建设、课程设置、师资队伍建设、科研活动、培养模式、教学评价和内部管理等各项工作。行业文化、区域特色应该渗透到办学治校各个环节，构成一个通达度高的内部网络，并与外部保持有效的物质、能量和信息交换，形成一个内外通畅的系统。

2.4 坚持问题导向

职业教育的内外部规律要求我们在推动其高质量发展过程中必须坚持

问题导向。根据职业教育的复杂系统属性，职业教育发展面临的问题可以分为外部问题和内部问题。外部问题的主要表现就是适应性不强和吸引力不足，但这只是现象而非问题。职业教育适应性不强和吸引力不足看似主要来自教育供给侧的院校端，如专业学科调整不及时、课程内容对接岗位标准和行业技术不足、教师对企业了解不够、教学方法与内容契合不强等，这些确实是造成职业教育适应性不强和吸引力不足的内部原因。但究其本质，还涉及民众的教育观问题，目前我国民众的教育观并非以实用和适合为主导，而是以追求高学历为目标。原因很简单，"高学历"的公认度高、便携性强、排他性强，造成这种现象的原因是整个社会的人才录用、成长、发展和流动机制，具体来说就是技能型社会尚未真正建立。从这个层面来讲，这是个外部问题。在构建职业教育高质量发展的方法论时，要以社会工程思维，突破现象看本质，从造成制度问题的问题来解决问题。这样可能需要长期坚持，但这是正确的改革方向。

2.5 坚持国际视野

职业教育国际化包括请进来和走出去两部分。"请进来"是适应产业全球化需要，根据全球产业新技术、新规范和新产品培养具有国际化视野的技术技能人才，帮助学生更好地适应国际环境，提升他们的综合素质和竞争力。此外，学校形态的职业教育在我国毕竟属于舶来品，通过借鉴国际上的成功案例和先进理念，我们可以更好地优化职业教育的结构、内容和方式，提升职业教育的质量和效益。"走出去"又称"职教出海"是落实"教随产出、产教同行"职业教育办学理念的具体举措。随着我国企业国际化能力和技术创新能力提升，到海外投资建厂的企业越来越多，他们投资地多为发展中国家，技术技能人才相对匮乏，这将严重影响到企业生产效益。通过"职教出海"，高职院校和在海外投资的中国企业一起利用"企—校—校"或"企—校"等合作模式来实施"中文+技能"培训，这不仅能帮助海外华资企业人才本土化，还有助于传播中华文化和价值观，可以向国际社会展示我国职业教育的成果和特色，增进国际社会对我国的了解和认同。这有助于提升我国的国际形象和软实力，最终实现"知华""友华"和"爱华"。最后，产教融合不深不实被认为是我国职业教育发展的最大难题。通过"出海"学校和海外华资企业建立的信任可以反哺和深化国内的校企合作、产教融合，因此"出海"是深化产教融合的有效途径。

3 方法论整体概述

方法论是指一系列有关方法的理论与学说，是方法的哲学；或者说是与一定哲学观点和学科理论相联系的，主要探讨研究的基本假设、逻辑、原则、规则、程序等问题，是指导研究的一般思想方法或哲学。前面我们已经探讨了方法论的影响因素和构建原则，关于职业教育的基本问题、本质、成为类型教育的学理基础、社会互构论下的职业教育、国内外职业教育探索与实践等研究都是关于职业教育基本原理的研究，只有将方法建立在对原理的科学认知基础上，方法才不会跑偏。因此，接下来本研究按照"原理—方法"的思路特提出我国高等职业教育高质量发展整体方法论，如图 7-5 所示。

毛泽东 1934 年在《关心群众生活，注意工作方法》中指出："我们的任务是过河，但是没有桥或者没有船就不能过，不解决桥或船的问题，过河就是一句空话。"用河、桥、船的关系生动地说明了工作方法的重要性。面对高等职业教育高质量发展这一问题，我们这个阶段的任务就是要提升高等职业教育办学的适应性和吸引力，这是"河"，这决定了我们的过河的方式方法。因此，我们先要对"河"进行深入分析，方能确保方法科学可行。

3.1 原理一：以提升职业教育办学适应性和吸引力为目标

高等职业教育高质量发展在不同阶级具有不同特征，因此具体任务也不同。从 1980 年正式起步至今，我国高等职业教育经历了起步、规模扩张、基础条件建设、内涵扩张，目前已进入高质量发展阶段。这个阶段发展问题的主要表征就是办学适应性和吸引力不足。有很多学者对此提出了不同建议和方法，例如加强市场调研、政策宣传和深化产教融合等，但这些更多是解决"点"上问题的方法，我们应该探寻解决问题的根本方法。办学适应性和吸引力不足是现象而非问题，要解决这问题需要深入分析适应性和吸引力的形成机制和面向主体。其实图 7-5 所示的职业教育基本问题中已将该问题阐释清楚，适应性指职业教育与经济社会发展需求和人的发展诉求是否相适应，吸引力指职业教育对用人单位和学生等利益相关者的吸引力。职业教育适应性和吸引力是职业人发展、经济社会发展和职业教育三者在实践中所形成关系的具体体现，要解决适应性不足和吸引力不强的问题就需回到关系的形成机制，如职业教育服务经济社会发展和个人

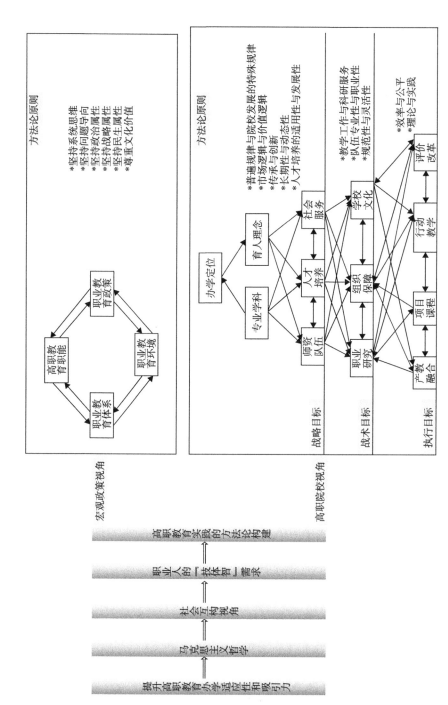

图7-5 我国高等职业教育高质量发展整体方法论

发展的能力，这种能力的主要表现就是创造价值的能力。但价值创造能力需要在一定的社会环境中才能充分发挥，否则价值即使被创造也难以被认可或实现，这种社会环境就是技术技能型人才的录用、成长和流动通道，以及社会对技术技能型人才的认同文化。如图7-5所示，职业人发展、经济社会发展和职业教育发展之间应该是一种双向互构、螺旋上升的关系。这就要求我们从供给侧、需求侧和生态侧协同推进职业教育改革与发展。在供给侧，我们需要关注职业教育的质量和效率。在需求侧，我们需要关注用人单位对人才的需求以及学生的职业发展规划。在生态侧，我们需要构建良好的职业教育发展环境。

3.2 原理二：以马克思主义哲学为根本指导

马克思主义哲学作为我们立党立国的根本指导思想，不仅为当代中国哲学社会科学的发展提供了根本遵循，同样也为职业教育改革与发展提供了重要的方法论指导。如图7-5所示，职业人发展、经济社会发展和职业教育发展三者互构视角下的职业教育改革与发展是一个辩证的实践过程。这与马克思主义哲学所强调实践和认识的辩证关系一致。实践乃是认识的源头与根基，与此同时，它还是认识不断发展的推动力以及检验认识是否具有真理性的唯一准则。在职业教育改革与发展中，我们需要紧密结合社会实践，根据经济发展需求和人的发展诉求，不断调整和优化专业设置和课程结构，确保职业教育的人才培养目标和教学方法与社会发展同步，同时又要培养能推动产业发展的职业人，充分发挥人的主观能动性。同时，在职业教育改革与发展中，我们需要正视并处理各种矛盾，如教育资源分配不均、教育质量问题等。依据马克思主义矛盾论，需要对这些矛盾的本质与根源展开深入剖析。牢牢把握主要矛盾，探寻解决问题的根本路径，以此推动职业教育迈向更高层次的发展。此外，马克思主义哲学还强调人的全面发展，认为人的本质是一切社会关系的总和，人的发展是一个不断超越自我的过程。在职业教育改革与发展中，我们需要关注学生的全面发展，不仅要注重培养学生的专业技能，还要注重培养学生的综合素质和创新能力，帮助学生实现自我价值和社会价值的统一。总之，马克思主义哲学要求我们在高等职业教育改革与发展过程中系统思考问题，辩证看待问题，要跳出传统本体论哲学给社会科学带来的困境。

3.3 原理三：以社会工程学为基础理论

高等职业教育改革与发展具有社会工程属性，在整个改革与发展过程中，我们应以社会工程学为理论基础。社会工程学并不是直接解决社会问题，而是更侧重于理解和应用人类行为和社会现象的原理和规律，以优化社会系统的设计和运行，进而解决造成社会问题的问题。它结合心理学、社会学、人类学、经济学等多个学科的知识和方法，旨在通过深入研究人类行为、社会互动以及社会系统的运作方式，来更好地理解和预测人类在社会环境中的行为模式和决策过程。虽然社会工程学可以为解决社会问题提供有价值的洞察和建议，但它本身并不直接解决这些问题。解决社会问题通常需要综合运用多种学科的知识和方法，包括社会科学、自然科学、工程技术等。借助社会工程学，我们可以更好地理解社会问题的本质和根源，揭示社会现象背后的复杂性和多样性。通过深入研究人类行为和社会互动的规律，我们可以发现潜在的社会需求和问题，并提出有针对性的解决方案，推动社会系统的持续改进和发展。

如前述研究，高等职业教育改革与发展涉及经济社会发展、职业人发展和职业教育界等诸多利益相关者，其发展受内外部规律约束。外部规律要求高等职业教育与经济社会发展相适应，内部规律要求其建立符合人才培养规律的内部治理体系，同时还要在内外部系统之间进行有效的物质、能量和信息交换以确保系统开放性。高等职业教育改革与发展是个典型的社会工程，我们应以社会工程学为理论指导来设计和推动改革与发展实践。

3.4 原理四：以职业人"技体智"授受需求为导向

前面提到"一体三品"是人的社会学品格与本质，该品格决定了人在履行不同岗位职责时会展现出不同的技术技能、体能和智力组合。这种组合形态就是职业需求，它体现了履职中人与技术技能的关系。根据钟义信教授（2023）的观点，技术发展呈现出辅人、拟人和共生三大规律。[①] 辅人阶段，技术更多是辅助人类弥补自身某方面的能力不足，如通过石器或金属来弥补人类肉身硬度不够，通过机械来弥补人类体能不足，通过信息技术来弥补人类智力不够；整个这个阶段技术只是人类用来改造社会的工具和手段。拟人阶段，技术会展现出一定的人类智能，虽然这种智能需要大量数据喂养和算力大幅提升，但人机交互界面确实能展现出某种人类"智能"，我们称为人工智能，如生成式人工智能等，但其本质还是一种基

---

① 钟义信. 统一智能理论［M］. 北京：科学出版社，2023.

于暴力计算的概率判断。共生阶段，指人与技术和谐共生，在现有科学技术发展水平下，我们对人脑意识的形成机制了解甚少，而且人类活动场景时刻处于动态变化，"虚拟镜像"和"数字孪生"只是商业推动的概念，人工智能是不可能取代人类智能的，所以人和技术会处于一种和谐共生状态。

根据职业对"技体智"的需求形态，我们可以将岗位分为人类技能主导、简单技术技能主导、综合技术技能主导和复杂技术技能主导四类。技术辅人阶段，以人类技能主导的岗位和单技能主导的岗位为主。人类技能主导的岗位主要包括技术发展初级阶段的手艺人、工匠等以及人工智能暂时无法取代的生活服务业从业人员，如理发师、化妆师和厨师等，这些岗位属于低技术岗位。单技术技能岗位主要指机械工业时代主要依靠职业人完成的简单技术技能动作，如不同领域的流水线作业工人、传统车床工和机器操作工人等，这属于中技术岗位。需要指出的是，低技术岗位和中技术岗位指的是人所使用工具的技术含量，而非职业人本身的技能。尽管是低技术工具和手段的应用，有些岗位照样依赖职业人的职业智慧，如传统的木匠、瓦匠等，他们的工作完全是个综合决策。

综合技术技能指跨领域、整合性的技术能力。它要求职业人不仅具备某一特定领域的技术知识，还能将这些知识与其他领域的技术相结合，形成综合性的解决方案。这种技能强调的是知识的广度与整合能力，要求个体能够跨越不同领域，理解并应用多种技术。在实际应用中，综合技术技能通常用于解决复杂、综合性的技术问题，需要职业人具备较高的创新思维和问题解决能力。复杂技术技能主要指对某一特定领域内的深入理解和高度专业化的技术能力。它要求职业人具备特定技术领域内的深厚理论功底和实践经验，能够应对该领域内复杂、高级的技术问题。复杂技术技能通常涉及高精尖的技术领域，需要个体具备长期的学习和实践积累，以及高度的专业素养和专注力。这不仅属于高技术工具和手段的应用，同时还是基于职业人自身综合素质的决策，因此属于高素质技术技能型人才。

3.5 政策视角的方法模型

如前所述，教育是一种上层建筑，它须体现统治阶级的意志，因此政策视角的方法模型从教育职能设定开始。教育职能是统治阶级对教育这个上层建筑的预期，即他们认为教育在维护统治阶级利益和经济社会发展中应该发挥的作用。教育的功能是教育实际发挥的作用，从教育职能设置到教育功能发挥有个转化过程，这个过程需要教育政策的引导。教育政策作为一种公众行为引导或调节机制，它能否起到预期作用主要取决于对政策行为主体所处宏观环境及其发展趋势的判断，如高职扩招政策等。政策环境主要体现政策的系统性和配套性，也可以称为政策体系。如职业教育要提升吸引力需跳出教育改革教育。作为一种教育类型，职业教育不仅要建立起其自身的体系，而且还要与普通教育体系建立沟通立交桥，做到"纵向贯通，横向融通"。职业教育职能设置建立在对其本质和属性理解的基础上，根据前述关于职业教育本质和性质的论述，职业教育的社会工程属性要求我们在制定政策时坚持系统性，其上层建筑属性要求我们在制定政策时坚持政治性和战略性，其人与社会互构性要求我们在制定政策时尊重文化价值，其教育属性要求我们在制定政策时坚持公平性，其职业属性要求我们在制定政策时坚持民生性。

3.6 学校执行视角的方法模型

办学定位是学校特色的源泉，是核心竞争力的根源，同时还是学校的精神特质之根本，是整个学校办学治校过程中"无形的手"。徐宏伟（2019）认为技术生存与教育允诺是职业教育的本体。[①] 但笔者认为将其定义为职业教育的本质或实质更为贴切。马克思指出："人们为了能够'创造历史'，必须能够生活。但是为了生活，首先就需要吃喝住穿以及其他一些东西"。人在"创造历史"的实践中成为真正意义上的人，这也是人社会化的过程，也正是如此，马克思指出"人的本质并不是当人所固有的抽象物，实际上，它是一切社会关系的总和。"技术是人生存和发展的必要手段，人才培养是教育的本质，技术教育只是职业人培养的重要组成部分，是人才培养的外显特质，也是外化特征，有时候也会被当成定位特色，但是这种特色容易被模仿和复制。高职院校真正的办学特色源于技术使用背后的伦理、价值和精神，这需要在实践中不断累积与积淀。这种特色的形成是传承中的创新，是一种源自职业的职业人共同特质。办学定位确定好后，紧接着需要确定学校发展目标和育人理念，根据学校办学特色的根源，本研究认为高等职业教育应采取综合技术教育的育人理念。通过定位、发展目标和育人理念确定专业学科设置和社会服务模式，这些共同

---

① 徐宏伟. 职业教育根本问题新探——技术哲学视野下的省思与构建［M］. 北京：社会科学文献出版社，2019.

构成学校发展的战略层。定位是特色，目标是愿景，育人理念是特色的来源，专业学科和社会服务模式是高等职业院校与区域经济社会系统进行物质、能量和信息交换渠道。战略层属于学校顶层设计，其属性决定学校科学研究、师资队伍建设和组织架构，这属于战术层，决定学校目标和特色实现途径和方式。科学研究属于知识生产方式，师资队伍属于核心竞争力，组织架构属于体制机制。在这个层面需要确保教学科研相辅相成、师资队伍专业性与职业性相得益彰、体制机制规范灵活。学校整个办学定位和特色需建立在具体的育人活动上，具体包括产教融合、人才培养模式、课程与教学及评价改革等。这个环节要做到兼顾效率与公平、共性与个性，特别要做到知行合一，不能简单采用二分法。

第 3 篇

新时代高等职业教育发展的实践论

第8章 职业类高等学校院校研究的理论、方法和模式

1 问题缘起

1959 年，美国斯坦福大学的考利（Cowley）在讲习班上发表了题为"院校研究二百五十年"的演讲，他认为最早的院校管理可以追溯到 1701 年的耶鲁学院管理。① 但一般认为，院校研究起源于 20 世纪 60 年代的美国，以美国院校研究协会（OIR）的成立为典型事件。② 20 世纪 50 年代起，美国高校规模扩张，由于治理体系配套改革跟不上，以致 1968—1971 年美国有 468 所高校发生了 2362 次抗议活动，这直接催生了美国高校的院校研究。③ 随着美国高等教育体系的不断发展和复杂化，院校研究逐渐成为一个专门的领域。在美国，院校研究已经成为高等教育机构不可或缺的一部分。许多大学都设有专门的院校研究机构或部门，负责收集、整理和分析数据，为学校的各项决策提供科学依据。④ 自院校研究兴起后，不同学者给出了不同定义，大致观点包括：自我反思研究、管理决策的信息咨询服务、数据分析、个案研究、为特定问题提供解决方案、跨学科研究、旨在促进对高校的理解和帮助高校健康与可持续地发展等。⑤ OIR 在 1999 年对院校研究下的定义是"院校研究是促进对高等院校计划管理与运行的理解，并促使其得以改进的研究"。该协会同时还明确了院校研究的五个

---

① 代蕊华，王斌林，戚业国. 院校研究：理论，方法与机制 [J]. 高等教育研究，2005，26（11）：39-47.

② 同上。

③ Astin A W, Astin H S, Bayer A E, et al. Overview of the unrest era [J]. The history of higher education, 1997（2）：724-738.

④ 周川. 院校研究的职能、功能及其条件分析 [J]. 高等教育研究，2005，26（1）：40-46.

⑤ 刘献君，赵炬明，陈敏. 加强院校研究：高等学校改革和发展的必然要求 [J]. 高等教育研究，2002，23（2）：54-58.

主要领域，即学生事务、教学事务、教师事务、资源管理、计划政策与管理。① 张晓冬（2024）认为"中国院校研究最早可以追溯至南洋公学学校生源的维持和保留研究活动"②。有学者认为院校研究是 20 世纪 90 年代被介绍到我国的，以介绍美国院校研究为主。2000 年华中科技大学成立国内首个院校研究机构，2003 年 10 月全国首次院校研究学术会议在甘肃天水召开，经过 20 多年的发展，我国院校研究取得了丰硕成果和显著进步。

以篇名包含"院校研究"为条件对 CNKI 数据库中发表在 CSSCI 或中文核心期刊上的论文进行检索，共得到 273 篇文献。1997—2023 年我国学者院校研究发文数量如图 8-1 所示。

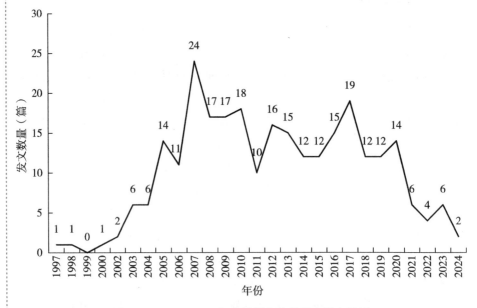

图 8-1　1997—2023 年我国学者院校研究发文数量

院校研究最活跃、成果最丰硕的为华中科技大学，其代表性人物为刘献君教授，累计发文 42 篇。2007 年为我国学者院校研究发文最活跃的年份，有学者认为 2000—2007 年为我国院校研究的起步期。刘献君等（2002）认为，"院校研究（institutional research）是把现代管理科学和高

---

①　刘献君，赵炬明，陈敏．加强院校研究：高等学校改革和发展的必然要求［J］．高等教育研究，2002，23（2）：54-58．

②　张晓冬．中国院校研究的组织结构、运行模式与实践成效［J］．中国人民大学教育学刊，2024（1）：90-102．

等教育科学研究成果应用于高等学校管理，旨在提高高等学校管理水平的一门学科和一个实践领域"①。周川（2005）认为，"院校研究就是在一定理论观照下，应用科学的方法和程序，特别是定量分析的方法和程序，对单个高等院校运行中的实际问题进行分析、评估、论证，从而直接服务于该校管理决策的一种研究范式"②。刘献君教授（2004）认为，"院校研究主要是对单个学校的研究""院校研究是行动研究""院校研究是咨询研究""院校研究是自我研究"③。还有研究认为，每所院校都具有不可替代性，而且基于不同研究样本得出的研究结论不能简单复制到别的学校，因此院校研究的研究问题具有多样性特征。院校管理的客观环境需要政府对高校简政放权，形成以政府宏观调控为主、院校自主探索的上下结合发展格局，这是院校研究在我国发展的客观条件。在高职教育院校研究方面，代表人物为王亚南，他（2019）认为，"为了实现高职院校治理能力现代化的目标，应通过平台搭建、机构转型、队伍培育、数据支撑等举措，构建起以院校研究为核心的高职院校决策支持系统"④。

虽然我国学者在院校研究方面取得了较为丰硕的研究成果，但现有研究成果主要集中在院校研究的定义、内涵、目的、价值、方法、方式和组织机构等方面，而且研究对象以普通高等院校为主，关于职业类高等院校的研究成果明显偏少。这与2024年6月我国1611所（含职业本科）职业类高等院校的数量规模不匹配。虽然有研究关注院校研究的具体方法，如质性研究和定量研究相结合、以专题研究为突破口等，但这些研究尚未关注方法背后的哲学思想和注意事项，这在一定程度上影响了研究结论的效度和信度。职业类高等学校的院校研究工作亟待加强。

2024年7月出台的《中共中央关于进一步全面深化改革 推进中国式现代化的决定》明确提出，"加快构建职普融通、产教融合的职业教育体系"。党和国家把现代职业教育体系建设上升到了国家战略的高度。职业类高等院校是职业教育体系的核心要素，是高等职业教育的办学主体，是职业教育体系诸多功能的主要行动者，对职业教育体系建设具有重要影

① 刘献君，赵炬明，陈敏.加强院校研究：高等学校改革和发展的必然要求［J］.高等教育研究，2002，23（2）：54-58.

② 周川.院校研究的职能、功能及其条件分析［J］.高等教育研究，2005，26（1）：40-46.

③ 刘献君.关于院校研究的几个问题［J］.高等工程教育研究，2004（2）：25-28.

④ 王亚南.高职教育院校研究规范发展的实践困境及未来路向［J］.中国职业技术教育，2019（1）：83-88.

响。现代职业教育体系建设是个系统工程，涉及学校工作的方方面面，院校研究具有较高适切性。因此，探寻职业类高等学校院校研究的理论、方法和途径具有重要的理论价值和现实意义。

2　院校研究的内涵、哲学思考与方法

2.1　院校研究的内涵

根据现有研究成果，本研究认为职业类高等院校院校研究是以单个高校为研究对象，针对该高校发展中的具体问题，运用教育科学、管理科学和职业科学等原理进行深入研究，提出具有可操作性解决方案的一种理论与实践相结合的中观或微观研究。专题研究、问题导向、系统分析、师生为本、立足实际、量质结合、校长挂帅、动态调整是其基本要求。它们之间的关系可以表述为专题研究是模式，问题导向是逻辑起点，系统分析是思维方式，师生为本是价值立场，立足实际是思考问题的方式，量质结合是研究方法，校长挂帅是组织保障，动态调整研究方向、内容和方法是工作方式。这几个核心概念及其关系描述了院校研究对研究者和研究方法的基本要求。因此，职业类高等院校研究的核心是将现代管理科学、教育科学和社会学等理论用于解决院校发展所面临的实际问题，理论是思想，实际操作方案是核心。

2.2　院校研究的哲学思考

现有成果表明，实证主义分析哲学是院校研究的主要认识论基础，研究方法包括定量研究和质性研究，研究对象为单个院校。实证主义乃西方哲学史上首个明确主张以实证自然科学之精神对传统形而上学进行改造并超越的流派。它强调科学研究须从经验事实出发，运用程序化、操作化的方式，从而实现对现象研究的高度精细化与准确化。它侧重于通过科学方法（如观察、实验等）来验证和揭示现象之间的因果关系。坚信知识必须建立在经验事实的基础之上，且这种经验事实必须是可观察和可实验的，并能通过精确的方式加以揭示和验证，它强调经验是知识的唯一来源。实证主义认识论假设人的行动模式完全遵循技术理性，认为当人们在解决实际问题时，会将问题首先转化为结构性的、可回答的问题，然后搜寻最佳证据下的支持答案，并批判性地评估其有效性、可用性，再将其运用在实践中。作为一种强调经验观察和数据分析的哲学流派，实

证主义为院校研究提供了有力的方法论支持。研究者通过系统的数据收集和分析，来揭示院校内部的运作机制和规律，为院校的改革和发展提供科学依据。

实证主义作为西方哲学的一种新流派，其产生于对西方传统本体论哲学的批判与否定，否定本体论的实质就是否定形而上学。首先，实证主义认为经验是知识的唯一来源，从整个人的发展来看，实践是知识的唯一来源。只不过对知识学习者而言，分直接实践和间接实践而已，间接实践指源自他人经验的知识，但这并未改变知识来源于经验这一属性。其次，尽管实证主义想抛弃形而上学，但是在有关研究中，研究者还是难以避免碰到一些超出经验领域的东西，这点我们在院校研究中应尤其注意。院校研究是基于个案得出的经验模式，在符合教育发展的普遍规律外，存在很多具有特殊性的经验规律，不能简而化之推广到别的学校，应重点区分好共性与个性。

2.3　院校研究的方法

由于院校研究为个案研究，其收集到的个体观测数据不具有随机性，因此凡是对样本随机性有严格要求的定量研究方法都不太适用于院校研究，如线性回归、倾向值匹配和结构方程等。现有成果多聚焦于院校研究的内涵、范式和建议，少见关于具体研究方法的文章。本研究认为，院校研究宜采用定量研究与定性研究相融合的研究范式。定量研究主要用于数据分析、比较和趋势判断，定性研究主要深挖出现问题现象的深层次原因，扎根理论比较适用于这类研究。扎根理论属于一种定性研究的模式，其核心宗旨在于以经验资料为根基构建理论。它以实际观察为起点，从原始资料中总结出经验性概括，进而上升为系统的理论，这与实证研究的基本要求相契合。该研究方法着重自下而上地构建实质理论，也就是在系统地收集资料的基础上，探寻能够反映事物现象本质的核心概念，并凭借这些概念之间的关联来构建相关的社会理论。扎根理论对院校研究的适用性主要体现在：

第一，扎根理论需植根于数据。

植根于数据是利用扎根方法开展研究的前提，是从原始数据提炼概念、范畴和建立关联的过程。在院校研究中，研究者可以利用对院校实际运行的观察、访谈和文档分析等方式收集数据，采用扎根理论对这些数据进行深入分析，提炼出关于院校运行、管理、教育等方面的概念和理论。

第二，扎根理论需要研究者保持高度理论敏感性。

扎根理论要求研究者对可能涉及的概念和理论保持敏锐的洞察力，在整个研究过程中保持高度理论敏感性。研究者需要关注院校内部的各种现象、问题和发展趋势，及时发现并提炼出相关的概念和理论。这符合院校研究特质。

第三，扎根理论强调数据比较。

在整个研究过程中，扎根理论要求研究者采用不同方法进行数据比较。在院校研究中，研究者可以通过对不同时间、不同情境下的数据进行比较，发现其中的共性和差异，从而提炼出更加准确、全面的理论。

第四，扎根理论对文献的要求。

文献研究在扎根理论中属于参考作用，它并不希望研究者被文献主导，主张理论应与原始数据相结合。这点比较符合院校研究。作为个案研究的院校研究，每个研究对象都具有自身特征，很难找到放之四海而皆准的真理。在院校研究中，研究者可以通过查阅相关文献，了解国内外院校研究的最新进展和理论成果，同时结合本院校的实际情况，进行有针对性的研究。

第五，扎根理论适用于自我研究。

院校研究通常是对单个高校的办学及发展战略、教育资源的使用及内部管理等进行研究。由于院校研究的主要研究对象是研究者自身所在的高校，因此研究者对院校自身的问题和需要有着更深刻的理解。扎根理论作为一种自下而上建立实质理论的方法，能够更好地满足院校研究的需求，帮助研究者从实际经验中提炼出适用于本校的理论。

3 职业类高等学校院校研究的逻辑思路与总体框架

3.1 逻辑思路

办学定位是学校发展的根本和学校存在的逻辑起点，它回答"学校为什么会存在?"或"学校存在的价值是什么?"清晰准确的办学定位描述是学校高质量发展的方向性问题，是院校研究的逻辑起点。办学定位是方向、目标，是办学治校的统领和指向，需要注意的是办学定位需动态调整而非一成不变。明确办学定位后，接着需要回答以什么样的发展理念来践行办学定位即学校靠什么来实现办学定位的目标，如人才强校、研究兴校、改革富校和人心聚校等。一般情况下，发展理念偏抽象和宏观，需要立足实际制定实践模式。

与发展理念并行的是学校发展环境分析与趋势评估，环境包括内部环境和外部环境。制约职业类高等院校发展的规律包括教育的外部规律和内部规律，其中外部规律即职业教育办学必须与经济社会发展相适应。这就要求职业类高等院校准确把握区域、行业的产业结构、发展现状及趋势、区域人才需求态势、要求及人才供给等状况。同时，院校还需要根据经济社会发展需求和人的发展需求来评估内部人才培养体系的适应力和匹配度，常用的环境分析方法如 SWOT 和 PEST 等。这是高质量发展的前提和确定阶段性发展任务的依据。

学校办学定位是一个宏观抽象的战略性方向，实现办学定位目标不可能一蹴而就，因此学校决策层需根据定位和环境分析结果制定适合学校的阶段性发展目标与任务，并依据目标任务配备相应的组织保障。在阶段性发展目标与任务执行过程中，学校需要对照相关政策要求、理论依据及同行案例和既定目标任务，综合分析学校现状，以确认目标与任务的科学性、可行性和达成度等，并找出学校发展过程中面临的问题，对问题开展专题研究，提出解决方案。院校研究逻辑思路如图 8-2 所示。

根据图 8-2，学校办学定位是对学校发展的目标与方向进行的整体概括与描述，其中包含教育思想、办学指导思想、教育理念、治校理念、发展目标以及办学特色等内容。它具有理论性、宏观性以及纲领性等特点，在各类定位中发挥着统摄作用。由于办学定位的统领性、方向性和现实性等特征，高等职业院校办学定位需要赓续发展，不同发展阶段具有不同历史使命和任务，这建立在对办学定位和学校发展环境分析的基础上，并要求辅之以运行体系支撑。如前文所述，院校研究是一种个案研究，具有明显的问题导向和需求导向，学校阶段性发展目标与任务是学校领导班子代表学校提出的预见性任务，院校研究旨在探究其达成或达不成的原因并提出可行的解决方案。

3.2 学校运行体系描述

熟悉教育内外部规律是开展职业类高等学校院校研究的首要前提，其次要掌握必要的管理科学和职业科学与职业教育理论、方法。前面我们已经提到，与经济社会发展相适应是职业教育发展的外部规律，服务职业人的发展是职业教育的内部规律。研究一所学校是关注其办学设施设备、办学实践模式、存在价值还是这三者的综合？"培养什么人；为谁培养人；

怎样培养人"这是教育的根本问题。根本问题就是本质问题，高等职业教育的根本就是培养职业人。学校运行体系是其立德树人的总体保障，院校研究以单个学校为研究对象，因此全面掌握学校运行体系是开展院校研究的必要条件。办学定位是一所学校的价值愿景，是其存在的必要性和逻辑起点。本研究认为，职业类高等院校研究应该包括办学定位、专业学科、育人理念、师资队伍、人才培养、社会服务、职业与技术研究、组织保障、学校文化、产教融合、项目课程、行动教学和评价改革等方面。为此，我们提出如图 8-3 所示的高等职业院校运行体系，并基于此构建院校研究框架。

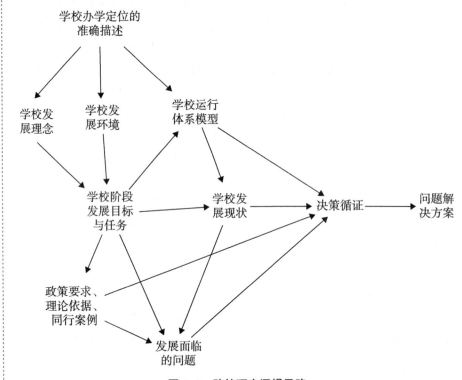

图 8-2　院校研究逻辑思路

根据图 8-3 所示逻辑理路，清楚表述学校办学定位并研究其愿景、阶段发展目标、表征指标及实现逻辑是院校管理的前提。因为这是在回答学校存在的价值及其衡量手段。这其实也是在回答"培养什么人？为谁培养人？怎样培养人？"这一教育的根本问题。这要对教育的本质、职业教育的实质和教育手段的新质有深刻理解，同时要和职业教育的区域性、行业性和职业性进行有效融合。如"扎根潍坊、立足山东、面向全国培养交通运输行业高素质技术技能型人才"可能是一个常见的高等职业院校定位表述。从定位本身的表述来看，该定位没什么明显问题，关键在其内涵的定义与深化。如何定义交通运输行业高素质技术技能人才？区域内交通运输行业人才现有结构、需求情况、发展趋势是怎样的？交通运输行业职业种类、技术技能、文化素质和综合素养的要求是什么？行业工作特征及对人的特质要求是什么？这就是职业研究，目前对此类问题普遍关注不够。这也是高等职业教育一直存在与普通教育趋同的根本原因。

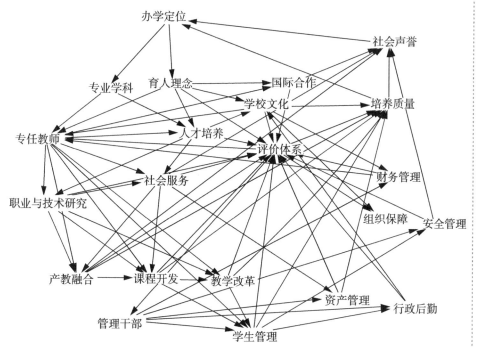

图 8-3 高等职业院校运行体系

从整个运行体系来看，办学定位是学校最高愿景，它统领学校发展方向、教育理念以及人才培养等各个方面。明晰办学定位后，接下来需要回答"如何组织人才培养"和"如何诠释人才培养思想"。培养人才的组织包括有形组织和无形组织。有形组织比较容易理解，如我们常见的专业、教研室、二级系部等都是人才培养的有形组织。人才培养的无形组织主要指学科，它为学习者提供了一个系统的知识框架。在这个框架内，学习者可以逐步积累知识，理解世界，并构建自己的知识体系。无论是自然科学、社会科学还是人文科学，各个学科都通过其独特的理论体系和研究方法，为学习者揭示了世界的不同面貌。不同的学科具有不同的思维方式和方法，如数学的逻辑推理、物理的实验验证、文学的情感体验等。通过学习这些，人们可以锻炼自己的思维能力，提高解决问题的能力和创新能力。有学者认为学科是普通教育的事，职业教育无须谈学科，只谈专业即可。对于这种观点，笔者已在别的研究中充分论证了其不合理性。没有学科，办学定位就无法落地，更谈不上办学特色。但职业高等教育不能采用普通高等教育"学科龙头"的学科建设模式，而应根据职业型人才培养需要来建设职业学科。因此，普通高等教育学科建设的主要任务是通过知识创新引领人才培养，职业高等教育学科建设的主要任务是建设与人才培养相匹配的知识体系。因此，需要推行专业学科一体化建设。

育人理念是育人哲学的具体实践模式。育人哲学是指导教育实践的深层次思想，它涵盖了教育的目的、价值观、原则和方法等，为教育实践提供了方向和指导。而育人理念则是育人哲学在教育实践中的具体体现，它更加具体、明确，更具操作性和实施性。育人理念通常包括教育目标、教育内容、教育方法、教育手段、教育模式、教育评价和教育环境等，如"专业聚'交'、贯通培养、产教融合、文化育人"就是一种育人理念。可以看出，育人理念具有原则性、方法性和实践性等特征。学校育人理念是学校办学的总体指导性原则，它需要建立在对育人哲学和育人本质的深刻理解上。以高等职业教育为例，高职院校的育人理念必须建立在对"培养与时代相适应的技术技能型人才"这一根本问题的深刻理解之上。

如果说办学定位具有统领性，那么专业学科和育人理念则有提挈性。接下来，需要回答"靠什么培养人"。是以物育人还是以人育人？显然，教育的实质是以人育人。这意味着教育不仅仅是传授知识，更重要的是培养人的品格、思维方式和创新能力。这种培养过程需要教育者（通常是教师）通过自身的知识、经验、智慧和情感去影响和引导学生。在教育过程中，教育者至关重要，他们不仅是知识的传递者，更是学生成长的引路人。通过言传身教，教育者将自己的世界观、价值观和人生观传递给学生，影响他们的思想、情感和行为。而被教育者（学生）则是教育的主体。他们需要积极参与到教育过程中，通过自主学习、实践探究和反思总结等方式，不断提升自己的综合素质。在与教育者的互动中，学生不仅能够获得知识，还能够学会如何学习、如何思考、如何创新，以及如何与人相处。正如裴斯泰洛齐所言，"我想我种田、家庭经营和工业劳动完全不是我原来的目的，不是的，培养人性才是我的目的，我只是把种田、家庭经营和工业劳动视作从属性的手段"。育人是根本，器物是手段。

既然教师是育人主体，我们就应根据相关人性假设制定相关政策来引导教师的行为。教师不仅是知识的传递者，更是学生品格形成的引导者。因此，我们必须基于对人性的正确理解，制定合适的政策，确保激发教师最大潜能，以便为学生提供高质量的教育。在政策制定过程中，首先要认识到教师作为个体的自我成长和自我实现欲望，政策应当为教师提供持续学习和专业发展的机会，鼓励他们不断提升自己的教育能力和专业素养。通过提供培训、研究资助和学术交流等支持，激发教师的内在动力，使他们更加积极地投入教育工作中。其次，作为社会成员，教师的行为受到社会伦理和职业道德的约束。政策需要着重突出教师的职业责任与社会担当，引领他们确立正确的教育观和价值观。通过加强师德师风建设、制定行为规范和道德准则等措施，促进教师以身作则，为学生树立榜样，传递正能量。再次，政策还应关注教师的实际需求和关切。教师作为职业人员，同样需要得到合理的待遇和尊重。政策应当确保教师享有应有的薪酬和福利，为他们提供良好的工作环境和职业发展平台。通过解决教师的后顾之忧，让他们能够更加安心地投入教育工作中，提高教育的质量和效果。最后，对教师成果的评价既要体现评价者（学校或政府）的价值主张，又要符合职业教育特色，不能按普通教育的评价体系来评价职业教育的教师，更不能采用简单的物质或精神割裂的二分法。

3.3　院校研究的实施框架

根据前述研究，限于篇幅，本研究以下列十个专题为例提出职业类高等学校院校研究的实施框架，具体如表8-1所示。

表8-1　职业类高等学校院校研究的实施框架

专题名称	评价指标	观测点
1 学校办学定位	1.1 办学定位与社会需求匹配度	官方文件对办学定位的整体描述；学校历次发展规划对办学定位的阶段性调整；决策层的教育哲学是否与办学定位相匹配；学科专业设置与调整的逻辑；学科专业设置与办学定位的契合度；人才培养目标、规格与办学定位的契合度；围绕产业链、聚集区需求调研，梳理高技能人才供需清单，结合学校所处行业背景、区位优势和基础条件，科学论证专业（群）建设必要性与可行性；编制专业（群）需求分析和可行性研究报告；对接发展新质生产力要求，建立动态优化专业的机制；响应区域产业变革的最新需求变化，建立和完善专业（群）调整优化机制；应对新技术革命和产业变革，加大传统专业改造力度，增设微专业或调整专业方向
	1.2 人才培养质量与办学定位匹配度	近五年毕业生专业与就业岗位对口率；毕业生留区域合作企业就业比率；头部企业本校毕业生职业发展情况；毕业生职场成长图谱
2 学校发展理念	2.1 一以贯之贯彻学校发展理念的程度	发展理念融入人才培养体系的情况（包括人才培养文件、评价制度、师资队伍建设、实训室建设、学校配套保障制度等情况）；学校竞争力评价；师生对发展理念的获得感；社会利益相关者对学校的评价
3 学校阶段发展目标与任务决策	3.1 学校阶段性目标任务制定情况	制定过程描述；目标与任务背后的决策思想与逻辑；决策依据；落实与督查机制；对接地方产业、区域战略发展情况；确定学校阶段性目标任务的决策机制与程序
4 学校运行模式分析	4.1 学校运行模式对发展的支撑情况	是否具有清晰的运行模式；能否清晰描述构建运行体系的底层逻辑？党委会或院长办公会的模式；校内各单位（部门）的协同度；重点任务的落实与督查机制
5 学校数据采集系统	5.1 学校建立业务数据采集平台	教师的科研数据采集系统、教师的教学数据采集系统、教师社会服务数据采集系统、学生基础数据采集系统、学生日常行为采集系统、学生学习和课外科技活动数据采集系统、学校职能部门活动管理数据等

专题名称	评价指标	观测点
6 专业建设	6.1 学校专业建设总体情况	是否设有专业建设委员会；校企共同制定人才培养方案；紧跟产业迭代升级，准确定位人才培养目标和方案的情况；专业人才培养方案修订制度；专业办学质量评价体系；年度专业建设投入；专业办学定位与区域经济社会发展契合度；专业办学成效（人才培养数量、标志性成果）；专业与头部企业合作情况；专业工学结合人才培养情况；"入学即招工"人才培养模式落实情况；校企合作共同培养人才运行机制；专业社会服务能力；专业科研能力
7 师资队伍建设	7.1 师资队伍建设模式与路径	师资队伍自然情况；师资队伍建设举措（包括专业培训、下企业锻炼、学历进修、双师建设机制等）；教师评价体系（教学、科研、社会服务）；教师成长与晋升机制；教师荣誉体系；绩效工资分配机制；校企人员流动渠道是否畅通；大国工匠、企业骨干来校兼职兼课的方式模式；打造数量充足、专兼结合、结构合理的双师队伍结构
8 课程建设	8.1 课程建设模式	有清晰明确的课程建设制度；建立科学合理的课程评价制度；课程内容更新机制；校企合作开发、建设和完善课程的机制；课程对接企业生产环节技术要求、生产工序流程、典型职业能力等情况；新课程标准包含岗位新能力、技术和规范等要素；持续建设专业教学资源库，优化升级课程内容，加大资源共建共享
	8.2 课堂教学改革模式	改革课程教学场景、教学方式、评价方式。将企业典型岗位规程纳入课程标准，校企共同制定教学方案，构建"传统课堂+虚拟课堂+企业课堂"的教学场景；建设包含企业人员和学校教师的课程教学团队，以真实生产项目为依托设计教学任务，课堂教学全过程融入人工智能技术，建立以学生为中心的新型师生关系，引导学生自主探究、深度学习；推行"任务导向+项目模式+行动教学"的课堂教学改革模式
9 教材建设	9.1 教材建设总体情况	教材建设管理办法、近两届国家和省规划教材入选情况、教材获奖情况、是否成立教材建设研究中心
	9.2 新形态教材建设情况	建立校企协同开发教材机制；聚焦行业企业技术前沿，组建由行业专家、企业专家、教育专家组成的教材开发团队；结合优质企业的操作手册、培训手册、培训包，开发适于项目化教学、案例教学的教材；新形态教材建设，包括但不限于：开发包含工作计划书、质量检测手册、工具书、文件清单等内容的"工作手册式"教材；开发数字教材，"活页式"、口袋式及连环画式教材

续表

专题名称	评价指标	观测点
10 实训基地建设	10.1 实训基地建设模式	校内外实训基地建设方案和基地运行机制；创新实训基地建设、运行模式；产业园区、企业共建生产性实训基地情况；实训基地承担生产任务、社会服务和技术改造等情况；基于实训基地完成发明专利、技术转移、课题申报等情况；实训基地培育学生情况；实训基地培养教师情况

4 关于实施框架的几点说明

4.1 研究专题的选题与研究设计

表 8-1 只是依据图 8-3 所示学校运行模式选取了 10 个分析专题，现实中的学校具有复杂的系统属性，不仅有内部专题还涉及外部利益相关者的专题。研究者应根据学校发展实际情况选择研究专题。如前文所述，职业类高等院校研究的核心是将现代管理科学、教育科学和社会学等理论用于解决院校发展所面临的实际问题，理论是思想，实际操作方案是核心。研究者应根据学校发展实际情况，按照"轻、重、缓、急"，优先选取亟待攻克的发展专题。整个研究过程一定要把握从现象到问题再到成因，最后到解决方案的逻辑，只有这样的院校研究才具有现实意义和价值。此外，关于研究方法的选取要接地气，尽量多样化选取研究方法，以咨询研究的范式来设计整个研究方案。

4.2 质性指标的取值与分析

质性指标的研究质量将对整个院校研究的质量产生重要影响。作为个案研究的院校研究本质上虽然是实证研究，但其实质偏质性研究，以质性指标为主。质性指标作为研究工具，用于捕捉和分析非量化、主观性强的信息，具体操作过程包括数据采集、数据整理、数据分析、结果呈现、信度与效度检验、反思与局限等步骤。数据收集方法包括访谈法、观察法、文献分析和文本分析等。采集到数据后需要将数据转化为文本形式并对其进行编码，常见分析方法包括文本分析、叙事分析和话语分析等。接下来选择合适的形式呈现分析结果，并检验其信度和效度。最后要反思总结此次研究的局限与不足。这样有利于研究结论的科学转化。

4.3 研究结论的转化

院校研究的核心价值在于发现并解决问题，解决问题的依据就是研究结论，所以院校研究是一种质性研究。针对问题的循证决策就是研究结论的转化，在研究结论转化过程中一要注意研究局限对决策的影响。实际操作中这种局限往往是改革深水区，对决策影响很大。二要注意结论的适用性。个案研究的结论不能简而化之，尤其要考虑研究过程中的环境变化或关键事件影响。三要注意决策结果显现的周期。质性研究一般情况都与人有关，研究的是人与人背后的工作或利益关系，结论旨在通过调整关系而引导人的行为，这需要一个过程，而且受外界干扰较大。如果基于研究结论的决策效果不佳，应进行系统分析，不能简单断定结论无效。

第9章 高等职业教育服务新质生产力发展的逻辑理路与实践途径

1 问题缘起

2016年，习近平指出，"必须在提高新质战斗力上求突破，发展真正顶用管用的东西"。2023年，习近平总书记在主持召开新时代推动东北全面振兴座谈会时，强调要"积极培育新能源、新材料、先进制造、电子信息等战略性新兴产业，积极培育未来产业，加快形成新质生产力，增强发展新动能"。从新质战斗力到新质生产力是理论与实践发展的新飞跃[①]。新质生产力为中国经济和社会发展指明了方向，引起了广大学者的研究热情。有学者认为，新质生产力导源于我国经济发展的巨大成就及对生产力发展规律的深刻认识，同时也导源于我国经济社会发展面临的巨大挑战。[②]还有学者认为构建与新质生产力相适应的科技创新体制、制度环境，完善基础设施，强化科技支撑，培育和发展数据要素市场和加大相关人才培养力度等是加快新质生产力发展的有效途径。[③] 学者关于新质生产力的研究主要集中在战略意义、内涵和实现路径等方面，认为数字化和科技是新质生产力的核心要素，转变增长方式是其主要目标，马克思主义生产力原理是其理论基础，体制机制和人等其他要素是其发展环境。

在高等教育服务新质生产力发展方面，有学者从基础研究和推动教育链、创新链、产业链与人才链深度融合等视角研究了新质生产力发展过程

---

① 石建勋，徐玲. 加快形成新质生产力的重大战略意义及实现路径研究［J］. 财经问题研究，2024（1）：3-12.

② 高帆. "新质生产力"的提出逻辑、多维内涵及时代意义［J］. 政治经济学评论，2023（6）：127-145.

③ 石建勋，徐玲. 加快形成新质生产力的重大战略意义及实现路径研究［J］. 财经问题研究，2024（1）：3-12.

中的高等教育担当。① 目前尚未发现有研究探讨高等职业教育服务新质生产力发展的路径与模式。劳动者、劳动资料和劳动对象是马克思生产力三要素，马克思指出人是生产力中最活跃的因素。新质生产力的变化根本在于人的综合素质、人的工作生活环境及人使用的工具的变化，其实质是人的变化及由此带来的衍生变化。发展新质生产力需要数以万计的高素质技术技能型人才。能够创造新质生产力的战略人才和能够熟练掌握新质生产资料的应用型人才是形成新质生产力的必要条件。我国高等职业教育以培养高素质技术技能型人才为主要目标，高等职业教育高质量发展是加速形成新质生产力的有效途径，因此研究高等职业教育服务新质生产力发展的理论逻辑和实践途径具有重要的理论价值和现实意义。

经济社会发展水平决定职业教育形态是研究高等职业教育服务新质生产力发展的理论前提与逻辑起点。基于此，本研究首先探讨高等职业教育服务经济社会发展的理论逻辑，然后探究新质生产力的内涵与形成过程，最后探寻高等职业教育服务新质生产力发展的实践路径与模式。

2 高等职业教育服务经济社会发展的理论逻辑

发挥教育功能是高等职业教育服务经济社会发展的直接途径，履行教育职能是统治阶级对高等职业教育服务经济社会发展的预设逻辑。因此，研究高等职业教育服务经济社会发展的理论逻辑，需先厘清教育职能和教育功能的关系。

2.1 教育职能与教育功能

教育职能和教育功能是两个常用但又被经常混淆的用语，弄清二者的内涵和关系是研究高等职业教育服务新质生产力发展理论和实践的前提。

2.1.1 教育职能的内涵与影响因素

教育的社会职能是社会对教育定位的结果，是教育格局的标签②，同时也是管理部门对教育实践提出的价值主张、观点和要求，具有社会性、规范性和主观性特征。③ 教育职能因经济体制不同而不同，吴康宁基于与

---

① 李奕. 加快形成新质生产力的教育贡献——来自首都高等教育高质量发展的实践与启示 [J]. 国家教育行政学院学报，2023（10）：11-14.
② 吴康宁. 教育社会学 [M]. 北京：人民教育出版社，2019.
③ 杨丽敏. 浅析教育职能和教育功能 [J]. 中国劳动关系学院学报，2010（3）：116-117.

不同经济结构相适应的社会关系，从宏观层面提出了三种不同的教育职能，即对应"农业社会"经济结构的社会防范职能、"工业社会"经济结构的社会调适职能和"后工业社会"的社会更新职能。① 适应不同经济结构的主导社会关系是他做出这三种判断的核心变量，旨在回答"教育应该起到什么作用"。教育职能是人们通过实践，在已认知到的多种可能职能中，根据经济社会发展需求的迫切程度，为教育实践提出的意见、规定或主张。如：要求教育为生产、科技、经济、政治和文化等各领域培养社会实践主体；我国高等教育的"四个面向"、职业教育的"以产定教、以教助产"以及"坚持教育服务高质量发展这个硬道理"等。教育职能受经济结构、政治体制和文化特征等因素影响。

2.1.2 教育功能的内涵与影响因素

功能起源于物理学，通常指一个系统或组件在特定环境中所起到的作用或效果，是一种客观存在。教育的社会功能是教育在经济社会发展中实际所发挥的作用，回答的问题是"教育实际上起到了什么作用"。有史以来，人类一天也没停止教育活动，教育一直在经济社会发展中发挥自己的作用。相比教育职能，它具有客观性和实然性。作为一种客观实际，教育功能源于教育主体的履职行为，而履职行为受主体价值观、政策投入及其他利益相关者的态度等影响。例如，熊贵营认为，"苏州高职教育人才供给与社会需求存在落差、人才培养规格与民生期盼存在落差、多元办学与均衡发展存在落差等问题"②。邓鹏等利用新疆经济社会发展数据研究了新疆高等职业教育对经济社会发展和就业的作用，认为"农学高职教育对第一产业发展有正向促进作用，工学对第二产业的促进作用不显著；高等职业教育规模有利于降低新疆城镇登记失业率"③。李照清基于 6 省区数据，关于高等职业教育更好服务区域经济社会发展，认为"应进一步加强区域高职教育的顶层设计，借鉴和学习国外先进办学经验，发挥高职教育'双向'引领功能"等。④ 虽然表述不同，但都可以归为主体价值观、政策投

---

① 吴康宁. 教育社会学 [M]. 北京：人民教育出版社，2019.

② 熊贵营. 苏州高职教育服务地方经济社会发展的人才贡献度研究 [J]. 职业技术教育，2020（5）：15-18.

③ 邓鹏，赵晓琴，许健. 高等职业教育对区域经济发展和就业影响的实证分析——基于新疆高等职业教育资源空间布局和规模的视角 [J]. 新疆社会科学，2016（1）：149-152.

④ 李照清. 区域经济发展与高职教育互助共生关系的实证研究——基于 6 省数据的分析 [J]. 现代教育管理，2019（11）：111-115.

入及其他利益相关者的态度等因素。

2.1.3 教育职能与教育功能的关系

前述研究表明，教育职能是一种主观规范，带有一定的价值倾向，是管理者对教育社会功能的一种期望。主观性、价值性、应然性、预期性是其主要特征，所以教育职能是一种主观认知，是主体为了更好地满足其需要而提出的规范和意见。当然这种主观期盼并不是无中生有、凭空臆想，而是源于社会实践。教育功能是教育主体的教育实践活动在客观环境中实际发挥的作用，受教育规律、主体素养和客观条件等影响和约束，客观性和实然性是其特征。教育职能的主观认知本质使得其具有理论特质，而教育功能是活动的结果，具有实践特质。教育职能源于实践认知，教育功能受教育职能引导，它们之间的关系可以表述为"实践—理论—实践—理论"，就这样螺旋式地推动教育事业发展。作为主观认知的教育职能与作为客观存在的教育功能之本质区别在于：前者是一种价值判断与规范，而后者是一种社会客观实在，后者是前者服务经济社会发展的现实表现，它们共同统一于教育实践。

2.2 高等职业教育服务经济发展的逻辑理路

研究高等职业教育服务经济社会发展要把握社会发展根本规律这一决定性因素，生产方式和生产关系的具体表现形式是其现实基础与条件，高等职业教育职能以服务生产方式和生产关系的稳定和发展为逻辑起点，为使高等职业教育发挥其预期功能，需要配套政策投入和教育系统进行相应改革，我们称为投入过程。经过一定时期的投入和改革后，会形成短期产出，即现实生产力，如人才培养数量和社会服务能力提升等。短期产出的实质是高等职业教育的社会功能。现实生产力能增进社会福祉和提升经济社会发展水平，在一定时期内能促进人的发展，我们称为高等职业教育社会职能的中期效果。作为历史创造者的人类，在自身不断发展的情况下，会通过提升社会管理能力、优化社会生产系统和提升劳动者整体素质等方式来促进历史生产力发展。高等职业教育按这一逻辑理路来发挥其服务经济社会发展的社会职能。根据该逻辑，我们构建出如图9-1所示的高等职业教育服务经济社会发展的逻辑理路。

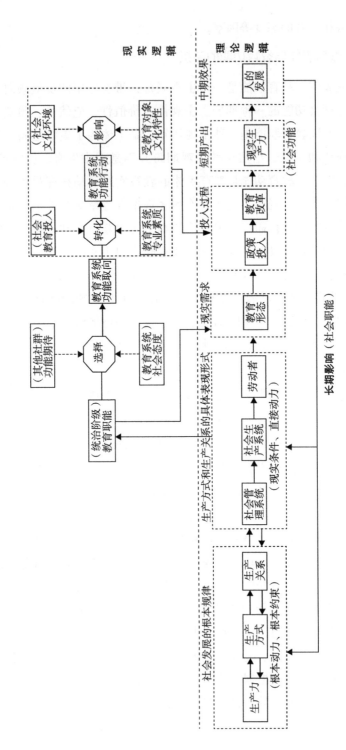

图9-1 高等职业教育服务经济社会发展的逻辑理路

该逻辑理路以马克思主义政治经济学为理论基础，基于唯物史观和教育社会学视角，科学构建了高等职业教育服务经济社会发展的功能实现过程。底层逻辑为"生产力—生产方式—生产关系—社会结构—教育需求"，现实条件为"教育职能—教育功能取向—教育功能行动—成果转化"，这既体现了决定高等职业教育形态和功能的外部规律，又彰显了高等职业教育功能转化的内部过程和现实条件。底层逻辑体现了高等职业教育供给侧的形成过程，现实条件阐释了高等职业教育需求侧的形成过程，两者的匹配度决定着高等职业教育预期功能的发挥程度。底层逻辑是高等职业教育发展的根本规律，它决定高等职业教育的办学方向和根本目标。底层逻辑是通用的，只是实践形式不同。现实条件是高等职业教育办学的具体社会环境，它决定高等职业教育的办学形态、模式和路径。底层逻辑决定高等职业教育的意识形态和历史水平。现实条件决定高等职业教育的社会吸引力和对经济社会发展的贡献度，先进的高等职业教育理念只有在适合、适宜和适用的社会土壤中才能付诸实践，构成职业教育"人的实践—实践的人—人的实践—实践的人"这一螺旋式发展模式。根据图9-1，大概可以将我国高等职业教育服务经济社会发展的基本问题概括为：①政府的高等职业教育职能定位；②教育系统的高等职业功能取向；③教育系统的高等职业教育功能转化。这三个问题分别回应国家需要什么样的高等职业教育；教育系统如何理解国家的高等职业教育需求；教育系统如何实现高等职业教育的预期功能。但该逻辑理路只是从宏观抽象层面解释了高等职业教育服务经济社会发展的逻辑理路，具体到实践行为还需要进一步细化，本研究将在后续研究中予以阐释。

新质生产力是当代先进生产力，服务新质生产力发展是党和国家赋予我国高等职业教育的职能。高等职业教育服务新质生产力发展是一个从教育职能定位认知到教育功能转化的过程。本研究拟根据图9-1所示逻辑理路来研究高等职业教育服务新质生产力发展的理论逻辑和实践途径。

3　新质生产力形成过程及其对高等职业教育的要求

3.1　新质生产力的内涵

研究新质生产力形成过程首先需要理解其内涵。在新质生产力内涵方面，国内学者进行了一些研究。例如，王珏认为新质生产力以科技创新为核心，从劳动者、劳动资料和劳动对象三要素及其关系的角度阐释了新质生产力的"一核心两原则三要求四个内容"并构建了新质生产力的衡量指标体系。[①] 魏崇辉认为，新质生产力是一个生成性概念，需要从时代语境和马克思主义经典理论视角来把握新质生产力内涵，驱动方式不同是新质生产力与传统生产力相比的最大不同点。[②] 李政等从理论、历史和现实三个逻辑阐释了发展新质生产力的历史必然和现实需要，提出科技创新、产业体系建设和深化改革开放三个加快形成新质生产力的途径。[③]

中央财经领导小组办公室将新质生产力定义为，"新质生产力是由技术革命性突破、生产要素创新性配置、产业深度转型升级而催生的当代先进生产力，它以劳动者、劳动资料、劳动对象及其优化组合的质变为基本内涵，以全要素生产率提升为核心标志"[④]。从定义来看，全要素生产率提升是新质生产力发展的核心标志，技术进步、投资、劳动力素质提高、企业组织与管理能力提升以及制度环境改善等是全要素生产率提升的真正成因。技术进步是全要素生产率提升的核心动力。据此，本研究提出如图 9-2 所示的新质生产力概念框架。

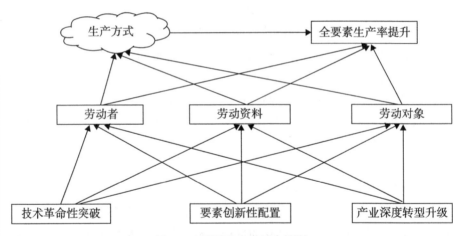

图 9-2　新质生产力概念框架

① 王珏.新质生产力：一个理论框架与指标体系［J］.西北大学学报（哲学社会科学版），2024（1）：35-44.

② 魏崇辉.新质生产力的基本意涵、历史演进与实践路径［J］.理论与改革，2023（6）：25-38.

③ 李政，廖晓东.发展"新质生产力"的理论、历史和现实"三重"逻辑［J］.政治经济学评论，2023（6）：146-159.

④ 王政，刘温馨.如何发展新质生产力［EB/OL］.（2024-01-15）［2024-03-16］.http://gd.people.com.cn/n2/2024 /0115/c123932-40713864.html.

图 9-2 表明，全要素生产率提升是发展新质生产力的目标和新质生产力形成的核心标志。技术革命性突破、要素创新性配置和产业深度转型升级是催生新质生产力的核心途径，是新质生产力形成的量变阶段。"科学技术是生产力"是马克思关于科学及其应用的一个重大命题。① 具体的技术变革、要素配置和产业转型都会引起劳动者、劳动资料和劳动对象的变化。它们的变化可能会直接成为提升全要素生产率的驱动力，也可以通过三者的组合来提升全要素生产率，三者的组合可以理解为生产方式。企业是创新的主体，这些创新首先会发生在创新意识较强的企业中。坚持服务高质量发展是我国高等职业教育的核心使命，行业企业是其服务对象，高等职业教育服务新质生产力发展必须落实到企业生产实践中，需明确其服务行业企业的方式与任务。因此，需要深入了解新质生产力的形成过程，这是高等职业教育服务新质生产力发展的前提，否则会出现理念无法落地的情况。

3.2 新质生产力形成过程

3.2.1 关于马克思主义"生产力—生产方式—生产关系"原理

新质生产力是马克思主义政治经济学的最新理论成果，马克思主义政治经济学一般原理仍然对其适用。研究新质生产力形成过程需要从理解马克思主义"生产力—生产方式—生产关系"原理切入。有学者认为马克思提出的是生产力—生产方式—生产关系框架，即生产力决定生产方式，生产方式决定生产关系。这在马克思的著作中确实能找到例证，例如，1846年马克思在给安年科夫的信中就写道，"人们借以进行生产、消费和交换的经济形式是暂时的和历史性的形式。随着新的生产力的获得，人们便改变自己的生产方式，而随着生产方式的改变，他们便改变所有不过是这一特定生产方式的必然关系的经济关系"②。但详细考究马克思关于生产力、生产方式和生产关系的定义后，就会发现该表述需要进一步细化。

3.2.2 修正后的"生产力—生产方式—生产关系"原理

马克思在《德意志意识形态》及之后的著作中使用了大量的生产力概

---

① 王珏. 新质生产力：一个理论框架与指标体系［J］. 西北大学学报（哲学社会科学版），2024（1）：35-44.

② 马克思，恩格斯. 马克思恩格斯选集：第四卷［M］. 北京：人民出版社，2012：410，411.

念，但使用语境或针对对象都不同，且马克思从未明确过生产力的定义或其组成要素。① 在马克思赋予的生产力的众多含义中，有时指人具体的生产能力，如他在 1846 年写给安年科夫的信中说道，"人们不能自由选择自己的生产力——这是他们的全部历史的基础，因为任何生产力都是一种既得的力量，是以往的活动的产物"②。有时指社会生产力，如在《共产党宣言》中提到"无产者只有废除自己的现存的占有方式，从而废除全部现存的占有方式，才能取得社会生产力"③。还把社会生产力当作一种合力，如他在《对费尔巴哈、布·鲍威尔和施蒂纳所代表的现代德国哲学的批判》中提到，"一定的生产方式或一定的工业阶段始终是与一定的共同活动方式或一定的社会阶段联系着的，而这种共同活动方式本身就是'生产力'，由此可见，人们所达到的生产力的总和决定着社会状况……"④

生产方式是劳动者、劳动资料和劳动对象相结合的具体方式，主要指生产的方法和形式，前者可能更依靠技术因素，后者本质上是一种结构状态；前者反映劳动者的操作技能，后者反映劳动者的管理技能。⑤ 如马克思在《哲学的贫困》中谈道，"11 世纪的人们是怎样的，18 世纪的人们是怎样的，他们各自的需要、他们的生产力、生产方式以及生产中使用的原料是怎样的；最后，由这一切生存条件所产生的人与人之间的关系是怎样的"⑥。这个观点倾向于将生产方式看作一种由技术支撑的资源配置方式。他在《哲学的贫困》中还谈道，"随着新生产力的获得，人们改变自己的生产方式，随着生产方式即谋生的方式的改变，人们也就会改变自己的一切社会关系。手推磨产生的是封建主的社会，蒸汽磨产生的是工业资本家的社会"⑦。这倾向于将生产方式看作一种靠社会关系支撑的组织结构。

---

① 王珏. 新质生产力：一个理论框架与指标体系 [J]. 西北大学学报（哲学社会科学版），2024（1）：35-44.

② 马克思，恩格斯. 马克思恩格斯选集：第四卷 [M]. 北京：人民出版社，2012：160，409.

③ 马克思，恩格斯. 马克思恩格斯选集：第一卷 [M]. 北京：人民出版社，2012：411，533.

④ 同上。

⑤ 陈勇勤. 马克思"生产力-生产方式-生产关系原理"的疑问和修正 [J]. 南京社会科学，2008（1）：1-8.

⑥ 马克思，恩格斯. 马克思恩格斯文集：第一卷 [M]. 北京：人民出版社，2009：608，602.

⑦ 同上。

作为一个具有不确定性的合力如何决定生产方式？从微观角度来看，谈论生产力决定生产方式是有条件的，这个条件就是社会生产力须落到某个具体生产力上，如科技生产力。在这个范围内，我们就可以探讨科技发展对劳动者与劳动资料的影响方式。例如自斯蒂文和伽利略时代以来，力学使人对机器产生了新的理解，数学也开始常被用到机器构造的理论与实践中。加之实用工程技术的发展，科学与实用工程技术的结合使得工业革命成为可能。蒸汽动力开始取代水力和人力，工厂成为新的生产方式。[①]这就是科技力带来的新生产方式。因此，我们通常说的"生产力决定生产方式"应该指具体生产力和技术支撑的生产方式。

生产关系指人们在社会生产中产生的人与人、人与物及人与社会之间的关系。马克思关于生产关系的论述也包括抽象和具体两个层次。如他在《政治经济学批判序言》中谈道，"人们在自己生活的社会生产中发生的一定的、必然的、不以他们的意志为转移的关系，即同他们的物质生产力的一定发展阶段相适合的生产关系。这些生产关系的总和构成社会的经济结构"[②]。其中的生产关系属于抽象的生产关系。他在《哲学的贫困》中提出，"经济学家蒲鲁东先生非常明白，人们是在一定的生产关系中制造呢绒、麻布和丝织品的。但是他不明白，这些一定的社会关系同麻布、亚麻等一样，也是人们生产出来的"[③]。这则属于具体生产关系。

既然马克思关于生产关系的论述也包括抽象和具体两个层次，抽象的生产关系在具体生产实践活动中必然体现在具体的生产管理方式上，如雇佣与被雇佣、管理与被管理的关系，这是生产关系的真正现实。[④] 抽象是从具体事物中提炼的共性特征，是 N 种不同管理方式决定了抽象的生产关系，抽象的生产关系可以导出 N 种不同管理方式，这种管理方式与生产关系不是被决定与决定的关系。据此，陈勇勤给出修正后的"生产力—生产方式—生产关系"原理，如图 9-3 所示的关系框架。[⑤]

---

① 辛格，霍姆亚德，霍尔，等．技术史：第四卷［M］．辛元欧，刘兵，译．北京：中国工人出版社，2012：150.

② 马克思，恩格斯．马克思恩格斯文集：第二卷［M］．北京：人民出版社，2009：2.

③ 马克思，恩格斯．马克思恩格斯文集：第一卷［M］．北京：人民出版社，2009：608，602.

④ 陈勇勤．马克思"生产力-生产方式-生产关系原理"的疑问和修正［J］．南京社会科学，2008（1）：1-8.

⑤ 同上。

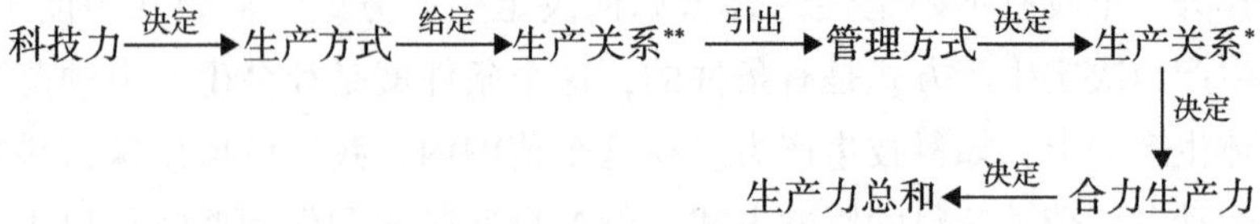

科技力 —决定→ 生产方式 —给定→ 生产关系** —引出→ 管理方式 —决定→ 生产关系*
　　　　　　　　　　　　　　　　　　　　　　　　　　　　　　　　　　　　↓决定
　　　　　　　　　　　　　　　　　生产力总和 ←决定— 合力生产力

图 9-3　修正后的"生产力—生产方式—生产关系"原理

　　其中，科技力代表行业科技力，属于静态、抽象生产力。生产方式和生产关系**都属于行业宏观抽象层。科技力是一种生产力，它决定生产方式。由于生产方式可以理解成"采取一种结构状态"，所以这种结构状态生成时，生产关系就确定了，因此科技力与生产关系之间的关系是给定而非决定。① 管理方式是生产实践中具体化的生产关系，因此它是生产关系"引出"而非"决定"的。生产关系是生产实践中形成的人与人、人与物及人与社会之间的关系，是一种具体的关系，由管理方式决定。这些关系最后决定行业合力生产力，进而由行业生产力决定社会生产力总和。

　　该关系框架以科技力为例进一步深化和细化了传统的"生产力—生产方式—生产关系"原理框架，但此处的科技力仍为抽象生产力，其应用场景和指导价值具有一定的局限性。企业是技术创新的主体。研究高等职业教育如何服务新质生产力发展必须落到具体企业，因此本研究提出如图 9-4 所示的修正后的"生产力—生产方式—生产关系"原理，即科技力、生产方式、生产关系和社会生产力变革关系原理。

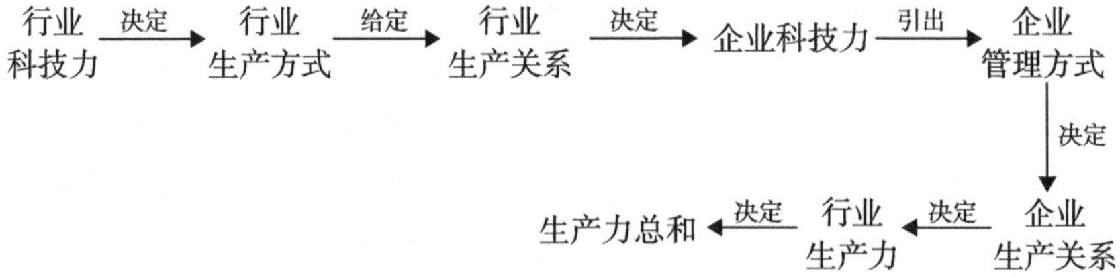

行业科技力 —决定→ 行业生产方式 —给定→ 行业生产关系 —决定→ 企业科技力 —引出→ 企业管理方式
　　　↓决定
　　　　　　　　生产力总和 ←决定— 行业生产力 ←决定— 企业生产关系

图 9-4　本研究修正后的"生产力—生产方式—生产关系"原理

　　相比陈勤勇 2009 年提出的框架，该框架在既定行业"社会生产力—生产方式—生产关系"原理框架下，引入了企业科技力这一变量，由此再引出企业管理方式变革，这既体现了"生产力—生产方式—生产关系"的

---

① 陈勇勤. 马克思"生产力–生产方式–生产关系原理"的疑问和修正 [J]. 南京社会科学，2008（1）：1-8.

抽象逻辑，又体现了该抽象逻辑在企业生产实践中的具体化过程。这种具体化的生产力随着创新进一步扩散，最终形成行业社会生产力和全社会生产力，这就是从企业生产力创新到社会生产力创新的过程。

3.2.3 从企业科技力到社会新质生产力的过程

根据前述新质生产力内涵和进一步修正后的"生产力—生产方式—生产关系"原理，本研究提出如图9-5所示的社会新质生产力形成过程。

由于新质生产力是一个由企业创新到社会创新的过程，企业是技术创新的主体，企业在具有稳定社会生产力的社会环境中进行生产实践。随着生产力的发展，社会分工进一步丰富，整个社会被分成若干个行业。每个行业具有特定的"生产力—生产方式—生产关系"框架，这是企业生产实践的具体社会环境，是一种客观存在。虽然这种客观存在不以人的意志为转移，但这种建构是阶段性的，人通过实践可以对其进行改变并形成新的建构，企业就是完成此任务的人类群体。受竞争压力和效率提升驱动，一部分创新意识较强的企业致力于新技术应用与探索。新技术的应用源于解决生产实践中的某些具体问题，如作业方式、管理方式、生产效能以及行业技术难题等，我们称为技术革命性突破。在企业生产实践中业已形成的人与人、人与物或人与社会之间的关系会随之改变，如网约车改变了出行人选择交通工具的方式；同时还会催生一批新的职业，如大数据分析师和数控机床工程师等，我们称之为要素创新性配置。最先采纳新技术的企业，由于其特有的核心竞争力可能会成为行业标杆，技术或商业模式被其他企业复制，逐步形成行业新质生产力，我们称之为产业深度转型升级。一定数量的行业新质生产力会催生一种社会新质生产力，进而形成新的"生产力—生产方式—生产关系"，这就是社会新质生产力的形成过程。只有理解这个过程，高等职业教育才能深刻理解自身在新质生产力发展中的责任担当和努力方向。

3.3 发展新质生产力对高等职业教育的要求

在教育服务新质生产力发展方面，李奕提出从教育链、产业链、创新链、人才链深度融合方面助力培育新质生产力。[①] 李玉倩从理论逻辑、历

---

① 李奕. 加快形成新质生产力的教育贡献——来自首都高等教育高质量发展的实践与启示 [J]. 国家教育行政学院学报，2023（10）：11–14.

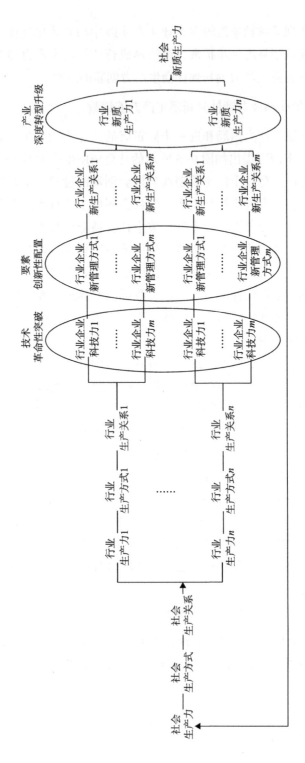

图9-5 社会新质生产力形成过程

史逻辑和现实逻辑三个方面论述行业产教融合共同体建设与发展新质生产力高度契合，并提出新质生产力视角下的行业产教融合共同体建设路径。[①]姜朝晖等认为与新质生产力适配的劳动资料和劳动对象均具有鲜明的信息化、数字化、智能化属性，提出"教育、科技、人才"三位一体统筹推进，坚持内涵、特色、融合的高校发展新质生产力的关键路径。[②]以生产力三要素和新质生产力特质为视角，还有学者们从宏观层面提出高等院校助力新质生产力发展的路径，如坚持优化学科专业布局、产教融合、科教融汇和提高人才培养质量等。这些研究主要集中在宏观政策层面，尚未提及学校实施路径和模式，特别是没有基于新质生产力形成过程来论证所提出的路径、举措，给人留下一种知其然而不知其所以然的感觉。

前述研究表明，企业科技力是社会新质生产力的起点和核心节点，离开企业科技力发展，新质生产力容易成为"镜中花水中月"。这也是高等职业教育服务新质生产力发展的精准发力点，其对高等职业教育带来的新要求主要体现在教育职能定位、功能取向和功能转化三个方面，具体如下。

3.3.1 发展新质生产力对高等职业教育职能定位的要求

高等职业教育职能定位随经济社会发展而不断变化。[③]新中国高等职业教育起步于夜大和函授教育，职业大学是高等职业技术教育的重要组成部分。[④]适应社会主义现代化建设需要是我国高等职业教育办学的演变轨迹。学校形态高等职业教育是具有较强外部性的公共产品，处理好政府、市场、社会民众和高等职业院校之间的关系十分重要。新质生产力强调质态的新，而质态取决于生产力中发挥关键作用的各生产要素。[⑤]高素质劳动者、高技术劳动资料、新组织管理形态和数据、信息等生产要素都离不开高等职业教育。办学定位适应新技术、新生产方式、新生产关系、新管理方式和新职业的发展是新质生产力对我国高等职业教育办学定位提出的

① 李玉倩．新质生产力视角下行业产教融合共同体建设逻辑与路径［J］．南京社会科学，2023（12）：122-129.
② 姜朝晖，金紫薇．教育赋能新质生产力．理论逻辑与实践路径［J］．重庆高教研究，2024（1）：108-117.
③ 董仁忠．正确定位政府的职业教育职能［J］．职教论坛，2014（11）：1.
④ 张正身，郝炳均．中国职业技术教育史［M］.兰州：甘肃教育出版社，1993：190.
⑤ 魏崇辉．新质生产力的基本意涵、历史演进与实践路径［J］．理论与改革，2023（6）：25-38.

新要求。协调处理好政府的行政逻辑、企业的市场逻辑、社会民众的价值逻辑和高等职业院校的教育逻辑四种逻辑关系，找到耦合点、创新治理模式，是发展新质生产力对我国高等职业教育治理提出的新要求。提升高等职业教育适应性和创新高等职业教育治理模式是发展新质生产力对高等职业教育职能定位提出的要求。

3.3.2 发展新质生产力对高等职业教育功能取向的要求

本研究所采用的"功能"是行为的客观结果，意指高等职业教育实践在具体经济社会发展中所发挥的作用。高等职业教育职能定位是研究高等职业教育功能的逻辑起点。有学者认为从功能期待到功能取向之间不存在选择过程，认为教育系统会必然地、无条件地认同并内化统治阶层的功能期待过程，[①] 但现实并非如此。教育系统对统治阶层功能期待的选择首先受其自身认知态度制约。认知态度的形成包括自身专业素质、行为文化、社会地位和价值认知等多因素。认知态度可以分成肯定、不关注和否定三类，只有教育系统持肯定态度且具备履职的专业素质时，教育功能价值取向才会和政府的教育功能期望保持高度一致。新质生产力对高等职业教育的门类结构、学科专业布局、评价体系、办学模式、队伍建设、人才培养、科学研究和社会服务等方面都提出了新要求，这主要涉及教育行政部门为落实新质生产力发展任务而出台的相关政策措施。深化高等职业教育办学定位认知和创新评价体系改革是发展新质生产力对高等职业教育功能取向提出的要求。

3.3.3 发展新质生产力对高等职业教育功能转化的要求

功能转化指可能产生一定功能结果的教育行动，包括软件环境和硬件环境建设，前者如建立制度、制定配套政策、确定目标、编制计划和方案、设立机构等，后者如资金、设施、设备和场所等。与功能取向形成过程一样，功能转化的行为主体同样受到诸多因素影响，包括教育系统及其利益相关者。加大投入、提升院校办学关键能力属于供给侧改革，高等职业教育服务新质生产力发展还需从需求侧发力。这主要涉及企业和社会民众的高等职业教育需求，要求企业在用人时，打破学历壁垒，倡导应用创新，不断激发广大高素质技术技能人才的创新精神和创造精神。社会民众

---

① 杨斌. 论学校体育的期望功能与实效功能 [J]. 教育评论，1992（1）：4-7.

需摒弃崇尚学历、鄙视职业教育的习惯，培养职业认同，真正树立技能报国路上人人出彩的理想信念，不断满足新质生产力对高素质劳动者的需求。增强办学能力和提升职业教育吸引力是发展新质生产力对高等职业教育功能转化提出的要求。

4 高等职业教育服务新质生产力发展的具体途径

4.1 深化高等职业教育系统对新质生产力的认知

这是高等职业教育服务新质生产力发展的前提。新质生产力是当代的先进生产力，是中国共产党在实践中探索出的马克思主义政治经济学最新理论。具有科研创新能力的拔尖人才和能够熟练掌握新质劳动资料的应用型人才都是形成新质生产力不可或缺的条件。新质生产力带来的社会生产系统和管理系统变革催生了高等职业教育新要求，这是高等职业教育职能的现实需求和根本动力。高等职业教育系统要深刻领悟发展新质生产能力的重大战略意义，领会新质生产力对劳动者、劳动资料、劳动对象及其组合的要求，调整高等职业教育职能定位和办学模式，提高高等职业教育治理能力，优化治理模式，不断提升高等职业教育适应性以满足新质生产力发展要求。总之，对新质生产力的认知深度在一定程度上决定着高等职业教育服务新质生产力的深度和效度。

4.2 推进技能型社会建设提升高等职业教育吸引力

图9-1所示高等职业教育服务经济社会发展的逻辑理路表明高职教育功能转化受教育系统素质、政策投入、社会文化和受教育者特征等诸多因素影响。虽然技术创新是新质生产力的核心驱动力，但技术创新引发的生产方式和管理方式变革最终必须由人来执行。当前高等职业教育吸引力明显不足。为提升高等职业教育吸引力，我们要跳出教育改革教育。有数据表明，我国一半以上的高职学生为家庭第一代大学生，他们对学历的推崇从小耳濡目染，这是一种不以人的意志为转移的社会建构。我们既要意识到它的客观存在，又要想法逐步改变这种现象。首先要切实推进技能型社会建设，建立国家技能资历框架，搭建技能型人才成长立交桥，通过提升技术技能型人才社会地位构建崇尚技术技能的外部环境。其次要从基础教育阶段培育职业情怀和职业认同，让高职教育学生从内心喜欢自己的职业，这样才会有动力和兴趣不断学习新技术新技能，进行组合式创新和创

造性转化，以适应新质生产力对技术技能型人才的要求。

4.3 创新评价体系科学引导高等职业教育功能转化

高等职业教育功能转化关键在于高等职业院校。评价体系是引导高等职业院校立足新质生产力发展需求办学的指挥棒。如图9-5所示，从企业新质生产力到社会新质生产力的形成过程，企业是主体。有学者基于产教融合共同体的协同育人和协同创新功能，认为产教融合以教育、科技、人才和产业四位一体推进产业转型升级，产教融合共同体形态契合新质生产力发展。对高等职业教育来说，最关键的是培养契合企业新质生产力发展需求的高素质劳动者和为企业解决生产实践中的一些具体问题。这要求高等职业院校一以贯之地践行为行业企业培养高素质技术技能型人才的办学定位。要通过评价改变，引导高等职业院校在办学过程中，强化校企合作、产教融合，研究新质生产力带来的新变化和新要求，将这些新技术、新规范、新标准带到课堂，写进人才培养方案，兴办企业需要的高等职业教育。

根据图9-1，高等职业教育应分阶段评价投入成效。"投入—产出—效果—影响"是联合国经济和社会事务部常用评价方法，评价高等职业教育改革可以借用该方法。激励高等职业院校服务新质生产力发展政策的短期产出主要包括培养的人才和教学软硬件设备改善；中期效果指高职院校培养的高素质劳动者走向社会后为行业企业创造的价值；长期影响指数以万计奋斗在生产一线的高素质劳动者构成的有利于新质生产力发展的客观环境。

4.4 增强院校办学能力提升高等职业教育适应性

高等职业院校办学能力是高等职业教育服务新质生产力发展的核心。如图9-2所示，技术革命性突破、要素创新性配置和产业深度转型升级会引发高素质劳动者需求和引起劳动资料和劳动对象变化。在服务新质生产力发展过程中，高等职业教育除培养高素质劳动者之外，还承担着解决生产实践具体问题、加速技术转化与应用创新等任务。劳动者、劳动资料和劳动对象可以直接影响全要素生产率提升，也可以通过三者的结合来服务全要素生产率提升。高等职业教育是以职业为主要内容的高等教育类型，职业是劳动者和生产资料相结合的具体方式。当前我国高职院校将绝大部分精力集中在人才培养和社会服务上，鲜有院校关注职业研究，这不利于全要素生产率提升。职业研究包括职业发展历史、职业发展趋势、职业标准、职业岗位工作内容和职业思维等。职业是职业教育的逻辑起点和行动终点。高等职业教育通过不断服务职业新需求来促进全要素生产率提升。因此，本研究认为人才培养、社会服务和职业研究是高等职业院校服务新质生产力发展的三项基本任务。据此，本研究提出高等职业院校服务新质生产力发展的实践模式，具体如图 9-6 所示。

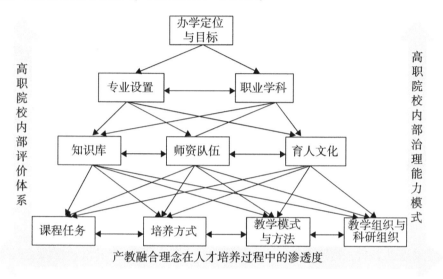

图 9-6　高等职业院校服务新质生产力发展的实践模式

4.4.1　办学定位与目标是高等职业院校服务新质生产力发展的根本

这是实践模式的方向。办学定位与目标是一所学校存在的必要性和价值。技术生存需要与教育允诺的统一是职业教育本体。[①] 职业教育一直存在，受生产力发展影响，职业教育在人类社会发展不同阶段呈现出不同样态。发展新质生产力是新时代人类技术生存需要，培养高素质技术技能人才和开展新形态技术服务是当代高等职业教育允诺，它们的统一就是新时代高等职业教育。技术生存需要源于行业，教育允诺为行业服务，行业是高等职业根植的土壤，离开行业高等职业教育就会变成无源之水无本之木。新质生产力是行业中生产要素质的变化催生的一种先进生产力，各行

---

① 李玉倩. 新质生产力视角下行业产教融合共同体建设逻辑与路径 [J]. 南京社会科学，2023（12）：122-129.

业新质生产力发展水平不均衡，对高等职业教育需求也不同，需要尊重实际、科学决策，不能跟风、不能盲从。

4.4.2　专业学科一体化建设是高等职业院校服务新质生产力发展的龙头

这是实践模式的理念。有学者提出，"普通高校谈学科，职业院校看专业群"，认为高职院校不应该搞学科建设。学科的本质是独立的知识体系，尽管随着经济社会发展，跨学科已成为常态，学科形态也在不断变化，但学科的知识本质依旧保持。知识体系的构建方式有两种，一种是"实践—经验—知识—知识库—实践—知识体系—实践"，另外一种是"既有科学知识—实验手段—新知识—实践"，所以学科知识体系构建不限于从理论到理论的实验手段，也可以是从实践到实践的实践模式。如果彻底抛开学科，高职教育的专业又建在何种基础上呢？又以什么为载体来实现立德树人的目标呢？

此外，关于专业群的组建逻辑，目前存在"依托共同基础""围绕核心专业""面向职业岗位"和"面向产业链"四种观点，前两种是普遍的实践。"面向职业岗位"的专业群组建逻辑因对职业研究不深，加之受职业动态性影响，目前尚难实现；"面向产业链"的专业群组建逻辑，因明确产业链边界及深入其他工作带来的困难，目前也很难做实。即使实现了"面向职业岗位"和"面向产业链"的组群逻辑，知识仍是专业群的核心凝合剂，不能单纯混淆或割裂学科与专业的关系，关键看知识的生产方式和构建知识体系的目的。根据高等职业教育的本质属性，本研究认为高等职业院校应推行专业学科一体化建设，这是高等职业院校服务新质生产力发展的龙头和高度。

4.4.3　知识库、师资队伍和育人文化建设是高等职业院校服务新质生产力发展的核心

这是实践模式的路径。高等职业教育推行专业学科一体化建设，学科起支撑作用，所以高等职业院校不能建和普通本科院校一样形态的学科。高等职业教育的学科需建立在对职业进行系统研究的基础上，它是一种源于实践的学科，内容包括职业知识、技术知识、工程知识和基础学科知识，而非某类知识独立的体系。但职业学科属于新生事物，与其相关的知识目前还难以成体系，我们可以先从知识库建设开始。知识库的建设和库

中知识的传授离不开教师，师资队伍建设是核心，特别是教师的知识传授、应用和发现能力，这直接决定高等职业教育的办学质量、育人水平和社会服务能力。实践中我们可以通过产教融合途径来提升教师这方面的能力。职业认同是职业教育育人的最高境界，人只有认同自己所从事的职业，才会用心去用技术技能解决和发现问题，并不断精进。职业认同其实是对职业文化的认同，需要不断强化文化认同、我们只有将职业文化渗透在育人的各个环节，才能培养出适应新质生产力需求的劳动者。知识库、师资队伍和育人文化建设是高等职业院校服务新质生产力发展的重要支撑。

4.4.4 课程任务、培养方式、教学模式与方法、教学与科研组织建设是高等职业院校服务新质生产力发展的途径

这是实践模式的具体任务。课程是知识组织的具体形式，高等职业教育倡导行动式教学，课程以任务式课程为主，这是高等职业教育人才培养的载体。培养方式指高等职业院校培养学生的具体途径，如订单式培养、现代学徒制培养和"三明治"式培养等。教学模式指教师执行教学任务的具体形式，常见的模式包括演示式教学、探究式教学、合作式教学和情境式教学等。教学方法指教师为实现教学目标而采取的行为总称，如讲解法、实验法和行动导向等。教学模式与方法的选择取决于教学内容、教学目标和教学对象。作为与经济发展最为密切的教育类型，高等职业教育人才培养改革需求是常态，如新质生产力对劳动者素质要求我们开展综合技术教育，需要我们变革囿于特定技术技能的人才培养模式等。这些教学改革、评价和教学资源建设等都依赖系部和教研室等基层教学组织建设，基层教学组织建设直接关系教学改革成功与否。技术服务是高等职业院校重要职能，新质生产力主要体现在劳动者、劳动资料、劳动对象及其组合质的变化。这种变化势必对高等职业教育科研与技术服务提出新的要求。我们不仅要做有组织的科研以满足新质生产力对创新的要求，更要做有组织的转化以加速应用推广。课程任务、培养方式、教学模式、教学方法、教学组织和科研组织包含高等职业院校知识生产、组织、传授、应用和转化等任务，构成高等职业院校服务新质生产力发展的具体途径。

4.4.5 产教融合是高等职业院校服务新质生产力发展的前提

产教融合是高等职业教育的基本办学模式，是高等职业教育的本质属

性，是高等职业教育应一以贯之、全面渗透的育人理念。新质生产力是当代的先进生产力，技术革命性突破、生产要素创新性组合和产业深度转型升级是其催生动力。以泛在感知、互联互通和暴力计算为特征的智慧社会环境下，技术创新、应用创新和模式创新速度和数量前所未有，这给高等职业教育服务经济社会发展带来了前所未有的挑战。产教融合是增强高等职业院校适应性和开放性的唯一途径，所以产教融合在高等职业院校人才培养全过程的渗透度是高等职业院校服务新质生产力发展能力的底座。

4.4.6　内部评价体系和治理能力是高等职业院校服务新质生产力发展的保障

高等职业院校是一个知识工作机构，知识是其核心工作要素，教师是知识生产、储存和应用的主体。教师的知识生产和应用能力决定了学校人才培养质量和社会服务能力。评价政策是教师行为的指挥棒，如前文所述，为适应新质生产力发展需求，高等职业院校需变革现有人才培养诸多环节，而这些环节的执行者都是人，因此内部评价体系是保障高等职业院校满足新质生产力发展需求的关键途径。此外，包括内部制度安排和政策执行力等在内的内部治理能力是保障高等职业院校满足新质生产力发展需求的另一途径。

第10章 推行综合技术教育：
以高职机电类人才培养为例

1 推行综合技术教育的必要性

人类通过技术创新来扩充自身能力和推动社会发展。

前工业时代的技术以扩充体质能力为主，属于对材料的机械性利用。这一时期，由于生产技术和生产方式相对简单，社会分工也相对简单，大多数职业人需具备多种技能，如木匠制作家具所需具备的设计、测量、切割和打磨等技能。虽然这些都属于低技术技能，但属于多种技能的综合运用。社会对职业人的技术需求以综合型低技术技能为主。

工业化时代的技术以扩充体力能力为主，其核心是机械力替代了人力和畜力，属于对材料和能源的机械性利用。生产效率的极大提高使全天候的生产运作成为现实，标准化、规模化生产成为主流，分工进一步细化。分工细化和过程控制共同推动了去技能化。流水线上劳动者无需掌握过多的技能知识，只需重复执行特定机械动作，"概念与执行分离"成为普遍现象。社会对职业人的技术需求以中技术技能为主，同时兼顾低技术技能，呈现"楔形"职业需求形态。

前述两个时代技术应用的典型特征是人脑与工具没有直接连接，技术一直是被动利用，缺乏自觉性和能动性的智能特征。人工智能以计算机的逻辑运算能力对接了人类智能意识活动，并以此为基础利用人类活动的"信息"，去执行各类智能任务，有效对接了人脑和工具，显著扩充了人类智力能力。这是人工智能能够给人类社会带来颠覆性变化并将人类文明推入新阶段的根本原因。

纵观人类发展史，每次技术和产业革命都会消除一部分职业，同时又催生一大批新型职业。在人工智能时代，那些重复性高、程序性强、创造性低和容易被编译成代码的中技术技能工作岗位将逐步被人工智能替代。

面向人们生活休闲的低技术技能岗位需求增多，如理发、厨师等生活性服务业；机械化催生的中技术技能岗位减少，如车床工、焊工和其他流水作业工人等；面向人工智能研发、设计和操作等高技术技能岗位增多；社会职业需求出现极化，呈现"哑铃型"职业需求形态。

职业是高职教育的逻辑起点和办学落脚点，高职教育是一个从职业到职业的逻辑闭环。面对"哑铃型"职业需求形态，高职院校应如何应对？马克思在《临时中央委员会就若干问题给代表的指示》中提出"要使儿童和少年了解生产各个过程的基本原理，同时使他们获得运用各种生产的最简单的工具的技能"，并称之为综合技术教育，以弥补分工对人的全面发展带来的缺陷。

从教育外部规律来看，教育务必与社会发展相契合。教育发展的最为根本的原则便是受到生产力以及科学技术水平的约束。以创新为核心特征的新质生产力时代，人工智能普遍应用，社会分工出现极化，职业需求越来越向低技术技能的生活服务端和高技术技能的智能设备研究与维护端聚集。相比传统机械设备的现场调试、操作与维护，智能设备更抽象，不仅要求从业者具备较强的通用知识能力、扎实的岗位技术能力，还需具备出色的现场分析、判断和决策能力。服务融合化、专业工具大众化/服务化、生产领域中心化与个性化的统一、智能应用创新大众化和技术创新快速迭代化是智能革命正在引发的社会变化。面对这种趋势，从业者不可能以变应变，而是要以不变应万变。这里的"不变"就是通用技术知识、原理和逻辑，"变"指的是应用的技术创新和组合创新。"以不变应万变"正是综合技术教育的重要思想。

从教育内部规律来看，教育必须服务人的全面发展。新型职业人的出现迫使我国高等职业教育变更教育理念。技术发展大致可以分为辅人、拟人和共生三个阶段，每个阶段对应不同的职业人。辅人阶段对应的是传统职业人，其典型特征是人脑与工具的分离，拟人阶段是人脑与工具的有效对接，共生阶段则是人与技术共同发展。目前我们正处于拟人阶段，与之对应的是新型职业人。相对传统职业人，新型职业人的职业活动内容和禀赋需求不同，不确定性决策增多，仅靠重复性训练难以达到其禀赋要求。马克思将工业化时代体能与智能相分离的劳动称为异化，新型职业人在人格上是全面发展的人，他们是集体能主体、智能主体和实践主体于一体的现代职业人。相对综合低技术技能的职业人，新型职业人对"技体智"三种能力的需求形态不同，正是这些特质要求高职院校回归到以人为本的综合技术教育。

从教育内外部规律的辩证关系来看，高等职业教育发展服务经济社会发展的功能必须通过自身内部规律来实现。有数据表明：1978—1999 年，我国第二产业从业人员占比分布为 17% ~ 23.7%，与第二产业 41% ~ 47% 的增加值不协调、不匹配。而 1999 年我国仅有高等专科学校 258 所、职业技术学院 184 所，急需快速培养受过高等教育的专门性和技术型人才，这催生了我国高职教育的快速扩张。经过这些年的发展，目前我国共有高职高专院校 1547 所，1999—2023 年累计培养毕业生 6190 多万人，为我国经济社会发展做出了巨大贡献。与此同时，我们也深化了对高职教育办学规律的认知。作为职业类型的高等教育，我们需要根据职业发展的科学规律来办教育，切实加强职业科学研究。针对职业需求综合技术化的不可逆趋势，我国高职院校应变革育人理念，构建基于综合技术教育思想的育人体系、推行专业学科一体化建设、探索"职业思维+"的课程设置模式和路径以及实施行动导向的课堂教学改革等。只有这样才能办社会需要、人民满意和可持续发展的高等职业教育。

2 对马克思综合技术教育思想的认识

用马克思综合技术教育思想来审视我国高职机电专业人才培养模式，以解决高职机电专业人才培养问题，就需要对马克思综合技术教育思想有充分的认识。马克思综合技术教育是马克思运用唯物史观在卢梭等人的思想基础上发展而来的一种教育理念。具体指：儿童和少年要了解生产各个过程的基本原理，同时掌握使用各种生产最简单工具的技能，按照不同的年龄对儿童和少年工人循序渐进地授以智育、体育和技术教育课程。[①]

2.1 综合技术教育是人的全面发展的必然

马克思在《资本论》中指出，机器大生产带来的劳动的变换导致工人要尽可能多方面地发展成为社会生产的普遍规律。[②] 为适应劳动的变换，就需要全面发展的人，从而就需要对劳动者进行尽可能多方面发展的教

---

① 马克思，恩格斯. 马克思恩格斯全集：第十六卷 [M]. 北京：人民出版社，1965：218.
② 马克思. 资本论：第 1 卷 [M]. 北京：人民出版社，2004：561.

育，各种关系都要适应于这个规律。① 这是实施并加强综合技术教育的必然。在马克思和恩格斯的论述中，综合技术教育的内容包括科学基础知识、工艺技术知识、现代生产管理知识、科学技术与工业发展历史知识和使用生产各个过程工具的技能等。② 列宁明确提出人的全面发展和共产主义实现的条件是国家实施综合技术教育，在俄国综合技术教育实施中，要从俄国实际出发来研究和解决相关问题。③

生产力水平不断提高与技术发展迅速导致了职业更新快，劳动者要适应这种变化，就要更多方面地发展，这是综合技术教育的现实需求。吴同喜从马克思主义职业教育思想中国化的视角，论述了职业教育的三大价值功能，即提升理论水平，增强改造世界的物质力量；消除三大差别，构建和谐社会；完善人格，促进人的全面发展。④ 徐辉等人针对教育与生产劳动相结合提出，劳教结合是提高社会生产的一种方法，更是创造全面发展的人的唯一方法。⑤ 田毅松认为"综合技术教育"促进了人的自由全面发展，其"多元"本质促进了劳动者在不同部门之间自由流动，其技术（工艺）内容让人的社会关系日益丰富，进而为恢复人的意义提供社会基础。⑥ 庞瑞华认为，实施综合技术教育是社会主义建设的内在要求，是适应社会劳动形式新变化的需要，是促进人的全面发展的本质要求；职业教育不应该为了培养专门技术而缩小普通教育的范围，应将普通教育与技术教育紧密联系，将技术教育贯穿到普通教育的各门基础课程当中，培养能够适应生产与技术的变革、德智体美劳全面发展的时代新人。⑦ 可见，人的全面发展是马克思综合技术教育思想的核心。马克思和恩格斯认为，若要实现人的全面发展，就必须提升社会生产力，而社会生产力的提升依赖于劳动

---

① 马克思，恩格斯．马克思恩格斯全集：第二十三卷 ［M］．北京：人民出版社，1972：534.

② 同上。

③ 列宁．列宁全集：第35卷，1918.7-1919.3 ［M］．北京：人民出版社，1985.

④ 吴同喜．试论职业教育的价值功能——基于马克思主义职业教育思想中国化的视角 ［J］．黑龙江高教研究，2013，31（8）：16-18.

⑤ 徐辉，张永富．论马克思主义的"教劳结合"思想与综合技术教育 ［J］．西北师大学报（社会科学版），2020，57（3）：117-123.

⑥ 田毅松．人的自由全面发展与综合技术教育 ［J］．马克思主义理论学科研究，2018，4（4）：45-54.

⑦ 庞瑞华．克鲁普斯卡雅对综合技术教育问题的自觉把握及现实启示 ［J］．中国职业技术教育，2022（3）：63-69.

者对科学技术知识、生产过程及生产技术的掌握，同时，人的全面发展还包含着人的精神和道德等思想方面的成长。因此，面向新时代，全面提质增效高职教育，提升高职毕业生素质，我们更加需要大力开展高职综合技术教育。只有这样，高职教育才能够促使学生在更多方面实现发展，也才能够确保为社会主义现代化国家建设培育出全面发展的人才，才能满足社会经济发展对于人才的需求。

2.2　综合技术教育是教育与生产劳动相结合的措施

人类进入现代社会后，社会机器大生产代替手工劳动，劳动者要想适应机器大生产的需要，就不得不掌握一定的科学技术知识。教育与生产劳动相结合一直是空想社会主义者的教育主张，如莫尔、康帕内拉、欧文。[①]在此基础上，马克思从大工业生产和社会经济发展的内在规律中探寻教育和生产劳动相结合的根本，论述了教育和生产劳动相结合是大生产发展的必然要求。教育和生产劳动相结合既是实施综合技术教育的必然途径，还是提升工人阶级地位的必然要求。[②]

马克思认为，教育和生产劳动相结合是机器大生产发展的必然需要。现代社会教育和生产劳动相结合是一种积极的、主动的、必然的结合。现代社会机器大生产，不论是什么形式，都是现代科学具体应用的结果，现代科学的发展状况制约着现代社会机器大生产的发展水平，随着现代科学技术基础的变革，劳动者的劳动职能也随之不断地变动。对劳动者进行综合技术教育，使其掌握现代生产中的基本科学技术原理以及基本生产技能，就能够适应劳动岗位的变动、生产形式的变化、劳动环境的变换以及生产关系的改变，从而就能满足现代社会生产的需要。因此，马克思综合技术教育是教育与生产劳动相结合的有效措施。

2.3　马克思综合技术教育的逻辑理路及其内涵

马克思在第一次正式提出综合技术教育这一理念时指出，现代机器大生产的客观发展需要把有报酬的生产劳动、智育、体育和综合技术教育相结合，把工人阶级的社会水平提高到比贵族和资产阶级还要高得多的状

[①]　臧志军，尹导 . 适合的职业教育：马克思教育思想的职教蕴含 [J]. 中国职业技术教育，2019（13）：28-32.

[②]　金星霖 . 职业院校开展劳动教育的理论基础与问题探究 [J]. 当代职业教育，2021（2）：37-44.

态。① 恩格斯在《反杜林论》中指出，教育和生产劳动相结合是社会主义社会对劳动者进行尽可能多方面技术训练和实施科学教育的基础。②

马克思认为，现代科学是机器大生产的基础，是劳动者全面发展的基础，是教育和生产劳动相结合的关键，可见，现代科学是马克思综合技术教育的基础。机器大生产构建了现代工艺学，揭示了社会生产过程的基本运动规律，并科学地分析和验证了现代科学是机器大生产的基础，明确界定了基础生产科学技术原理和基本技能，是马克思综合技术教育的基础内容构成。③ 实现人的全面发展以满足机器大生产对人才的需要，仅有基础内容是远远不够的，还需要有现代生产科学管理知识、科学技术和工业发展历史知识等，因此，马克思的综合技术教育的核心要义表现为：让劳动者接受涵盖现代社会大生产所依存的现代科学技术基础学问、现代生产科学管理学识、科学技术和工业发展历史知识，还有基本生产技能等方面的教育。马克思综合技术教育逻辑理路及内涵如图 10-1 所示。

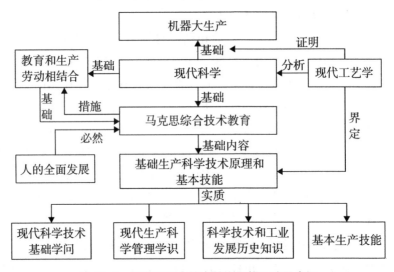

图 10-1　马克思综合技术教育逻辑理路及内涵

① 马克思，恩格斯. 马克思恩格斯全集：第十六卷 [M]. 北京：人民出版社，1965：218.
② 马克思，恩格斯. 马克思恩格斯选集：第 3 卷 [M]. 北京：人民出版社，1975：335.
③ 李罡. 对马克思综合技术教育理论的认识及其实施的原则构想 [J]. 清华大学教育研究，1996（1）：22-25.

3 马克思综合技术教育优化高职机电专业人才培养作用机制

通过前述的总结和梳理不难发现，马克思综合技术教育在现代高职教育中，不是一门独立的学科，不是一个专业，也不是一门课程，它是一种教育思想，其最终目标、实施形式、逻辑理路及核心内涵与处于第三发展阶段的我国高职机电专业人才培养要求高度吻合，能够很好地指引优化高职机电专业人才培养。

3.1 人的全面发展与高职机电专业人才培养目标高度一致

马克思倡导的综合技术教育旨在确保每个个体都有机会全面发展自身的能力，成为具备多种技能和才能的"完整的人"，以适应社会对人才不断变化的需求。当前，高职机电专业人才培养正处于第三发展阶段，经济快速变化和产业结构的深度重塑导致对综合技术创新型人才的需求达到前所未有的高峰。因此，人才培养目标已经从片面、异化和专一转变为培养跨领域、跨学科、高素质、高技术技能的复合型综合技术人才，这些人才被要求具备全面发展的潜能，以胜任生产、建设、管理和服务等第一线岗位。这一转变与马克思综合技术教育的愿景高度契合。

3.2 劳教结合与产教融合实践方式深刻相似

产教融合是现代高职教育高质量人才培养的最有效途径，与马克思综合技术教育中所倡导的劳教结合实践方式有着深刻的相似性。马克思提出的劳动与教育相结合实践方式强调理论学习与实践操作的融合，旨在培养学生的综合素质和技术能力，使其成为既掌握专业知识又具备实际操作技能的全面发展的人才。马克思认为，劳动是人类存在的基础，通过劳动，个体不仅可以掌握生产技能，还能理解社会经济关系，形成全面的个人素质。这一理念强调了教育的社会功能，认为教育应当服务于生产和社会发展。现代高职教育中的产教融合，正是对马克思这一理念的实践和发展。在高职机电专业教育中，产教融合意味着学校与机电企业紧密合作，通过实际项目和工作场景的实践，使学生在学习过程中掌握专业理论知识和实际操作技能。这种模式不仅增强了学生的实践能力，还帮助他们更好地理解所学知识在实际生产中的应用，提高了学生的职业适应能力和市场竞争力。

马克思认为，教育应当与生产力的发展相适应，学校应当为学生提供接触实际劳动的机会，使他们在劳动中学习和成长。现代高职教育也强调学生在企业中的实习和实践，通过与企业的深度合作，学生可以参与到真实的生产项目中，获得宝贵的实践经验。这种在工作环境中的学习，使学生不仅掌握了专业技能，还锻炼了团队合作、沟通协调等综合能力。

现代高职教育中的产教融合与马克思综合技术教育中的劳教结合实践方式有着相似的思想基础和实践目标。两者都强调通过实际生产和劳动实践培养学生的实践能力、创新意识和综合素质，为社会培养全面发展的高素质人才。

3.3 综合技术教育与高职机电专业人才培养内容高度对接

马克思综合技术教育的实质内涵包括现代科学技术基础学问、现代生产科学管理学识、科学技术和工业发展历史知识、基本生产技能。这些内容与现代高职机电专业人才培养内容高度对接。

现代科学技术基础知识是高职机电专业人才培养的基石。马克思综合技术教育强调对现代科学技术的掌握，这与高职机电专业学生需要掌握的电学、力学、材料科学以及机械设计、电子技术等基础知识相吻合。通过学习这些基础知识，学生能够理解机电系统的原理，并应用这些原理解决实际工程问题，从而为后续的专业学习打下坚实的基础。

现代生产科学管理知识在高职机电专业人才培养中同样重要。马克思综合技术教育提倡对生产管理的了解，这与高职机电专业学生需要掌握的生产流程管理、质量管理、项目管理等知识相一致。现代生产过程复杂多变，合理的管理能够显著提高生产效率和质量。这些管理知识能够帮助学生掌握从生产计划、质量控制到设备维护等各个环节的管理技巧，从而在未来的工作中更好地组织生产，提高生产效率和产品质量，成为能够胜任管理岗位的复合型人才。

科学技术和工业发展历史知识对于高职机电专业学生来说，是理解技术发展和产业变迁脉络、把握行业发展趋势的重要途径。高职机电专业人才培养对科学技术发展历史的重视，有助于学生建立起对技术演进的宏观认识，从而在个人专业发展中具有前瞻性和创新性。在高职机电专业课程中，融入工业革命、现代工业体系的形成及其发展等内容，不仅可以拓宽学生的视野，还能增强他们对所学专业的归属感和使命感。

基本生产技能的培养是高职机电专业人才培养的核心。马克思综合技术教育中对生产技能的强调，与高职机电专业学生需要掌握的实际操作能力、故障诊断能力、设备维护能力等高度一致。通过实践教学，学生能够在真实的工作环境中锻炼技能，将理论知识应用于实际操作，从而培养动手能力强、实战经验丰富的技术人才。

马克思综合技术教育与高职机电专业人才培养内容高度对接，二者在知识体系和实践环节上都具有高度的一致性。通过系统的理论学习和实践训练，学生不仅在专业技术上得到全面提升，同时也在管理能力和历史视野上得到拓展，从而可以更好地适应现代工业社会的需求，成为具备高素质综合技术技能型机电专业人才。

4 高职机电专业学生综合技术能力培养模式构建

当前，我国高职院校学生的生源多样，知识基础参差不齐，要想使高职教育与生产劳动相结合，全面培养学生的综合技术能力，就要根据高职学生不同的知识基础，不同的身心特征和个性兴趣，选择灵活多样的综合技术教育培养方式，既要全面开展适应现代生产和科学技术发展要求的新的高职教育，也要保持甚至增加基础科学知识、科学管理知识等内容的培养。特别是在当今新工业革命、数字化、信息化、智能化的时代背景下，综合技术教育要与大数据、互联网、人工智能等高新科学技术相结合，对标新兴产业，瞄准未来产业，构建高职教育与现代生产劳动相结合的高职综合技术教育，培养真正适应现代生产和科学技术发展要求的社会主义建设者和接班人。

高职机电专业学生综合技术能力的培养一直是工科类开设机电专业的高职院校广泛关注和努力做好的方向，山东交通职业学院作为设有机电专业的工科高职院校亦不例外。2015 年，中国汽车工程学会开始面向全国高等学校组织开展"巴哈"越野车大赛（以下简称巴哈大赛），要求大学生自己设计加工制作一辆单人越野汽车，并驾驶该汽车参加多个项目的越野驾驶竞技比赛。山东交通职业学院组织机电专业学生连续七届参加了该比赛，在培训学生参加比赛的过程中，依托巴哈大赛项目，构建了高职机电专业学生大赛项目综合技术能力人才培养新模式。具体做法如下。

4.1 以马克思综合技术教育思想为指引构建大赛项目育人体系

根据大赛要求，参加并顺利完成巴哈大赛，首先就要求由学生独立自主设计、加工制作、装配调试好一辆巴哈越野汽车，并顺利通过动力、防护、车架、逃生、制动等系列安全检查，然后再通过设计比赛、营销比赛、驾驶比赛获得综合得分来决出名次。整个比赛考查学生的基础科学知识、现代科学技术、专业技能、管理科学等各方面的能力，对学生综合技术能力的要求极高。这种高工程综合技术能力要求的大赛项目与我们当代高综合技术能力人才培养目标非常契合。对此，我们以马克思综合技术教育思想为指引，以培育学生的全面发展为目标，注重劳动与教育相结合，依托巴哈大赛项目，针对机电专业学生构建了巴哈大赛项目人才培育体系，培育机电类专业学生的综合技术能力。巴哈大赛项目育人体系如图10-2所示。

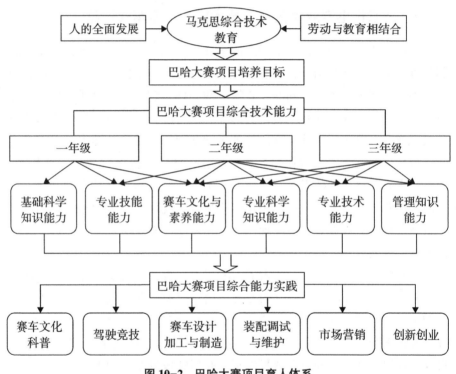

图10-2　巴哈大赛项目育人体系

巴哈大赛项目培养机电类专业学生综合技术能力的育人模式构建秉承以下六个原则：一是以马克思综合技术教育思想培养全面发展的人为宗旨，把综合技术教育思想贯穿于整个大赛项目育人全过程，系统培育学生的综合技术能力。二是以培养学生的综合技术能力为出发点，系统考虑机电基础科学知识、专业科学知识、技术技能和专业文化与素养等各个方面，确定巴哈大赛项目人才培养目标。三是根据巴哈大赛项目培养目标，结合高职院校三年制大专学生学制安排，综合考虑项目实施过程，细分确定六大能力培养模块，即基础科学知识能力培养、专业科学知识能力培养、专业技术能力培养、专业技能能力培养、管理知识能力培养、赛车文化与素养能力培养。四是以巴哈大赛项目育人过程中的赛车设计加工与制造、市场营销、团队运营、科学管理、驾驶竞技、赛车文化科普、创新创业等各方面所需要的现代科学知识、现代工艺学知识、科学技术、实践技能、科学管理等知识技术技能来分别构建基础科学知识、专业科学知识、专业技术、专业技能、管理知识能力、赛车文化与素养六大能力培养的具体内容。五是根据六大能力培养模块在大赛项目育人过程中的相互基层逻辑关系，并结合机电高职三个年级学生的不同特点分配各模块对应高职院校学生的三个年级，做到基础的科学知识和技能在一年级中培养，基本的专业科学知识、专业技术和管理知识在二年级中培养，高层次的专业科学知识、专业技术和管理知识在三年级中培养，文化与素养在三个年级都持续培养。六是依托巴哈大赛项目，但又不局限于大赛项目，将巴哈大赛项目与创新创业、机电产品创新设计、赛车文化科普、市场营销与项目推广、产品成果转化及专利知识产权申报等相结合，以赛车设计加工制造、装配调试与维护、驾驶竞技、市场营销、文化科普、创新创业为具体培养形式，实践锻炼学生的综合技术能力，切实培养学生的全面发展，适应现代企业对人才的高综合技术能力要求。

4.2 基础与专业科学并重搭建大赛项目人才培养知识体系

打破传统高职院校基础科学知识学习的培养理念，将基础科学知识学习和专业科学知识学习占比调整到1∶1。在机电专业学生人才培养方案中原有基础科学和专业科学知识课程门类和深度的基础上，根据巴哈大赛项目实施的需要，新增加了机电专业基础科学知识、车辆方向专业科学知识、赛车文化与素养知识、管理科学知识、思想政治与道德知识培训内容，并增加了原有基础科学知识和专业科学知识课程的培训深度，夯实了机电专业学生的基础科学知识根基，为学生后续全面发展奠定坚实的基础。巴哈大赛项目人才培养知识体系如图10-3所示。

4.3 "三层四纵"系统构筑劳教结合实践体系

坚持劳动与实践是高技术技能人才培养的必要前提条件这一理念，根

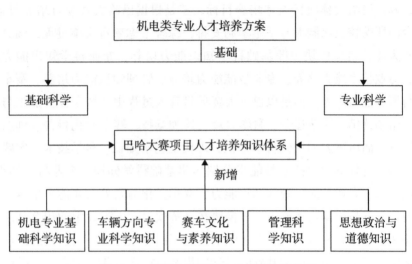

图 10-3 巴哈大赛项目人才培养知识体系

据巴哈赛车制造需要，开展零部件及整车设计与仿真、车身加工与制作、零部件机床加工、赛车装配与调试、赛车维修与保养劳动实践，进行巴哈赛车产品的市场营销、创新创业实践。分初级、中级、高级三个层级，以及设计与仿真实践、加工制作实践、技能操作实践和创新创业实践四个方向。从初级的简单零部件设计与仿真、简单零部件加工制作、普通车铣焊折割钻等多技能实践、巴哈赛车 BOM 表编制实践，到中级的复杂零部件设计与仿真、复杂零部件加工制作、数控车铣等技能实践、成本及质量控制等项目管理实操，再到高级的整车设计与仿真、整车装配与调试、多轴数控加工中心技能实践、创新创业策划及市场营销实施，对应高职三年制三个年级。"三层四纵"构筑劳教结合实践体系，全面培养学生的车、铣、刨、磨、钻、焊、折、割、锻等各项技能，以及汽车设计与仿真、汽车装配与调试、汽车维修与保养、复杂零部件机床加工等各项技术。同时，培育赛车项目的市场营销与创新创业意识与能力，促进学生全面发展，系统提升学生的综合技术技能，践行马克思综合技术教育思想教育与劳动相结合的理念，培养满足社会对综合技术技能要求的高职人才。"三层四纵"劳教结合实践体系如图 10-4 所示。

4.4 三级协同混编架设团队自我管理模式

学校组建成立山东交通职业学院巴哈车队和巴哈越野车俱乐部社团，根据高职三年制机电专业学生的年龄和知识结构，实行巴哈车队和社团混

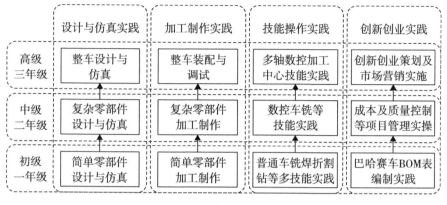

	设计与仿真实践	加工制作实践	技能操作实践	创新创业实践
高级 三年级	整车设计与 仿真	整车装配与 调试	多轴数控加工 中心技能实践	创新创业策划及 市场营销实施
中级 二年级	复杂零部件 设计与仿真	复杂零部件 加工制作	数控车铣等 技能实践	成本及质量控制 等项目管理实操
初级 一年级	简单零部件 设计与仿真	简单零部件 加工制作	普通车铣焊折割 钻等多技能实践	巴哈赛车BOM表 编制实践

图10-4　"三层四纵"劳教结合实践体系

合制自我管理模式，巴哈大赛项目分层管理架构如图10-5所示。管理架构分五层，实行教师指导，第一层为车队队长兼任社团团长，负责车队和社团的全面工作，由三年级学生担任；第二层设技术副队长和管理副队长两人，由三年级学生担任，兼任社团副团长；第三层为分设部门，由二、三年级学生混合担任或者兼任；第四层为各个小组，由二年级学生担任或者兼任；第五层为干事，由一年级学生组成，分为车队成员和社团成员两类。社团和车队的这种混合编制管理模式，锻炼了学生自我协同管理能力，提升了科学管理水平。

5　实施成效

山东交通职业学院始终以培育新时代工匠人才为根本，充分发挥巴哈大赛项目驱动潜能，面向全校学生成立巴哈社团，针对大赛组建了巴哈车队，配置车辆设计软件与相应制作设备，以马克思综合技术教育思想为指引，以学生为主体，教师为主导，以兴趣为牵引，因材施教，面向机电专业学生多方面开展产教融合、科教融汇、技术服务、科技成果转化，拓展项目驱动教科研工作深度与广度，全面开展综合技术能力人才培养。取得了以下四个方面的成效：

一是兴趣牵引，撬动创新原动力，学生创新能力增强。基于职业教育类型特征，设计活动载体，激发学生自学兴趣，挖掘学生创新原动力。设计开发了巴哈越野车设计、模型制作、赛车对抗、驾驶比拼等特色项目，将学生创新能力挖掘融入到巴哈赛车项目综合能力人才培养实践中。指导

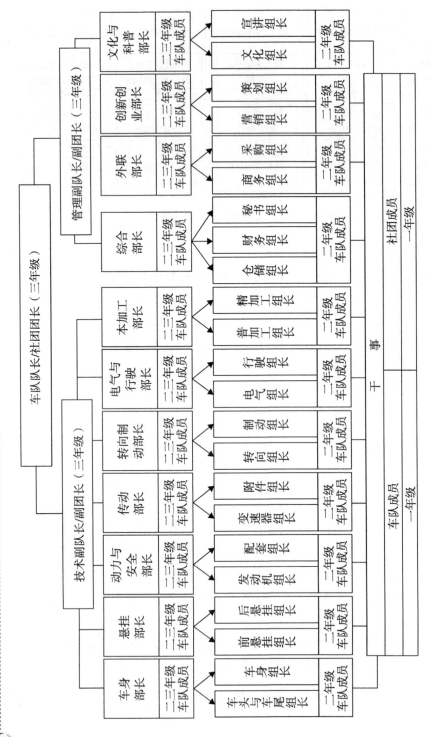

图10-5 巴哈大赛项目分层管理架构

教师以识启智，学生独立自主完成车辆图纸设计、制作加工、装配调试、实践完善等各个环节，以技术性、趣味性、育人性撬动学生的创新产出，学生创新能力显著增强。

二是系统思维，驱动学生工程综合技术能力提升，毕业生深受企业欢迎。基于巴哈越野车设计制作所需知识与技能难易程度，采取逐级进阶、专项提升、以老带新模式，系统提升学生综合技术能力。从2014年到2024年，巴哈大赛项目育人模式先后培养1200余名毕业生，在每一年的毕业生就业情况调查反馈中，接受巴哈大赛项目人才培养的毕业生，不论是从专业对口率、就业稳定性、工资福利待遇，还是从个人晋升发展速度、个人满意度等方面，都普遍优于普通机电专业毕业生。其中，不乏优秀毕业生成为企业的高管、技术总监，还有毕业生被评为台州市"五一劳动奖章"获得者、浙江省"沙埠工匠"等。

三是反哺教学，破解科教融汇难点堵点，教学育人效果好。基于巴哈越野车开发设计过程，构建了车辆构造、机械设计、机械制图、三维建模等实践教学案例库，供汽车、航空机电、航海等国家级省级高水平专业群学生使用，破解了科研成果进入课堂、进入教材、进入学生头脑的源头问题，提升了师生科技创新策源能力。巴哈教师团队编写了活页式教材，在全校开设反映巴哈越野车学术前沿的选修课，丰富了科教育人内容，教学育人效果反馈好。

四是成果转化，科创"作品＋产品"加速融合，社会效益见真知。依托巴哈大赛项目搭建了"产学研赛创"合一的平台体系，针对巴哈赛车进行了7代科技更新及技术升级，获得国家专利5项，技术转让给山东省某新能源汽车有限公司，开发巴哈越野车产品，实现年产2000台赛车规模，作为企业畅销产品出口到美国、土耳其等多个国家，产生良好的经济效益、社会效益、育人效益，为增强职业教育适应性、提升职业院校服务行业能力提供了路径、打造了样板。

6 本章小结

综合技术教育是马克思教育思想的核心内容，其实质目的是为大工业革命下的产业工人找到一条适合自身长期发展的教育之路。当今，现代工业生产越来越趋于信息化、智能化、小批量化、定制化，劳动的变换、工人的全面流动性和职能的更新变得更加突出。作为高等教育的重要组成部分，高职教育人才培养中综合技术能力的要求也变得更为迫切。针对高职院校机电专业综合技术能力的培养问题，开展以巴哈大赛项目为依托，以兴趣为牵引，构建切实可行的综合技术能力大赛项目育人体系，全面系统地培育学生的综合技术能力，非常适合现代高职教育人才培养目标。实践证明，大赛项目培育学生综合技术能力模式，更加适合人的全面发展，为高职教育人才培养模式改革提供了一个新的思路。

第 11 章　建设职业学科的
现实基础与需要

1　学科生长与建构的一般规律

1.1　自下而上的探索阶段

钟义信教授（2024）认为，学科的发展成长，通常先要经过"自下而上"去摸索学科本质规律的摸索阶段，然后才能进入"自上而下"运用本质规律去建构学科的建构阶段。[①] 学科的本质是已成体系的知识门类。知识源于实践经验，经验经过不断总结提炼升华成知识，知识再经过不断积累、提炼与发展才可能成为知识体系。因此，实践是学科萌芽、生长和发展的土壤，离开实践的学科是无源之水无本之木。既然学科源于实践，所以不存在固定的职业学科模式等待我们去挖掘，需要在实践中进行摸索和总结。学科建设初期，应鼓励尽可能多的研究者参与其中。显然，这样的后果就是由于基础、知识背景、实践场景和研究目的不同，研究者就可能产生各不相同的认识，甚至会在长时间内各抒己见。这种现象是必然的，其有利于加快探究认知学科范式，并形成共识。

探索阶段旨在自由摸索、探究和总结学科发展的基本规律和基本范式。首先，基本规律具有稳定性。它是事物之间必然、本质、稳定和反复出现的关系，揭示了事物发展的必然趋势，是事物发展过程中不可避免、确定不移的要素。这种必然性体现在无论事物如何变化，其内部的基本联系和规律始终保持不变，并且在一定条件下会重复出现。其次，基本规律具有普遍性。自然界、人类社会以及人的思维在各自的运动、变化与发展进程中均遵循着内在的规律。这些规律普遍存在于各个领域和层面，是事物发展变化的共同基础和指导原则。最后，基本规律还具有客观性。

[①]　钟义信. 统一智能理论［M］. 北京：科学出版社，2023.

它不因人的意志而发生改变，既无法被创造出来，也不可能被消除。不管人们是否承认它的存在，规律始终以其不可抗拒的必然性发挥着作用。这种客观性使得基本规律成为科学研究的基础和依据，人们可以通过观察、实验和推理来发现和认识规律，但不能随意改变或违背规律。作为源于实践、发展于实践、通过实践验证和以服务实践为目的学科，其发展的基本规律包括历史继承性、创新推动性、交叉融合性和社会适应性等。

建立学科基本规范，首先要对学科有个准确的认识，即关于对学科的基本理解或科学观。具体包括对学科内容的界定与分类、学科领域所遵循的基本准则和标准、学术研究的方法与准则。这些规范不仅体现了学科知识的内在逻辑和系统性，还规定了学科研究的方法论和学术规范。它们确保了学科发展的连续性和稳定性，为学科研究提供了明确的方向和指导。科学观回答学科是什么，方法论回答学科怎么建，学科的科学观和方法论综合在一起就是学科的范式。

学科范式对学科建设具有统领性。探索阶段就是要总结出学科发展背后的学科范式。只要学科的研究范式没问题，通过不断积累、完善和修正，我们就能构建出学科的整体。如果学科范式错了，这对学科范式将是毁灭性打击，因为根本方向错了，因此学科的"自下而上"探索阶段一定要尊重学术自由、鼓励学术交流、提倡交融创新。

1.2 自上而下的建构阶段

学科建设的"自下而上"阶段解决范式探究问题。那么范式探究出来后，自上而下的学科建构又该怎么进行？

学术界普遍认为学科是独立的知识体系。钟义信教授（2023）认为学科泛指按照学术内容的性质归属而划分出来的，具有一定粒度的各种学术类别。[①] 和单纯将学科定义为独立的知识体系相比，该定义兼顾学科的内容性质、边界和学术方法。该定义表明，学科是不同知识的归类，学术是学科动态发展的模式，学科研究的问题具有粒度要求。钟教授还提出了如表11-1所示的学科生长进程及其建构规律。

---

① 钟义信．统一智能理论［M］，北京：科学出版社，2023．

表 11-1　学科生长进程及其建构规律

阶段进程	进程名称	进程要素	解释
初级阶段： 自下而上的 探索	摸索（准备）	多方试探	经由自下而上的多方面尝试与探索，总结失败的教训与成功的经验，进而提炼并确立学科的研究范式（即学科的科学观与方法论）
高级阶段： 自上而下的 建构	范式 （宏观定义）	科学观	宏观上明确学科的本质是什么
		方法论	宏观上明确学科的研究怎么做
	框架 （落实定位）	学科模型	基于学科范式的学科全局蓝图
		研究路径	基于学科范式的整体研究方法
	规格 （精准定格）	学术结构	基于学科定位的学科内涵规格
		基础特色	基于学科定位的学科基础规格
	理论 （完整定论）	基本概念	基于学科定格的学科基本知识点
		基本原理	基于学科定格的概念间相互联系

资料来源：钟义信著，《统一智能理论》，科学出版社，2023 年。

1.2.1　明确范式（定义）

按照钟义信教授的观点，学科建设的高级阶段应该包括"定义—定位—定格—定论"四个发展阶段。定义建立在自由探索阶段形成的共识基础上，到自上而下的学科发展建构阶段，我们首先需从宏观上明确学科的科学观和方法论。科学观内涵丰富，主要指的是对科学的基本、总体的看法。具体到职业学科来说，就是以职业科学为探究和反思的对象，提出不同观点和看法，进而形成不同观念。它是一个动态发展的过程，与社会发展、生产力进步、社会分工变化以及生产关系变革紧密联系在一起，是一个与时俱进的理论体系。职业科学观把关于职业的科学作为核心内容，认为职业科学是具有客观性、严谨性的知识体系，是经过实践反复验证并证明其存在的客观性和正确性的知识体系。总之，科学观旨在从宏观层面阐释和论述学科研究对象的性质，回答学科对象"是什么"。这是学科建设的前提、根本和立足点。

明确研究对象后，接下来需从宏观层面进一步明确适合这个对象性质的原则性研究方法，主要回答这些研究应该"怎么做"。不同的研究对象具有不同研究方法，如自然科学研究中，研究者以采用理论分析和实验研究等方法为主；工程科学研究中，除理论分析、实验研究外，模拟仿真也是常用的方法，因此工程科学的研究方法更综合。而职业科学作为社会科学的一个分支，跨学科特征明显，其研究方法也需跨界，包括但不限于理论分析、调查研究、典型事件分析、实证分析和政策仿真等。

上述两个问题确定后，学科范式就基本确定，学科的基本定义也随之生成。需要注意的是，学科的科学观和方法论是一个整体，科学观的性质决定方法体系的选用，方法论是针对学科研究对象属性的研究途径，切不可割裂分开。

1.2.2　搭建框架（定位）

我们的任务是经自下而上自由探索到自上而下建构学科。确定任务的性质和完成任务的方法后，我们应该拿出具体落实方案，研究框架是详细落实方案的整体思路、路径和逻辑，包括研究模型和研究路径。研究模型是指学科研究的基本结构，它包括学科的基本概念、基本原理、研究方法和研究路径等。研究模型是学科研究的基础，它为学科研究提供了基本的理论框架和研究方法。研究路径是学科研究的具体路径，是研究方法的具体落实，它为学科研究提供了具体的操作路线和技术手段。研究模型和研究路径构成学科研究的框架，是学科研究的全局模型，类似建筑物的主框架，具有决定整体的作用。

1.2.3　论证规格（定格）

有如盖房，主框架及其施工路径确定后，接下来需论证整个建造的技术规格，如施工技术、材料技术和施工工艺等。对学科建设来说就是进一步明确与学科内涵相适应的基本学术规格。明确学术结构是确定学术规格的第一步，学术结构指学科学术内涵的广度。特别是本研究涉及的职业学科，跨学科属性强，注定其研究必然与诸多其他学科相互交叉。依据学科全局模型和研究路径科学合理地确定学科研究内涵，包括跨学科和交叉学科的学术内涵就是学科的学术结构。

与学术结构相对应的就是学科的内涵深度，我们称之为学术特色。学术特色是指学科在学术结构基础上形成的独特内涵，是学科的深度和广度的综合体现。学术特色包括学科的研究对象、研究方法、研究领域、研究范式等方面，是学科区别于其他学科的独特之处。特别要注意的是该模块需明确学科研究所要求的数学、物理和逻辑基础。学术特色是学科建设的重要内容，是学科发展的动力和源泉，是学科的深度规格。

学术结构和学术特色共同构成学科规格，它们共同规定了学科的研究广度、深度和特色，是学科建设状况的整体表征。

1.2.4 建构理论（定论）

理论是学科的直接表征，是学科研究的直接成果（指学科高度和水平的象征性标志）。学科研究的最终任务就是在前述步骤上形成可以指导实践和育人的理论成果，所以理论是学科研究和构成的核心。

理论由基本概念和基本原理构成。基本概念是构成理论的基础元素，是某一学科或领域中被普遍认可且不可或缺的基础定义或认知，是支撑学科的全部知识点。这些知识点相互关联、相互作用，形成完整的知识体系。这个知识体系不仅包含学科的基本概念、原理和定律，还涉及了这些知识点之间的逻辑关系、相互依赖和相互影响。在构建学科知识体系的过程中，每个知识点都扮演着重要的角色。它们有的作为基础，为其他知识点提供支撑；有的作为桥梁，连接不同领域的知识；还有的作为核心，体现学科的核心思想和价值。这些知识点通过逻辑关系和相互作用，形成了一个有机的整体，使得学科的理论更加完整、系统和深入。同时，学科知识体系也是不断发展和完善的。随着科学技术的进步和人类对世界的认识不断深入，新的知识点和理论不断涌现，原有知识体系也不断得到修正和补充。这种发展和完善，使得学科理论更加贴近实际、更加具有指导意义。

学科的基本原理就是这些基本概念的相互联系，在学科理论体系中，概念为知识节点，节点之间的关系为基本原理，学科理论就是一个由不同知识节点（基本概念）和节点间联系（基本原理）构成的相对稳定的开放网络。通过研究可以不断完善网络结构或扩充网络规模。学科理论由学科范式、学科框架和学科规格共同决定，它们共同构成学科理论的根基。

1.3 学科生长与发展的规律

上述关于学科生长和过程的论述表明学科生长和发展包括自下而上的自由探索阶段和自上而下的顶层建构阶段。自由探索阶段包括社会需求和学术兴趣萌生、学科萌芽、学术观点和思想自由交流，直至形成统一的学科定义。顶层建构阶段包括学科定义、定位、定格和定论四个阶段。学科生长与发展规律具体如图11-1所示。

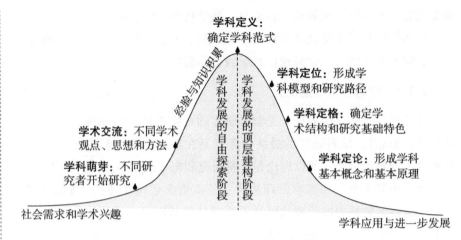

图 11-1　学科生长与发展规律

如图 11-1 所示，我们将学科生长和发展的自由探索阶段和顶层建构阶段分别称为学科生长和发展的初级阶段与高级阶段。从初级阶段到高级阶段，社会需求和学术兴趣是学科生长和发展的直接动力。学科定义形成后，学科进入高级发展阶段。整个阶段以学科范式为统领，学科范式是学科建构的首要模块。它回答了科学研究领域的世界观和方法论，即该科学领域对世界的看法和行为方式，在整个学科建设中具有最高地位和作用。不管研究者熟悉与否，它就像一只"看不见的手"在指挥学科建设，意识到这点，对从事应用型研究的学者尤为重要，因为这样能少走不少弯路和错路。

学科建构的第二模块是学科定位，即形成学科研究模型和设计学科研究路径，明确应该研究的内容和应当遵循的研究路径。学科研究模型具有全局性，旨在进一步阐释学科的科学观，这对学科建构极其关键，是避免学科研究走弯路和错路的必要条件。以本研究所涉及的职业学科为例，由于长时间弱化学科意识，缺乏清晰准确的科学观和方法论指导，频繁变更教育理念，尚未形成完整系统的科学理论。理论研究对实践指导价值有限，实践与理论研究游离现象严重，应该引起重视。

学科建构的第三模块是学科定格，该模块主要明确学科的广度和深度。广度主要指学科的跨学科程度，这能引出诸多研究分支。深度主要指学科的基础知识，如数学、物理和逻辑等。学科的基础知识不能生搬硬套，为了使研究顺利，有时设置需要对基础学科的知识加以改造，如经济数学就是一个典型例子。

学科建构的第四模块是形成科学理论并有效指导实践。这是学科建设的最终任务、结果模块和最后成果，是前述三个模块落到实处的必要条件。相比理论模块，这之前的过程与步骤往往容易被人忽视。忽视前三个模块，可能造成深层理解不够，这不仅不利于原创性研究，而且对深层次应用研究也有较大影响，因为它直接决定和影响研究者的站位和视角。以职业教育为例，如果对职业科学缺乏深层理解，那么只能以大国工匠的现象特质来培养大国工匠，这势必影响培养效率和质量。

学科建设的最终任务立足实践深化理论成果应用并基于实践不断修正和完善理论，深化学科建设以更好地发挥学科功能。归根到底，学科建设就是一项源于实践、服务于实践并在实践中发展的理论与实践研究。我国职业教育经历了农业时代的传统学徒制，资本主义萌芽时代的实业教育，新中国成立后的技工教育、中等技术（专业）教育、职工（函授）高等教育和职业高等教育等发展理念和模式后，目前已发展成与普通教育同等重要的教育类型。这是实践探索出的发展路径，但实践在改造世界的过程中需要理论的指导，正如马克思所说，理论一旦掌握群众，就会变成物质力量，显示出其实践性。同时，只有借助人的实践力量，才能解决理论本身的对立观点。为保证中国特色职业教育体系健康可持续发展，亟须建立与之相适应的理论体系，这就是职业学科。

2 建设职业学科的实践基础

2.1 全球职业教育发展的实践经验

在全球化和技术变革的推动下，职业教育的发展已成为提升国家竞争力和促进社会发展的重要因素。德国的双元制职业教育模式以其独特的校企深度合作和理论与实践并重的特点，为培养高素质技能人才提供了坚实保障。美国的职业教育则展现出高度的多元化、创新性和实用性，社区学院和 CBE 模式成为其职业教育体系的重要支柱，有效促进了教育与产业的深度融合。日本的职业教育以其精细化、系统化和国际化的特色著称，专门学校和产学官模式的实施，不仅提升了职业教育的质量，也推动了国际交流与合作。而英国的职业教育则在灵活性、开放性和创新性方面表现出色，学徒制的复兴和现代 BTEC 模式的引入，为职业教育注入了新的活力。

2.1.1 德国职业教育发展的实践经验

德国职业教育是德国教育体系中的重要组成部分，以培养具有专业技能和职业素养的人才为目标，为德国的经济和社会发展提供了坚实的人才支撑。其中，德国双元制职业教育模式在全球范围内备受推崇，其成功之处主要体现在其独特的运作机制以及由此带来的教育优势。

从教育学的观点出发，德国双元制教育模式深受教育学中职业教育理论的熏陶和影响。在教育学领域，职业教育理论始终强调教育与实践的紧密结合，以及教育应服务于社会经济发展的需求。这一理念在德国双元制教育模式中得到了充分的体现。该模式不仅注重学生理论知识的学习，更侧重于在实际工作环境中的技能培养和提升。通过学校与企业之间的深度合作，学生能够在理论学习的基础上，深入企业一线进行实践操作，从而全面提高自己的职业技能和素养。在职业教育理论中，市场需求是导向，是德国双元制教育模式的核心要义之一。这种教育模式紧密围绕市场需求进行课程设计和教学安排，确保学生所学技能与市场需求紧密相连。通过校企合作，学生可以直接参与到企业的实际生产和经营活动中，了解市场动态，掌握行业前沿技术，从而更好地适应市场需求，提升就业竞争力。

从经济学的视角审视，德国双元制教育模式对德国经济的蓬勃发展起到了举足轻重的推动作用。这一模式的核心在于其实现了学校与企业之间紧密的合作，从而使得教育资源与市场需求得到了高效的对接与整合。通过校企的深度合作，双元制模式为企业持续地输送了高质量的技术人才。这些人才不仅是生产力而且是社会发展的根本推动力，生产资料、劳动者以及劳动对象为其构成要素，而人在生产力当中是最为活跃的因素，为企业创造价值。这一点在推动企业的技术革新与产业升级上表现得尤为突出。技术人才作为企业创新的核心力量，他们的加入无疑为企业的长远发展注入了强大的动力。双元制教育模式还在一定程度上降低了企业的招聘成本和培训成本。在传统的招聘模式中，企业往往需要花费大量的时间和资源去筛选和培训新员工。而在双元制教育模式下，学生早在学习阶段就已经开始接触和适应企业的实际工作环境，因此，当他们正式加入企业时，已经具备了相当的工作能力和经验，这大大缩短了企业的培训周期，提高了人力资源的使用效率。

从社会学角度来看，该模式同样展现出了其独特的价值和意义。它显著地促进了社会公平与职业发展，为来自不同社会背景的学生提供了均等的受教育机会，缩小了社会阶层间的教育差距。这一教育模式借助校企合作的形式，让学生可以在真实的工作环境里学习技能、积攒经验。这种实践导向的教学方式，有效地缩小了学生与职场之间的距离，让他们能够更快速地融入社会，提升了其职业素养和社交能力，这不仅为学生未来的职业发展奠定了坚实的基础，也增强了他们的社会适应能力。德国双元制教育模式在促进社会公平方面的贡献不容忽视。在传统教育体系中，往往存在着各种隐性的壁垒，使得某些社会群体的学生难以获得优质的教育资源。双元制教育模式打破了这些壁垒，它强调的是实践能力和职业技能的培养，而非单一的学术成绩。这使得更多来自不同背景的学生有机会接受到高质量的教育，并通过自身的努力改变命运。在社会学的视野下，德国双元制教育模式所蕴含的公平与机会均等的理念，正是我们所追求的教育目标。通过实践与学习相结合的方式，它成功地为学生搭建了一个通往职场的桥梁，让他们在实践中成长，在成长中实现梦想。这无疑为我们提供了一种全新的教育思路和方法，值得我们进一步探索和实践。

2.1.2 美国职业教育发展的实践经验

美国职业教育从早期学徒制到工业化时期的系统化教育，再到当代的在线职业教育，展现出强大的适应性和创新性。其灵活多样的教育模式、实践与理论的紧密结合，以及行业与教育的深度融合，共同构成了美国职业教育的显著特点。此外，学徒制与校企合作的深入实践、社区学院在职业教育中的重要作用，以及在线职业教育的蓬勃发展，均体现了美国职业教育体系的完善与活力。

美国职业教育与普通教育的衔接，打破传统观念束缚，推动职业教育的普及化和终身化发展，展现出一种注重实用性和前瞻性的趋势，其课程设置紧密围绕市场需求，旨在培养具备高素质技能的人才。这种教育理念体现在各个层面，从教学方法到评价体系，都凸显了对学生实践能力和职业素养的高度重视。

在课程设置方面，美国职业教育机构紧跟行业发展趋势，不断调整和优化课程内容，以确保所授知识与技能的实用性和前瞻性。例如，在信息技术、医疗健康等快速发展的领域，相关课程不仅涵盖了基础理论，还着重于实践操作和最新技术的应用。这种以市场需求为导向的课程设置模式，有助于学生在毕业后迅速适应职场环境，成为行业所需的高素质技能型人才。

在教学方法上，美国职业教育强调实践教学和校企合作的重要性。通过模拟真实工作场景、提供实习机会以及引入企业导师等方式，学生能够在实践中学习并掌握专业技能，进而提升自身的实践能力与职业素养。这种教学方式不但增强了学生的学习兴趣和动力，而且为他们未来职业生涯的发展筑牢了坚实的根基。同时，校企合作也为企业提供了选拔优秀人才的机会，实现了教育与产业的良性互动。

在评价体系方面，美国职业教育注重多元化评价，旨在全面、客观地评估学生的学业成果和综合素质。除了传统的笔试和实操考核外，还引入了项目评估、团队合作评价以及企业导师评价等多种评价方式。这种多元化评价体系不仅有助于更准确地衡量学生的真实水平，还能激励他们在各个方面不断提升自己。此外，这种评价体系也为学生提供了展示自己才华和潜力的平台，有助于他们更好地规划自己的职业发展路径。

美国职业教育在现状分析中呈现出一种积极向上、紧跟市场需求的态势。面对科技的不断进步和产业结构的不断调整升级，美国职业教育应对挑战的改革举措，加强新兴技术和产业的研究与关注，及时调整课程设置和教学内容。同时，加强师资队伍建设，提高教师的专业素养和实践能力，为职业教育的质量提升提供有力保障。在深入探讨美国职业教育的实践经验后，我们不难发现，其成功之处不仅在于完善的体系与特点，更在于其不断适应时代变化、勇于改革的精神。对于我国职业教育而言，借鉴美国职业教育的先进经验，并结合自身实际情况进行创新，无疑是推动职业教育高质量发展的关键所在。

2.1.3 日本职业教育发展的实践经验

在全球经济一体化和科技进步的背景下，职业教育成为提升国家竞争力和促进经济发展的关键因素。日本作为职业教育发展的典范国家，在发展历程方面，经历了多个阶段的演变。早期，日本职业教育主要受到西方国家的影响，通过引进和模仿西方职业教育模式，逐步建立起自身的职业教育体系。随后，在经济高速增长的背景下，日本职业教育得到了迅速发展，不断完善和调整以适应经济社会发展的需求。进入21世纪后，面对全球化、信息化等新的挑战，日本职业教育进一步深化改革，注重培养学生的创新精神和实践能力，以提高其国际竞争力。在主要模式方面，日本职业教育呈现出多样化的特点。其中，最具代表性的是"产学官合作"模式，即学校与企业之间建立紧密的合作关系，共同培养学生。这种模式不仅有助于提高学生的实践能力和职业素养，还能够促进学校与企业的资源共享和优势互补。此外，日本还注重开展职业教育与普通教育的融通，为学生提供更加灵活多样的学习路径和发展空间。这些模式的成功实践，为日本职业教育的持续发展注入了强劲动力。

从日本职业教育的实践经验中，我们可以汲取到诸多对我国职业教育发展具有深远影响的启示。这些启示不仅涵盖了教育模式的创新，还包括了教学体系、师资培养以及政策制度等多个层面的改进与提升。

在教育模式方面，日本通过深化学校与企业间的合作可以更有效地整合双方资源，实现优势互补。这种合作模式将促使学生在学习过程中更加贴近实际工作环境，从而增强其就业竞争力和实践操作能力。因此，我国应积极推动校企合作模式在职业教育中的广泛应用，探索符合国情的合作机制，以促进职业教育的健康发展。在职业教育师资培养方面，日本有着严格的标准和完善的体系，确保了师资队伍的整体素质和教学水平。加大对职业教育师资培养的投入，提高教师的专业素养和教学能力，打造一支高素质、专业化的职业教育师资队伍。这将为提升职业教育质量和培养更多优秀人才奠定坚实基础。在政策与制度的支持和保障方面，日本政府同样不遗余力。通过制定和完善相关法律法规，政府为职业教育的健康发展提供了坚实的法律基础。这些法律法规不仅明确了职业教育机构的权利和义务，还对其在教育教学、师资培养、设施建设等方面的行为进行了规范。此外，政府还加大了对职业教育的财政投入，为其改善办学条件以及提升教学质量提供了强有力的物质支撑。这些制度措施的实施，有效地提升了职业教育的整体水平和社会认可度。

未来的日本职业教育研究需要在全球化、科技创新、终身教育和多元文化等多个维度进行深入拓展和探讨，以期为日本职业教育的持续发展和国际竞争力的提升提供有力的理论支撑和实践指导。

2.1.4 英国职业教育发展的实践经验

英国职业教育历经数百年的演进，形成了独具特色且多样化的教育体系，对推动国家经济社会发展起到了关键作用。回顾英国职业教育的发展，从起源的学徒制到现代 BTEC 模式及高等教育与职业教育的深度融合，展示了其教育模式的演变轨迹。通过紧密结合理论与实践、深度行业参与及严格的教育质量监控机制，培养了大量既具备理论知识又精通实践技能的高素质人才。

英国职业教育的灵活性与多样性是其显著特色之一，这种特色使得英国职业教育能够紧密跟随时代步伐，满足不同行业和学生的多样化需求。在灵活性方面，英国职业教育体系展现出了高度的适应性，能够及时响应市场变化和技术进步。例如，课程设置上，英国职业院校会根据行业需求调整课程内容，确保学生所学知识与实际工作需求相匹配。同时，教学方式也灵活多样，包括课堂教学、实践操作、在线学习等，以便学生根据个人兴趣和学习风格进行选择。在多样性方面，英国职业教育提供了丰富多样的教育路径和职业发展机会。学生可以根据自己的兴趣和能力选择不同的职业培训课程，从而获得个性化的教育体验。此外，英国职业教育还与不同行业和企业建立了广泛的合作关系，共同开发课程、提供实习机会，进一步增强了教育的多样性和实用性。这种灵活性与多样性的特色不仅使得英国职业教育能够满足不同行业和学生的需求，还有助于培养学生的创新思维和跨学科能力。学生可以在多样化的教育环境中探索自己的潜能，发展自己的兴趣和专长，从而更好地适应未来职场的挑战。

在英国职业教育体系中，行业企业的参与和教育质量监控是保障教育质量、提升学生就业率的关键环节。行业与教育的紧密结合，不仅为职业教育提供了实战经验和职业导向，还确保了教育内容的时效性和实用性。行业企业在英国职业教育中的参与程度十分深入。许多大型企业与职业院校建立了紧密的合作关系，通过校企合作、产教融合的方式，共同设计课程、提供实习机会，甚至直接参与教学。企业代表经常作为客座教授或实训导师，将最新的行业知识和技能传授给学生。同时，企业还为学校提供先进的设备和技术支持，帮助学生更好地理解和应用所学知识。除了行业参与，英国职业教育还建立了完善的教育质量监控机制。这包括对教学过程的定期检查、学生满意度调查以及毕业生就业情况的追踪。职业院校会定期邀请外部评估机构对教学进行评估，确保教学内容和方法符合行业标准。同时，学校还会收集学生和企业的反馈，及时调整教学策略，以满足不断变化的市场需求。

全球职业教育的规模和参与度正在持续扩大。越来越多的学生选择职业教育作为他们的学习路径，同时，企业和社会各界对职业教育的投入和参与也在稳步提升。这一趋势反映出社会对技能型人才的需求日益旺盛，以及职业教育在满足这一需求中的关键作用。再者，我们通过对比分析国内外职业教育的成功案例，揭示了深化校企合作、注重学生实践能力培养以及紧密关注行业动态和需求变化等关键因素的重要性。这些因素不仅是提升职业教育质量的关键，也是增强其吸引力的有效途径。

2.2 中国职业教育发展的实践经验

清代末期的实业教育是我国学校形态职业教育的前身。100 多年来我国教育界和产业界就如何发展职业教育进行了积极探索。例如，1904 年《奏定实业学堂章程通则》明确规定"以振兴农工商各项实业，为富国裕民之本计；其学专求实际，不尚空谈，行之最为无弊，而小试则有小效，大试则有大效，尤为确实可信。"当时的高等工业学堂要求"以授高等工业之学理技术"等。1913 年中华民国政府颁布的《实业学校令》规定实业学校的目的为"教授农工商业必需之知识技能"。1918 年中华职业教育社修订的职业教育目的为"（一）为个人谋生之准备。——使无业者有业，使有业者乐业。（二）为个人服务社会之准备。（三）为世界及国家增进生产力之准备。"培黎技工学校倡导"手脑并用，创造分析"的职业人才培养理念。1949 年制定的《中国人民政治协商会议共同纲领》明确规定要"注意技术教育""以应革命工作和国家建设工作的广泛需要"。各类学校体系中，赋予中等技术学校突出的地位。1952 年政务院发布的《关于整顿和发展中等技术教育的指示》强调"培养技术人才是国家经济建设的必要条件。"教学要求学用一致，使所培养人才能适应各业务部门的需要。这个时期的一个基本出发点就是教育必须有效为国家建设服务，而不必拘泥于形式。1951 年，政务院下达命令，正式推出《关于改革学制的决定》，该决定成为新中国首个学制。该学制清晰地界定了技术学校、专门学院、专科学校以及专修科的恰当位置与制度，尤其明确了对技术人才的优先需求。1951 年 11 月，中央教育部在北京召开全国工学院院长会议，认为全国工学院地区分布不合理，办学效率低，揭开了 1952 年院系大调整的序幕。1957 年 2 月，毛泽东在《关于正确处理人民内部矛盾的问题》中，明确提出了社会主义教育方针："应该使受教育者在德育、智育、体育几方面都得到发展，成为有社会主义觉悟的有文化的劳动者。"1958 年 9 月 19日，中共中央、国务院下发《关于教育工作的指示》，明确提出党和国家的教育工作方针为："党的教育工作方针，是教育为无产阶级的政治服务，教育与生产劳动相结合；为了实现这个方针，教育工作必须由党来领导。"教育必须为政治服务，无产阶级教育必须为无产阶级政治服务是马克思主义教育理论的基本观点。随着经济社会不断发展，我们在实践中越来越认识到教育在经济发展中的战略地位，党的十二大正式明确："一定要牢牢抓住农业、能源和交通、教育和科学这几个根本环节，把它们作为经济发展的战略重点。"这一决策意义影响重大。

1985 年 5 月中央作出《中共中央关于教育体制改革的决定》，明确提出："教育必须为社会主义建设服务，社会主义建设必须依靠教育。教育体制改革的根本目的是提高民族素质，多出人才、出好人才"。"要解决人才问题，就必须使教育事业在经济发展的基础上有一个大的发展。""经过改革……使各级各类教育能够主动适应经济和社会发展的多方面需要"。"逐步建立起一个从初级到高级、行业配套、结构合理又能与普通教育相互沟通的职业技术教育体系"。同时《决定》还首次提出了"高等职业技术教育"和"高等职业技术院校"。《决定》的核心思想是社会主义建设需要人才，为社会主义建设培养合格人才是教育的根本，不同类型的人才需由不同类型教育培养，必须建立起与经济社会发展相适应的教育体制。这标志着我们党和国家对教育的根本、职业教育的根本的系统认知，并开启了我国职业教育改革与发展的新篇章。

高等职业教育在 1996 年召开的第三次全国职业教育工作会议之后迎来了发展的转折点，此前国家职业教育的重心在中等职业教育。张明广等（2021）将建党 100 年以来的职业教育发展分为：在革命中建构，在建设中重构，在改革中再构和在复兴中开新局四个阶段。[①] 从清末的实业教育到中国特色社会主义新时代的职业教育，"培养什么样人、怎样培养人、为谁培养人"作为教育的根本问题，就像一只无形的手一直在指导着我们党和国家的职业教育思想、理念、方针和政策。实践表明培养职业人是职业教育的本质，职业人的发展、经济社会发展与职业教育的关系问题是职业教育的基本问题。

潘懋元教授认为，教育必须与社会发展相适应是教育的外部规律，社

---

① 张明广，刘建同. 建党百年：中国职业教育的建构，重构与再构 [J]. 中国职业技术教育，2021（21）：5-12.

会主义教育必须培养全面发展的人是教育的内部规律。如前述研究所述，从古代传统学徒制到近代学校形态职业教育，教育须与经济社会发展相适应是职业教育发展历代推动者的理论假设，所以潘懋元教授所提出的教育外部规律仍然适用于职业教育。职业本身就是社会分工的直接后果，职业形态是经济发展阶段、水平和结构的直接表征。以新中国职业教育发展历程来说，新中国成立初期百废待兴，亟须快速发展工业，而国民普遍文化水平不高，所以这个时候的职业教育以技工教育为主，形式多样。党的十八大以后，我国高等职业教育根据经济社会发展需要不断调整、丰富和完善专业设置，专业数整体呈上升趋势，2013—2023 年我国高职高专学校数、专业数及招生数统计如表 11-2 所示。

表 11-2　2013—2023 年我国高职高专学校数、专业数及招生数统计

年份	高职高专学校数（所）	开设专业数（个）	招生数（万人）	平均每个专业招收学生数（人）
2013	1321	47619	318.4	67
2014	1327	49179	338	69
2015	1341	47077	348.4	74
2016	1359	50810	343.2	68
2017	1388	52901	350.7	66
2018	1418	54840	368.83	67
2019	1423	57788	483.61	84
2020	1468	59536	524.33	88
2021	1486	62024	552.58	89
2022	1489	64038	538.97	84
2023	1547	64861	564.06	87

　　通过对比 2024 年和 2013 年我国高职开设专业点数排名前 30 的专业名称，我们可以发现：大数据与会计、大数据技术、酒店管理与数字化运营、工业机器人技术、新能源汽车技术、物联网应用技术、婴幼儿托育服务与管理、数字媒体技术和大数据与财务管理是新增或改造的专业，开设点数排前 30 名的专业更新比例达 1/3，这充分说明我国高等职业教育遵循教育发展的外部规律。随着云计算、物联网、大数据和人工智能等新一代

信息技术的发展，出现了许多新型专业。2013 年和 2024 年全国高职高专院校专业设置点数 30 名对比分析如表 11-3 所示。

表 11-3　2013 年和 2024 年全国高职高专院校专业设置点数前 30 名对比分析

专业名称	点数	占比（%）	年份	专业名称	点数	占比（%）	年份
大数据与会计	1665	2.53	2024	计算机应用技术	1070	2.25	2013
电子商务	1575	2.40	2024	物流管理	939	1.97	2013
机电一体化技术	1235	1.88	2024	计算机网络技术	895	1.88	2013
计算机应用技术	1229	1.87	2024	旅游管理	857	1.80	2013
旅游管理	1025	1.56	2024	电子商务	850	1.79	2013
计算机网络技术	971	1.48	2024	机电一体化技术	783	1.64	2013
大数据技术	964	1.47	2024	市场营销	779	1.64	2013
学前教育	947	1.44	2024	商务英语	748	1.57	2013
现代物流管理	946	1.44	2024	会计电算化	706	1.48	2013
建筑工程技术	881	1.34	2024	应用电子技术	657	1.38	2013
市场营销	862	1.31	2024	酒店管理	655	1.38	2013
软件技术	844	1.28	2024	建筑工程技术	647	1.36	2013
酒店管理与数字化运营	838	1.28	2024	数控技术	639	1.34	2013
工程造价	834	1.27	2024	电气自动化技术	615	1.29	2013
工业机器人技术	812	1.24	2024	会计	595	1.25	2013
电气自动化技术	796	1.21	2024	软件技术	595	1.25	2013
护理	791	1.20	2024	工程造价	587	1.23	2013
新能源汽车技术	782	1.19	2024	文秘	569	1.19	2013
物联网应用技术	739	1.12	2024	汽车检测与维修技术	566	1.19	2013
婴幼儿托育服务与管理	714	1.09	2024	动漫设计与制作	523	1.10	2013
汽车检测与维修技术	692	1.05	2024	模具设计与制造	486	1.02	2013
数字媒体技术	692	1.05	2024	汽车技术服务与营销	452	0.95	2013

专业名称	点数	占比（%）	年份	专业名称	点数	占比（%）	年份
汽车制造与试验技术	635	0.97	2024	电子信息工程技术	451	0.95	2013
人工智能技术应用	624	0.95	2024	艺术设计	427	0.90	2013
数控技术	619	0.94	2024	计算机信息管理	410	0.86	2013
空中乘务	575	0.88	2024	广告设计与制作	405	0.85	2013
大数据与财务管理	563	0.86	2024	工商企业管理	403	0.85	2013
环境艺术设计	533	0.81	2024	应用英语	371	0.78	2013
机械制造及自动化	522	0.79	2024	环境艺术设计	362	0.76	2013

随着对职业教育的认知不断深入，我国高职教育办学理念也由"业本"向"人本"转变，这一转变不仅反映了社会经济发展的需求，也体现了对人才培养模式的深度思考和创新。

"业本"教育理念在过去的一段时间里占据了主导地位，它强调以岗位需求为导向，注重培养学生的岗位技能和就业能力。然而，随着社会的快速发展和产业的不断升级，单纯以岗位技能为本的教育理念已经难以满足社会对人才的需求，其再情景化能力非常有限。因此，向"人本"教育理念转变成为高职教育发展的必然趋势。所以，《国务院关于加快发展现代职业教育的决定》（国发2014〔19〕号）、《中共教育部党组关于认真学习贯彻全国教育大会精神的通知》（教党〔2018〕50号）、《职业教育法》和《教育信息化2.0行动计划》等文件都将促进人的全面发展作为职业教育的目标。

"人本"教育理念强调以人的全面发展为核心，注重培养学生的综合素质和创新能力。它关注学生的内心世界、情感需求和个性发展，致力于培养具有社会责任感、创新精神和实践能力的高素质人才。这种理念更符合当今社会的多元化和复杂性特点，能够更好地适应未来社会的发展需求。

当然，实现高职教育办学理念由"业本"向"人本"的转变并不是一蹴而就的。我们需要不断探索和创新，建立起符合"人本"教育理念的教学体系和管理机制，为培养更多优秀的高素质人才提供有力的保障。

总之，通过多年的职业教育实践，我们已认识到职业教育是经济社会发展与人的发展互构出的教育类型，职业教育的外部规律是适应经济社会发展，内部规律是服务职业人的发展。

3 建设职业学科的现实需要

3.1 学科建设必要性的现实依据

3.1.1 目前对高等职业教育学科建设的认知和研究不足

学科建设十分必要，但在我国高等职业院校实践中却存在诸多认知困境。一是学科意识不强。之前，我国高等职业教育长期被作为高等教育的层次来对待，受"高等性"＋"职业性"理念制约，对知识生产重视不够，从学科建设视角来探寻学校内涵发展的研究不足。例如，CNKI收录的中文核心和CSSCI期刊上篇名包含"高等职业"和"学科建设"的学术论文仅9篇，而探讨学科建设与学校发展的仅5篇。二是理论研究不足。虽有学者意识到学科建设对高等职业院校内涵发展的重要性，并提出了提升建议或对策，如朱云仙等（2004）从特色、基地、项目、资源配置和人才队伍建设提出了学科建设思路[①]；武晓平等（2014）提出"深入开展应用技术研究、全面推进应用型专业发展、大力加强学科队伍建设等路径稳步推进高等职业学科建设"的高等职业学科建设策略。[②] 但这些策略均基于普通高等教育背景，缺乏高等职业院校特殊情境的针对性。侯长林教授团队认为高等职业院校应建立职业学科，提出借用普通学科体系，以普通学科体系为参照和依据职业分类构建职业学科体系等，并将以职业为研究对象、以职业岗位中的问题导向、以服务学生职业发展为目标和以职业需求为逻辑起点界定为职业学科的核心要素[③]，符合我国高等职业教育实际，在一定程度融合了高等职业教育的"高等性"和"职业性"，但对其跨学科属性、动态属性、知识构成逻辑及建设逻辑等方面的研究有待深入。

3.1.2 现实急需学科建设稳固高等职业教育类型定位

我国职业教育类型定位具有很强的政策性，但定位实际上还不稳固。

---

① 朱云仙，郑世良．对高职院校学科建设的探讨——上海第二工业大学个案研究 [J]．中国高教研究，2004（10）：57-59.

② 武晓平，张仲兵．高职教育学科建设的必然要求与路径选择 [J]．职业技术教育，2014（13）：26-30.

③ 侯长林．马克思主义综合技术教育理论视域下的职业本科教育发展研究 [J]．铜仁学院学报，2022，24（5）：29-36.

我国高等职业教育主要依托普通专科教育发展起来，长时间被认为是普通高等教育的一个层次，所以高等职业院校在组织架构、科学研究、专业设置和队伍建设等方面与普通本科高校具有较大的相似性，人才培养模式虽然历经多次改革，但仍没有完全摆脱普通本科高校的影响，亟须依托学科建设来深化改革。学科建设的关键是人，虽然我国高等职业院校一直提倡"双师型"教师队伍，淡化教师学历，但受 1999 年后我国高等教育规模扩大影响，高学历层次人才供给良好，应届硕、博士研究毕业生仍是我国高等职业院校师资队伍的主要来源。笔者关注了近几年部分高等职业院校教师的招聘条件，除个别实训教师要求本科学历+行业经验外，其他教学岗位基本都是硕士研究生及以上学历。学历高、学术背景好的师资队伍需要通过加强学科建设来提升素质和能力。此外，几乎所有中国高等职业院校都设有科研管理机构，科学研究是知识生产的主要活动，良好的科研传统也需要我国高等职业院校通过学科建设来调整和改进科研活动的定位和模式。

3.2　学科建设必要性的理论依据

3.2.1　学科建设是职业教育成为类型教育的学理基础

职业教育在我国发展历史悠久，只是近现代才成为学校形式的教育。徐国庆（2020）认为，近代职业教育可以分为局部化发展和体系化发展两个阶段，工业革命以前职业教育以现场学徒制形式进行，工业革命以后资本家为提升效率，瓦解了行会约束，采用学校形式的职业教育。[①] 局部化发展阶段，职业教育主要停留在人才培养模式变革上，如课程体系设置、校企合作办学模式和工学结合学习模式等。职业教育体系化发展发生在 20世纪 90 年代之后，其最大突破是能满足不同人群享受不同的职业教育层次，促进了技术知识的独立。

知识类别差异是区分教育类型的重要依据。黄克孝教授于 20 世纪 80年代末在《对现行学制改革中几个理论问题的思考——兼论我国现行学制的改革》一文中对我国职业教育进行了学理论证，将我国的教育分为基础教育和专门教育两类，其中专门教育包括科学教育和技术教育两类，并进

---

① 徐国庆.确立职业教育的类型属性是现代职业教育体系建设的根本需要 [J]. 华东师范大学学报（教育科学版），2020，38（1）：11.

而根据内容将这两类教育分成学术性、应用性、技术性和技能性四个类别。① 这一理论成为我国学者研究职业教育类别属性的主要逻辑框架。

技术知识的独立性是职业教育成为教育类型的基础依据。虽然在智慧社会背景下，技术知识的"独立性"维度已经扩充为"独立性、复杂性和多元性"等多重维度。有学者指出，技术知识独立性、复杂性和多元性是职业教育成为教育类型的学理基础。其本质即认为知识是职业教育作为教育类型的核心要素，职业教育之所以能成为一种类型，根本原因是技术知识体系相对独立，即其学科特征和普通高等教育不同，因此学科建设尤为重要。

3.2.2 高等职业院校落实人才培养任务需要学科建设

习近平总书记多次强调"培养什么样的人、怎样培养人、为谁培养人"是教育的根本问题。人才培养是高等职业院校建立与发展的逻辑起点和现实需要，社会需求是高等职业院校人才培养的基本导向。高等职业院校设置的基本逻辑大致可以描述为："人才培养定位—职业岗位知识需求—组建相应学科—组建师资队伍—设置专业—编制课程分类。"确定人才培养定位后，明确职业岗位对知识的需求是课程编制的前提，而学科内容选择是课程编制的基础[2]，课程是专业的基本组成单元，专业是根据社会和行业需要而设置的职业类群单元。即使是"高等性"+"职业性"高等职业教育理念下的各育人环节也是知识传授活动，只是传授的知识类型不同。比如基础文化课和基础理论课传授的是显性知识（可编码知识），实操类课程传授的是隐性知识（难以编码的知识），所以高等职业教育提倡现代学徒制和工学结合等理念。但在职业教育成为一种教育类型后，职业本科兴起，人才培养层次越高，能力要求越强，相应的知识专业化程度和水平就要求越高，重复性的技能知识习得已不适用于高等职业教育人才培养，需要由"立即有用"扩展到"手脑并用"和"发现他用"，只有这样才能确保职业教育类型的独特性和可持续性。能力目标也要由"知识学习"提升到"知识学习+应用"，项目制教学要深化为拓展性学习（expansive learning）。因此高等职业院校落实人才培养任务离不开学科建设。

---

① 刘佛年. 回顾与探索论——若干教育理论问题 [M]. 上海：华东师范大学出版社，1991：346-363.

3.2.3 高等职业院校高质量发展需要学科建设

截至 2023 年，全国共有高等职业高专院校 1547 所、职业本科院校 32 所，高等职业院校总数占普通高校的 55.1%，是建设高等教育强国的主力军。党的十九届五中全会明确提出建设高质量教育体系，《中华人民共和国国民经济和社会发展第十四个五年规划和 2035 年远景目标纲要》专门论述了"提高高等教育质量"。学者对此也进行了研究，景安磊等（2021）从特色、学科专业布局、办学体制机制、办学主体多元化、育人主体多元化、教师、教学资源和资金投入等方面提出了高等职业教育高质量发展的建议。[①] 许建领等（2022）从宏观、中观和微观三个层面提出中国高等职业教育高质量发展的"一核六性、三层八维"分析框架。[②] 现有研究基本分为两类：一是从宏观角度，提出高等职业教育高质量发展的政策建议；二是从微观角度，如提升人才培养质量、加强师资队伍建设和校企合作等方面提出推动高等职业教育高质量发展的建议意见。宏观层面的政策建议从提出到落实需要较长的时间周期，如高等职业教育从高等教育的层次发展为高等教育的类型用了 30 年左右，显然不符合国家的迫切需求，也不能满足人们的急切期盼。微观层面的建议意见则碎片化、表象化，缺乏深层学理论证，操作起来容易走样。

高等职业教育作为高等教育的一种类型，应同时遵循高等教育和职业教育发展规律。学科是高等院校的龙头和根本，学科水平直接决定学校发展水平，学科对高等院校高质量发展具有统领作用。通过学科建设推动高等职业院校高质量发展不仅能有效克服现有研究局限，而且能保障高等职业教育的高等教育属性。现实急需我们探索一条符合我国高等职业院校实际的学科建设之路。

---

① 景安磊，周海涛. 推动高等职业教育高质量发展的基础，问题与趋向 [J]. 北京师范大学学报（社会科学版），2021（6）：50-58.

② 许建领，何伟光，徐平利. 新时代中国高职教育高质量发展的理论审思与实践进路 [J]. 高等教育研究，2022，43（4）：78-86.

第12章 职业学科建设的一般模式

1 职业学科的形态

学科建设是一项长期而艰巨的系统工程，特别是近年来跨学科研究和新兴交叉学科不断发展，学科建设的复杂性更加凸显。高等职业院校学科建设不同于普通本科院校，在满足"高等性"的同时，还得融合"职业性"，与特定行业、职业密切相关。赵哲（2022）基于行业大学学科建设知识产出的结构性矛盾，提出以"超学科"逻辑来构建该类大学"新学科"建设机制，具体途径包括丰富组织形态、激发人员动能和深化制度改革。① 超学科的典型特征包括多学科杂糅式的知识生产力系统、多元化的知识生产机构、问题导向和应用型知识生产秩序等，② 正好符合高等职业教育跨学科性、强实用性和强现场性特征，因此"超学科"理论适合于高等职业院校的学科建设。鉴于现有研究仅指出而尚未阐释和深入研究学科建设的系统工程属性，本研究特从社会工程视角来建构高等职业院校学科建设模式。

社会工程的核心理念是构建社会模式、制度和规则来调整社会关系以解决现有社会问题，起源于孔德的实证社会学，后来以马克思的历史唯物主义为基础，逐步发展完善为今天的社会工程学③，注重系统性、辩证性和实践性。工程活动和科学活动的主要区别在于，科学活动旨在探求现有事务的共有规律，是"做减法"，回答"是什么?"而工程活动旨在在把握规律的基础上通过创设原先没有的事务来更好地解决社会问题，是"做加

---

① 赵哲. 何以为新与以何为新: 基于超学科逻辑的行业特色型大学"新学科"建设机制研究［J］. 高校教育管理, 2022, 16 (6): 13-22.

② 同上。

③ 王宏波. 社会工程学导论［M］. 北京: 科学出版社, 2021.

法"，回答"怎么做"。①

高职院校的学科建设是一项典型的复杂社会工程。从社会工程视角来研究高等职业院校的学科建设活动，要求我们秉持以下理念：①高等职业院校学科建设具有规律性；②高等职业院校学科建设具有系统性；③高等职业院校学科建设具有实践性；④高等职业院校学科建设应以问题为导向；⑤高等职业院校学科建设本质是一种模式、制度和规则创设。

基于前述关于高等职业院校学科建设的理论阐释和社会工程活动特征，本研究特提出高等职业院校学科知识形态，如图 12-1 所示。

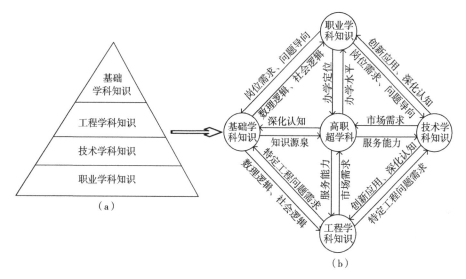

图 12-1 高等职业院校学科知识形态

根据学生需要掌握的各种知识类型，本研究以图 12-1（a）描述高等职业教育学科知识的线性静态构成，总体呈"金字塔"状，从塔底到塔尖依次为职业学科知识、技术学科知识、工程学科知识和基础学科知识。其中，职业学科知识是基础、是应用场景，师生需要将其变成内化于心的行业素养和兴趣。技术知识与技能知识不同，技术是工具、是手段，是人类为了特定目的而创造的各种调节、改造和控制自然的手段，② 技术知识是人类通过理性实践而归纳总结出来的，可以作为知识形态而保存；③ 而技

① 王宏波．社会工程学导论［M］．北京：科学出版社，2021．

② 同上。

③ 刘晓保．技术学科导论［M］．上海：上海教育出版社，2013．

能知识，是个人通过强化训练而得到的感悟，必须依附于人，离开人体，技能就不复存在。从这点来说，高等职业教育应该以培养技术型人才为主，如技术员、技术师等，所以技术知识需求量排在第二层。工程学科知识基于工程这种创造性活动，旨在创造能满足人类各种需求的人造物，需要设计、创造和决策，这是我国本科院校人才培养的主要定位。基础学科知识如数学、物理学、哲学等以培养逻辑思维和分析综合能力为主，属于抽象层，这类知识有助于培养学生的系统观念和全局能力，促进学生职业生涯可持续发展。高等职业院校只有深耕行业土壤，根据行业需求将职业知识与技术知识、工程知识和基础学科知识有效融合，而非简单、机械、静态将知识线性叠加，才能建好建强学科，实现高等职业教育的"高等性"和"职业性"的办学定位。

如何基于高等职业教育"高等性"和"职业性"办学定位实现前述四种知识门类的交叉融合？本研究提出如图 12-1（b）所示的高等职业教育"四螺旋"学科形态，其中职业学科知识、技术学科知识、工程学科知识和基础学科知识是其组成部分，其具体内涵如下：

1.1 秉持的原则

高等职业教育的学科建设以知识生产的实用为目标，其创新以组合创造为主，不求原创。这要求我们在人才培养上，以"立即有用+手脑并用"为主，同时兼顾"发现他用"，知识形态以跨学科组合式为主；在科学研究上，以解决实际生产生活问题为导向，以积累来自生产生活现场知识为途径，以分析、提炼、综合和应用为方法。为提升知识的系统性，需通过各类教学和实践活动加强四类知识的交叉融合。职业学科知识要贯穿整个人才培养过程，基于职业学科知识构建技术学科知识和工程学科知识应用场景；各类教学活动要注重知识的综合运用，如知识教授中，要以技术学科知识为主，但可以基于应用场景设计一个工作任务，囊括工程学科知识、其他技术学科知识和基础学科知识，以培养学生的应用、分析与综合能力。

1.2 超学科属性

"跨界"是高等职业教育被公认的特征。该特征主要源于职业学科的"超学科"属性，主要体现为知识类型的动态交互、知识应用场景的动态变化和知识创新的螺旋式上升。典型工作任务是高等职业院校制定人才培养方案的逻辑起点，解决问题是工作任务的具体形式，在解决问题的过程中需综合运用专业知识、数理知识和逻辑知识，三种知识呈非线性交互，任务执行者根据需要随时调用。完成工作任务的知识需求因任务所在情景不同而动态变化，任务执行者需根据具体情景调整知识组合和方式。随着任务执行者的知识增加、累积和抽象，职业学科知识实现螺旋式创新。

2　职业学科建设的逻辑理路

学科建设的核心是知识生产，关键是队伍建设，根本是人才培养，落到具体工作中就是人与人、人与组织、组织与组织的关系治理。因此我们从社会工程视角基于系统动力学来调整学科建设各要素的关系，并构建高等职业院校学科建设的逻辑框架如图 12-2 所示。

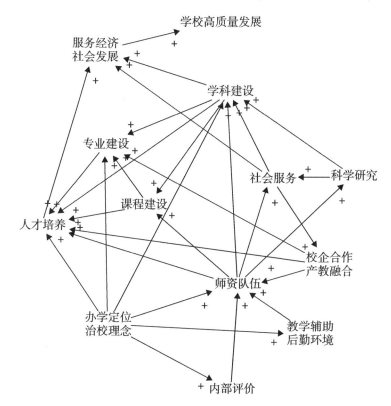

图 12-2　高等职业院校学科建设的逻辑框架

如图 12-2 表示，高等职业院校的学科建设是一项系统性工程，以办学定位治校理念、师资队伍、人才培养、专业建设、科学研究和校企合作产教融合等为核心节点，是开放的复杂系统。其核心目标是促进高等职业教育以满足区域经济社会发展需求为导向实现高质量发展。根据社会工程的实践性、场域性和价值性等特征，① 要求我们在学科建设时必须统筹考虑顶层设计、中层运作和基层操作规律，特别要注意顶层设计价值与现实情况的匹配度。顶层设计规律要求社会组织所建构的战略规划和目标与自身历史由来、现实条件、未来走向及价值取向之间具有一致内在性，因此高职院校的学科建设不可贪大求全，更不可一蹴而就，一般可以分成图12-3所示的五个阶段，进行有针对性的建设与推进。

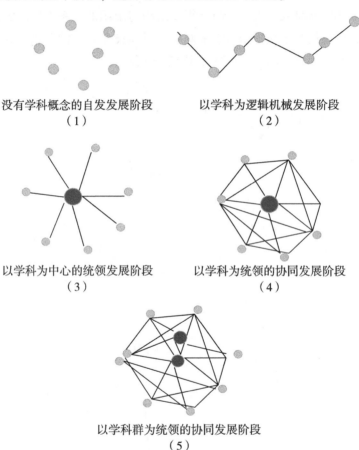

没有学科概念的自发发展阶段
（1）

以学科为逻辑机械发展阶段
（2）

以学科为中心的统领发展阶段
（3）

以学科为统领的协同发展阶段
（4）

以学科群为统领的协同发展阶段
（5）

图 12-3　学科建设的五个阶段

① 王宏波. 社会工程学导论［M］. 北京：科学出版社，2021.

在没有学科概念的自发发展阶段，学校各职能部门仅强调自身工作的重要性，彼此之间缺乏协同，呈点状状态，见图 12-3（1）。进入学科建设的第二个阶段，学校具有了学科意识，但对学科内涵理解不够充分，认识到学科建设的统领性，但只是机械地把各项工作串联在一起，见图 12-3（2）。进入第三个阶段后，学科开始发挥实质性统领作用，开始围绕学科建设中心开展工作，但仍未实现基于知识的传授、生产和应用功能而协同，呈现出如图 12-3（3）所示的状态。图 12-3（4）和（5）属于学科建设的高级阶段，学校各项工作围绕学科建设实现了互通互联，并形成了多学科多中心互动融合的良性发展机制。各高等职业院校可根据以上五个阶段，结合本校实际，调研、分析和判断本校学科建设的现实状态，擘画好学科建设顶层设计，制定出针对性强且能落地的建设方案。

3 职业学科建设的行动路径

3.1 创新组织形态匹配高等职业教育学科的"四螺旋"形态

学科最难理解的是其"超复杂性"结构化概念①，与普通高等教育相比，高等职业教育学科作为一个学科种类，虽然需要遵循学科发展的共有规律，但因其院（部）交叉性、跨学科性、校内外交互性、理论实践交融性更强，必须秉承高等职业教育的类型教育特色，这是高等职业院校进行学科建设的约束和前提。

由职业学科知识、技术学科知识、工程学科知识和基础学科知识构成的"四螺旋"知识形态是高等职业教育区别其他类型教育的基石。其中，职业学科知识生产是高等职业教育实现类型定位目标的基石，技术学科知识生产是高等职业教育高质量发展的主线，工程学科知识生产是高等职业教育人才培养定位的分界线，基础学科知识生产是培养学生可持续发展能力的保障。杨金土等（1995）基于社会对人才需求的功能和知能将教育分为学术教育、工程教育、技术教育和技能教育四种类型。其中，技术型人才主要在生产一线或现场从事为社会谋取直接利益的工作，他们的工作使工程变为具体现实②。技能型人才虽然也在一线或现场为社会谋取直接利

---

① 施晓光. 重识学科本质特征、生长逻辑与价值功用——兼论学科建设的几点策略 [J]. 大学与学科，2021，2（2）：1-12.

② 杨金土，孟广平，严雪怡. 对发展高等职业教育几个重要问题的基本认识 [J]. 教育研究，1995（6）：7-15.

益，但他们主要依赖自身的技能工作，依附于实施者本人。多数国家的职业教育（vocational education）主要指技能教育，联合国将其合称为"职业教育和技术教育"。我国高等职业教育主要指面向特定职业的技术教育，而非简单技能教育。目前，我国很多高等职业院校将其办学定位明确为"培养具有可持续发展能力的高素质技术技能型人才"，由于工程型人才需要具备较强的知识应用能力与现场决策能力，并且同时拥有较好的理论基础，所以其更适合于高等职业教育本科及以上层次的人才培养。另外，淡化甚至是弱化数理化等基础学科知识是近30年来我国高等职业教育人才培养的普遍现象。而基础学科以培养人的抽象思维、逻辑思维和系统思维为主，是学生可持续发展能力的有力保障，需要大力改善。

面向未来高质量发展的新阶段，高等职业教育学科必须将职业学科知识、技术学科知识、工程学科知识和基础学科知识"四螺旋"有机融合，并特别注重传授与应用基于特定职业的职业学科知识、技术学科知识、工程学科知识和基础学科知识，离开这个前提，高等职业教育只会沦为普通高等教育的"劣质品"。但如何融合，如何突出其学科建设的类型特色，没有现成的经验可以借鉴，更不能简单套用普通高等教育学科建设模式和规则。目前，普通高等院校要么单独设立部门来管理和组织学科建设，要么将其放在研究生处或科研管理部门，这种组织形态显然不适应高等职业教育学科建设的复杂系统属性。因此，高等职业院校亟须创新学科建设组织形态以匹配这些特征，比如可以成立某种具有综合性质的职能部门或者在内部构建"超组织"。

3.2 处理好高等职业教育学科建设的七个关系

3.2.1 以人才队伍为学科建设的关键

基于高等职业院校学科建设的"超学科"性质和学科知识的"四螺旋"性质，学科建设实践中必然大量存在跨学科、跨部门、跨组织、跨单位等的沟通、协调和管理工作，因此高等职业院校学科建设中"人"的因素特别关键。既包括知识生产者，又包括学科建设管理者和组织者。高水平专业人才是学科知识的生产者、承载者、传授者和应用者，他们的知识能力直接决定学校学科水平，而学科建设组织者和管理者的能力直接影响前者的工作环境，他们共同构成高等职业院校学科建设的关键。

3.2.2　以课程建设为人才培养的主要手段

根据图 12-2，课程是专业和学科的连接器，学校通过课程实现知识传授的目的。

已有不少研究关注到了课程建设对高等职业院校人才培养质量的影响，但主要集中在课程标准、课程教学模式、教学资源建设和课堂教学方法等方面。例如，张毓龙等（2020）从应用知识行动体系角度提出了"金课"的内容、评价体系和课程标准等方面的建设建议和策略;[①] 王文涛（2014）提出了"以学生为中心"的课程建设模式等;[②] 还有研究提出基于工作过程的课程建设、翻转课堂建设模式等。还没有从专业和学科连接器角度来研究课程内容和评价，这是我们今后在学科建设中应该重点解决的问题。

3.2.3　以专业建设为人才培养的要素集成

根据图 12-3，一个专业需要多个学科支撑，一个学科也可以支撑多个专业，学科水平直接影响专业水平。有学者认为，学科建设和专业建设分别体现高校的研究职能和教育职能。[③] 专业是高校的基本教学组织，对高等职业教育来说，社会分工是专业设置的主要依据，岗位知识和能力需求是课程编排的依据。随着信息技术的快速发展，我们进入了一个泛在互联、普适计算的时代，出现了区块链工程技术人员、城市管理网格员、互联网营销师、信息安全测试员、在线学习服务师等诸多新兴职业[④]，这要求高等职业院校必须进行相应的专业调整。但要注意，虽然专业变了，其根植的学科并未发生根本变化，只是对学科的知识生产提出了新要求。所以，学科是专业的上位组织，专业利用学科支撑的课程编排来实现人才培养目标，是人才培养的实体组织和要素集成。

3.2.4　以社会需求为人才培养的导向

党的二十大报告明确提出要建设人才强国，大国工匠和高技能人才是

---

① 张毓龙 . "金课"理念下高职院校的课程建设 [J]. 江苏高教，2020（12）：152-156.

② 王文涛 . "以学生为中心"的高职教育课程建设新范式 [J]. 中国高教研究，2014，（12）：93-96.

③ 郭必裕 . 对"学科"与"专业"建设两张皮问题的对策研究 [J]. 高等工程教育研究，2004（3）：23-26.

④ 东弓 . 我国二十个新职业出笼 [J]. 职业技术教育，2007（36）：68-75.

国家人才战略力量的重要组成部分。与普通高等教育相比，服务区域经济社会发展需求是高等职业院校存在的合理性条件，是其提升学校声誉、资源获取能力、深入推进校企合作和产教融合的重要影响因素，也是衡量其高质量发展的主要指标，主要通过人才培养、科学研究和社会服务等来实现，其中人才培养和社会服务的区域性、地域性和行业性是其主要手段，直接体现为人才培养是否满足国家需要与社会需求。

3.2.5 以应用型科学研究为知识生产的基市模式

高等职业院校的科研工作经历了"要不要做科研"以及"做什么样的科研"两个阶段，目前已明确应用型科研定位。[①] 高等职业院校属于高等院校，科学研究是其毋庸置疑的基本职能，但与普通高校属于不同赛道。郝天聪等（2021）认为出高等职业院校"应该重点生产技术知识和教师实践性知识，并更多采用实践范式参与知识生产"[②]。图12-3表明，科学研究作为基本知识生产活动，在高职院校学科建设中处于核心节点位置。因此，高职院校应以开放的理念，与企业等利益相关者共同开展实用性研究，以职业知识、技术知识和少量工程知识产出为主，注重知识生产的实用性、现场性和实践性。

3.2.6 以校企合作、产教融合为知识生产的必要手段

校企合作一直是高职教育的热门话题，后来升级到产教融合高级阶段。CNKI收录的中文核心期刊和CSSCI期刊中篇名包含"高职+校企合作"或"高职+产教融合"的研究文献多达900余篇，研究主题涉及方方面面。胡昌送等（2019）从知识生产方式的视角研究了高职教育产教融合的本质、模式和路径，指出产教融合各主体应围绕提升应用知识生产能力的目标，从需求、组织、资源和文化等维度构建产教融合实践路径。[③] 刘献君提出高等教育学科建设要面向未来，把握基本点，发挥学科建设在立德树人中的重要作用，特别提到学科建设要实现过程融合，过程融合中要

---

① 郝天聪，石伟平. 知识论视角下的高职院校科研定位探析 [J]. 江苏高教，2021（6）：25-30.

② 同上。

③ 胡昌送，张俊平. 高职教育产教融合：本质、模式与路径——基于知识生产方式视角 [J]. 中国高教研究，2019（4）：92-97.

实现产教融合，以此加强学科知识体系建构。[①] 图 12-3 显示，校企合作、产教融合是高等职业院校学科建设的又一核心节点，同时也是高等职业教育的主要特色，需要将其作为知识生产的基本手段和知识应用的主要场域。

3.2.7 以制度创新为学科建设的根本保障

社会工程以社会问题为导向，以模式设计为方式，以具体规则设计途径，坚持系统思维与辩证思维相统一、价值引领与底线意识相统一。学科建设是复杂的社会工程。图 12-3 列出了近 30 条影响学科建设绩效的路径，每一条路径代表一种关系治理，所以学科建设从某种意义上讲就是关系治理体系建构，并以激发师资队伍创造力和生产力这一核心问题为主导。这要求高等职业院校学科建设必须从学校高质量发展的高度进行，要围绕立德树人根本任务，知识产出核心活动，服务区域经济社会发展核心目标，分步、分层、分阶段设计好各类关系的治理规则。要立足学校实际确定既有前瞻性，又不能好高骛远的目标，如可以确定 5 年建设计划。在政策体系构建时，则要围绕学科建设目标和学科要素来制定配套政策，依据学科建设系统路径图，判断政策目标与学科建设总目标的远近和支持力度等，从而切实通过制度创新为学科建设提供根本保障。

4　推进高等职业教育学科建设的政策建议

4.1　加大职业科学的研究力度

职业科学是关于职业一般性规律研究的学科。它旨在探索和揭示职业发展的内在逻辑和普遍规律，帮人们更好地认识职业，以更好地实现职业预期。职业科学包括职业本身的研究和关于职业教育的研究，前者如职业发展史、职业内容、职业标准、职业特征、职业系统和职业影响因素等。职业教育主要包括职业教育学和课程教学论等。和其他学科不一样，职业行为需建立在多学科知识的综合运用上，如经济学、管理学、工程科学、技术科学及心理学等。姜大源（2015）认为，由于职业门类众多，没必要

---

① 刘献君. 在共性和特性的发展中形成个性——行业特色高校的建设之道 [J]. 高等工程教育研究，2021，69（6）：12-16.

为每个职业都建立一个与之对应的职业科学，可以建立职业领域科学。①职业领域科学的基本要素是职业领域研究和职业领域教学。② 本研究提出，职业科学的研究对象是职业，研究内容包括职业技术知识、职业规范和履职条件等，探究职业发展的宏观规律。技术知识是履职的必要条件，职业人必须掌握一定技术技能知识才具备胜任相关工作的能力，技术知识本身是静态的和客观的，只有通过人的"一体三品"特质才能得以发挥作用，离开实践主体其没有价值。只谈技术技能知识的职业高等教育其本质和普通高等的学科教育没有区别，职业高等教育不是不讲学科、不谈理论、不教原理，而是我们更关注如何以"动态"的方式把这些交给学生，而不是从静态知识到静态知识的传授。这比普通高等教育难度更大。因此高等职业教育界应该倡导职业科学研究，不同视角的研究成果将构成独立知识体系，进而形成职业学科。

4.2 建立职业科学学术共同体

学术群体是学科建设的核心组成部分，托尼等（2018）认为学术群体秉持一定文化和认知来从事学术工作，具体表现为学术认识论和知识现象学。学科知识形式在很大程度是被社会化地建构和用具体事例体现的。学术部落和学科认识论是一种相互依赖、相互建构的关系，文化是其核心变量。学术部落在形成之初更多是因为发起者摈斥相同的价值观、态度及行为方式。作为社会动物的学者，其学术生活必然受到一定文化和社会环境影响，文化可以理解为一系列被认同的价值观、态度及行为方式，这些在特定的环境中由于一群人周而复始的实践而得以整合与强化。虽然很多学者一直强调科学中立，例如工程学学者群体就认为他们的研究就是价值无涉、政治无关的。但也有学者认为价值观会有意识无意识地被吸收，如亨克尔（1987）认为，"学者们的价值观正在转变……这是一个不可避免的过程，因为学者们不断受到外界价值观的影响"。作为与经济社会发展关系最为紧密的教育类型的职业科学，要抛开外界对学术团体的影响不仅不可能，相反，我们要鼓励学者们进企业、进车间了解职业的真实情况，所以经济社会发展水平会决定职业科学的研究深度。同时作为社会分工的直接产物，职业是一种客观存在的社会现象，对职业的解释和研究属于知识

---

① 姜大源. 高职教育"整合"的逻辑起点与实施路径［J］. 职业技术教育，2015（36）：50.
② 姜大源. 职业科学辨析［J］. 高等工程教育研究，2015（5）：149-156.

的社会现象，但这种知识是其客观性和研究者认识论、方法论和文化背景的综合产物。以我国高等职业教育研究为例，很多学者认为职业高等教育应以专业建设为龙头，无须谈学科建设，甚至有些学者还提倡"高等职业教育的老师无需做科研"这种伪命题，所以现有研究多以理念阐述和经验介绍为主，少有学理阐释，整个职业教育研究处于"盲人摸象"阶段，只见树木不见森林。出现这种现象的原因包括低层次教育社会认知，先期倡导就业为本的国家政策，一些具有学术话语权的专家引导，职业教育教师本身的学术兴趣不足，管理主义主导的学校治理模式，加之对高等职业教育认知不足，这些综合因素造成了我国职业科学研究学术团体严重不足，这已严重影响我国高等职业教育高质量发展。

4.3 构建职业科学知识库

知识是学科的基本要素和组成部分。学科的本质是知识分类。知识是人类生产生活经验的提炼与升华，是经过验证和可以编码的人类经验。根据知识属性，我们可以将知识分为经典物质学科知识、社会学科知识、人文学科知识和信息科学知识。托尼等（2018）认为，"一个学科是否得到国际上认可是一个重要标准，即学术可靠性、知识的主旨和内容恰当性等一套概念"。实践为知识之源，但从实践到知识是个螺旋式发展的过程，需要学术研究团队、知识被发现的社会条件、技术手段和方法等。如前文所述，职业学科建设是一个从"自下而上"自由探索到"自上而下"建构的阶段，自由探索阶段会形成不同观点和视角的知识。随着知识的不断积累，就可以建构职业科学的知识库。建构知识库是学科建设第一步，是学科知识的集合，是学科研究和教学的重要基础，也是学科建设由"自下而上"转入"自上而下"的标志与时机。建立完整、系统的知识库，可以为学科的研究和教学提供有力的支持。知识库建设是职业学科建设第一步，也是最难的一步，因为有很多基本概念、规则、规范和方法等需建立。这个过程有很多开创性工作需要做，尤其是涉及职业的诸多知识。首先需要明确的是职业的岗位类型、主要工作内容、成长路径、知识能力、学习能力、技术技能、公文写作能力、沟通能力、创新思维、人文素养、职业道德和性格特征等要求，要结合调查问卷、深度访谈、文本查阅等方式来综合确认这些要求。这是方向和定位，作为独立知识体系的学科，是由不同相互关联、相互作用、相互独立的领域知识构成，所以我们要探寻不同领域职业知识的逻辑关系。这是科学课程体系和人才培养模式的前置条件。

按照"职业功能—职业内容—职业能力与素养—职业知识—课程体系—培养模式"的逻辑，知识模块之间的关系决定课程体系，课程体系又决定培养模式，知识模块之间的关系如果错了会导致人才培养模式和途径错误，如实践教学与课堂教学错位、文化育人与技术育人混淆、学徒制学习与顶岗实习混淆、课程知识交叉、教学方法不合适等。

4.4 构建研究成果的转化机制

人才培养、知识传承与创新、促进职业发展和服务社会实践是职业学科的主要功能。人才培养是学科的核心功能，通过系统的学科领域知识学习和实践，学生可以获得该领域所需的专业知识和技能，为未来的职业发展奠定坚实的基础。知识是学科的核心要素，学科是知识传承与创新的重要载体，它们通过系统化、结构化的方式，将人类长期积累的知识和经验传递给下一代，确保知识的连续性和稳定性。职业学科由职业科学不同领域的研究成果而组成，促进职业发展是研究职业科学的主要目的之一，通过不断深化职业认知，探究职业知识，探寻职业发展规律，实现职业学科和职业本身同步发展。职业学科研究不仅关注职业理论层面，还致力于解决社会实践中的问题和挑战。

职业科学的研究在我国尚处于起步阶段。职业科学主要研究职业活动的规律、职业发展的趋势、职业与教育的关系等，旨在为人们提供更科学、更系统的职业选择和职业发展的指导。但由于起步晚，研究基础薄弱，理论体系尚未建立。我们无法等整个理论体系建立起来后，才建立理论成果转化机制，而应边研究边实践，尤其要重视职业科学研究成果向育人实践和社会服务实践转化。例如，起步期应该先树立职业学科育人意识，然后从成熟的部分来改革人才培养某些环节。

5 本章小结

探究职业活动内容、职业发展规律、职业行为规范、职业任职条件、职业生态以及职业教育理论与实践的科学是职业科学。职业科学不同领域的研究成果形成职业学科。人才培养、知识传承与创新、促进职业发展和服务社会实践是职业学科的主要功能。职业学科是职业教育高质量发展的根基。学科建设需经由"自下而上"的自由探索才能发展到"自上而下"的顶层建构阶段。我国职业学科尚处于萌芽阶段，离形成特定学术部落和学术领地尚有一定距离。本章主要探讨了职业学科的形态、职业学科建设的逻辑理路、行动路径和加快职业学科建设的政策建议。职业行为的综合性决定了职业科学的跨界性和职业学科的"超学科"性，这决定了职业学科建设的复杂性和困难性。强化职业科学研究、构建研究队伍、创新研究方法和建立转化机制已成为推动我国职业教育高质量发展的迫切任务，理论研究与实践探索一体化发展是其有效路径。

第 13 章　面向职业学科建设的高职院校内部治理模式

1　管理与治理

　　管理和治理是管理学中两个既相互联系又存在区别的重要概念。通常来说，管理强调通过管理的计划、组织、协调、领导和控制等职能来实现资源调配与有效利用，效率、秩序和目标达成是其主要特征。它侧重于组织内部资源的有效配置和利用，通过制定战略、分配任务、激励员工、监控绩效等手段，确保组织目标的顺利实现。治理则更侧重于如何决策、如何监督以及如何分配资源以达成社会、经济和政治等公共目标。通常情况下，治理涉及更多利益相关者，其更多关注组织与其外部环境利益相关者之间的互动关系，其本质是一种制度安排。

　　管理具有比较明确和具体的管理活动，具有既定的规章制度和流程可供选择，强调计划的执行与控制。设定目标、分配资源、监督进度和评估绩效是管理者常用手段，管理者追求的是组织运作的顺畅和高效，追求效率是管理活动的首要原则。

　　实现组织整体平衡与可持续发展是治理的主要目标，因此治理不仅关注组织内的效率与效果，更关注组织与外部环境的和谐共生，它致力于在组织内部建立一种公开、公平和公正的秩序结构。相比管理，治理的手段更加灵活和包容，鼓励多元主体参与和协商，旨在通过对话、谈判、合作等方式达成共识。其目标在于制定或修订某些制度、规则、政策，因此它特别强调透明度和责任性。此外，治理还注重长期目标的规划和对未来趋势的预判，以应对复杂多变的环境。

　　以管理至上为基本信念的管理主义坚信人类的所有组织活动在本质上

可以化约为管理问题，通过有效的管理可以最大限度地提高效率①，价值中立、效率中心和工具至上是其逻辑主线，其底层逻辑是"经济人"的人性假设，主张利用管理工具实现价值最大化，其本质是一种工具理性。

内部治理源于公司治理领域，也称为法人治理，指在公司内部通过一系列正式的制度安排，确保权力机构、决策机构、执行机构和监督机构相互独立、权责明确，并相互协调又相互制衡，从而实现对公司的有效治理。治理的实现不是依靠强硬的行政命令，而是通过互动式的协调、协商，以及政府与相关利益主体的积极沟通、合作，共同参与公共事务治理，进而最大化公共利益，并实现激励相容②，其本质是追求价值理性。

职业类高等院校的根本是培养新一代职业人，其管理和治理场景与企业大相径庭，不能简单将企业管理或治理理论套用于学校。根据前述关于管理和治理的区别与联系，本研究认为可以对院校内部治理作如下理解。

院校内部治理是院校内部运行的一种制度架构，包括正式和非正式地引领院校发展的各种制度安排，是内部不同群体，如管理层、教师、学生等之间权利运行、利益分配等的机制与规则。它通常包括组织结构、决策机制、权利分配、利益协调和监督机制等。组织结构应明确各部门和岗位的职责和权限，以确保内部事务的有序进行。决策机制包括决策程序、主体及方式等，如党委领导下的校长负责制。权利分配与利益协调是院校内部治理的核心问题，院校内部治理的实质就是不同利益主体之间的关系协调、平衡和调整等，其本质是一种制度安排。治理和管理是大学利益相关者实现协同的重要手段，但大学治理侧重于决策与协调，关注大学利益相关者利益；管理侧重于运营执行，关注直接服务对象利益。③

2 职业类高等院校治理研究现状

2.1 研究现状

20世纪60年代以来，高等教育大众化、院校结构功能的复杂化、政府的教育经费紧缺等问题是新管理主义渗入高等教育领域的现实基础和直

---

① 霍建国. 现代国家治理中的管理主义反思 [J]. 领导科学，2019（24）：12-15.

② 耿乐乐，李悦. 现代大学治理：从管理主义向领导主义理念的转变 [J]. 教育理论与实践，2021，41（21）：7-10.

③ 同上。

接动力。① 政府将私营机构的经营理念以及成功的管理工具和技术，运用到对公共服务部门的管理之中，并形成绩效评估、成本控制、财务管理、质量保障等一套完善的保障机制。② 通过竞争与问责来控制高校，同时高校的内部管理也效仿这种新管理主义。不少学者对高校盛行管理主义提出了批判与反思性观点。例如，张银霞（2012）认为，"在这一背景下，西方学术职业群体普遍面临困境：①管理主义在大学内部被强化，学者的学术主导地位进一步受限；②学术职业群体分化加剧；③学术工作挤压个人生活空间；④学者普遍面临学术身份认同危机"③。孙贵聪（2003）认为，在高校治理中引入市场化理念，不论在政府与大学的关系和大学内部管理模式上看都存在集权化的倾向。④

提升治理能力和实现治理现代化是近年来国家对高职教育高质量发展的重要要求。《国务院关于大力发展职业教育的决定》（2014）要求"职业院校要依法制定体现职业教育特色的章程和制度，完善治理结构，提升治理能力"。《关于实施中国特色高水平高职学校和专业建设计划的意见（教职成［2019］5号）》提出，"健全内部治理体系，完善以章程为核心的现代职业学校制度体系，形成学校自主管理、自我约束的体制机制，推进治理能力现代化"。钱兴成（2022）认为高职院校治理现代化是推进治理理念现代化、主体多元化、制度体系化、方式民主化、手段数字化和环境协作化的过程。⑤ 还有学者认为高职院校治理现代化主要应吸引利益相关者参与，进而形成信息对称、决策科学的治理体系。邢晖等（2019）认为高职院校的内部治理结构与普通高校具有严重的同质性，存在科学论证缺乏、行政化现象严重、制度建设薄弱、整体优化不足、外部参与缺失、特色不明显、组织机构变革甚微、治理能力提升较慢等问题并对此提出了加强顶层设计等建议。⑥ 陈寿根等（2023）认为高职院校治理现代化应当是

---

① 张银霞. 新管理主义背景下西方学术职业群体的困境 [J]. 高等教育研究，2012（4）：105-109.

② 同上。

③ 同上。

④ 孙贵聪. 西方高等教育管理中的管理主义述评 [J]. 比较教育研究，2003，（10）：67-71.

⑤ 钱兴成. 高校院校治理能力现代化：价值、意涵与实践路径 [J]. 中国职业技术教育，2022（10）：56-60.

⑥ 邢晖，邹琦姝，王维峰. 高职院校内部治理结构现状及优化研究 [J]. 国家教育行政学院学报，2019（2）：31-39.

治理理念、治理体制、治理机制、治理文化，治理平台，以及在此基础上形成的治理效能的现代化[1]，并以此为基础开发出包含 6 个一级指标、20 个二级指标、64 个观测点的高职院校现代治理评价标准。[2] 现有研究中，虽然有学者关注高职院校内部治理的顶层设计，并且提出要以民主推进治理、专注各利益相关者利益，其本质是一种决策机制的制度安排，但并未体现出高等职业教育的跨界性、开放性和职业性等，与构建和高等职业院校高质量发展相适应的内部治理体系尚有差距。针对职业类高职院校内部治理，学者们发现了问题，但并没有提出解决方案。

2.2 职业类高等院校实行内部治理的必要性

2.2.1 高等职业教育办学规律的内在要求

与经济社会发展相适应是高等职业教育办学的外部规律，职业人成长规律是高等职业教育办学的内部规律。服务经济社会发展是职业教育主要功能之一。早在 1902 年，《奏定学堂章程》就提出"于商务盛处，则设商业专门实业学堂；矿产繁处，则设矿务专门实业学堂"。以产定教是我们一直坚持的理念。受体制机制影响，学校对市场的反应速度不够灵敏，总是被动跟着产业跑，"产教脱节"是实践中的常态。随着产业升级和经济结构调整，行业对技能型人才的需求不断变化。高等职业院校通过构建内部治理体系，能够更加灵活地调整专业设置、课程设置及教学内容，要根据职业领域的最新发展来设置课程体系，使之更加贴近行业需求。同时，通过加强与企业的合作与交流，实现人才培养与产业需求的无缝对接，为行业输送具备实践能力和创新精神的高素质人才。

2.2.2 高等职业教育产教融合的必然要求

高等职业教育办学的外部规律决定了产教融合是其办学的必然要求。产教融合是一个宏观抽象概念，是对高等职业教育办学与产业同向同行、紧密结合的概括与提炼。从现有研究和实践案例来看，不少学校仅将产教融合视为一个项目或一个育人环节，这势必矮化其地位，窄化其功能。职业教育是一个从职业到职业的闭环，职业是其逻辑起点和行动终点。职业

---

[1] 陈寿根，许明，尚阳阳. 高职院校治理现代化的内涵，表征与评价标准 [J]. 职业技术教育，2023，44（12）：23-27.

[2] 同上。

是劳动力与生产资料结合的具体方式，包括主体和客体，其中人是主体，生产资料是客体。各行各业生产实践是职业的具体应用场景，价值性、情景依赖性、专门性和延续性是职业的基本特征。职业教育基于这些基本特征对职业主体进行教育，以使其具备完成职业活动必需的知识、动作和心智技能等。这决定了职业院校必须与产业一起来履行高等职业教育的人才培养、科学研究、社会服务和文化传承等责任。产教融合共同体就是我们在实践中探索出来的一种育人理念。产教融合共同体属于一种全新的组织形态，它由产业界与教育界的众多实体单位共同构成。其组织形态呈现为网络状，而价值则是构建该网络的核心节点。牵头企业、牵头普通高校和职业院校应分别在所属业内有一定话语权和影响力，能搞得起活动、引得起互动、掀得起行动，不断提升组织网络的连接度、通达度和密度，切实改变以往校企单点合作的碎片化状态。通过织牢织密共同体网络，增加价值创造机会，增强主体间信任，提升产教融合发展理念在产业界和教育界的渗透率、认同度。这必然要求高职院校构建与之相适应的内部治理体系。

2.2.3 高等职业院校科学决策的现实需要

高等职业教育是一种开放跨界的教育，其开放跨界的本质决定了其决策面向的多主体性和利益均衡性。内部治理体系的核心在于决策机制的建立与完善。通过构建多元参与的决策机制，如教职工代表大会、学术委员会、理事会等，确保各方利益诉求得到充分表达和尊重，提高决策的民主化、科学化水平。这有助于避免决策的盲目性和随意性，确保高等职业院校在发展过程中能够保持正确的方向，实现可持续发展。尤其要切实发挥好理事会对决策的重要价值。

3 社会工程的基本原则

钱学森指出，"实现社会主义现代化，需要一门新的系统工程，我们把它叫作社会系统工程或者社会工程，它是改造社会、建设社会和管理社会的科学。它的一个目的，就是把社会科学和其他科学结合起来，这是一门实际的技术，采用真技术，就可以设计出社会主义现代化的蓝图，如同现在的工程师们设计一个产品、一项工程一样"。社会工程和自然工程一样，都以造物为主，不过社会工程所建构的是社会事物，以解决社会为指向，调整社会关系为核心。① 有学者指出社会工程是一个从批判到建构的过程。② 社会工程基于现有社会问题，通过制度设计和模式创设来调整各类社会关系以满足人们期望。社会问题是社会工程的逻辑起点，模式创设是其落脚点，社会工程问题研究的并非社会问题，而是造成社会问题的问题。③ 社会工程具有社会性、实践性和系统性等特征。社会工程模式是解决社会工程问题的具体手段。田鹏颖（2013）认为，社会工程具有以下五种基本特征。

一是对象的独特性。这主要指社会工程改造的对象是有思维能力的人及人与人之间的相互关系，受制于人类主体认知能力等多种因素。二是活动的抽象性。社会工程是一个发生于人与人之间的双向互动过程，在工程的实施过程中受宏观政策、公众素质及受众智力等多种因素影响。三是凸显的人文性。社会工程从设计到执行全过程都围绕"人"，因此人文精神尤为重要。四是合理的公正性。社会工程旨在调整人与人之间的利益关系，因此更追求工程的公正性。五是标准的复杂性。与自然工程不一样，社会工程主观性强，主体价值性强，因此评价标准更为复杂。

高职院校内部治理具有社会工程的全部特征，因此本研究拟从社会工程视角，通过逻辑架构建构和模式设计等环节，提出旨在提升高职院校关键办学能力的内部治理模式。

4 基于社会工程理论的高职院校内部治理模式

技术技能学科是成熟、独立的知识体系，职业学科建设是高职院校高质量发展和核心竞争力提升的主要路径。因此，高职院校应以建设符合职业教育类型定位的职业学科为统领，以知识传授、生产和应用为核心，以内部评价为手段，以师资队伍建设为关键，以立德树人为根本，以学校高质量发展为目标，不断提升内部治理能力和关键办学能力。基于高职院校治理的社会工程属性，本研究利用系统动力学理论构建出高职院校内部治理逻辑，如图 13-1 所示。

---

① 王宏波. 社会工程学导论 ［M］. 北京：科学出版社，2021.
② 田鹏颖. 社会工程的逻辑：从社会批判到社会建构 ［M］. 北京：科学出版社，2013.
③ 同上。

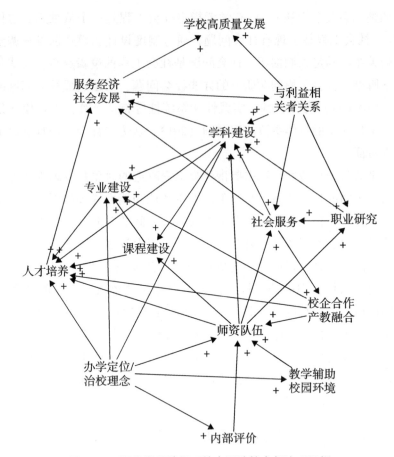

图 13-1　职业学科统领下的高职院校内部治理逻辑

社会工程治理逻辑以关系治理为手段，图 13-1 一共有 14 个治理变量，列举了变量间需治理的 35 种关系，囊括了高职院校内部治理的方方面面。核心节点为办学定位/治校理念、学科建设和师资队伍等。

4.1　内部治理逻辑

4.1.1　高职院校内部治理须坚持系统思维

高职院校内部治理是一项系统工程。经过改革发展，职业教育的类型属性越来越突出，同时其人才培养的跨界性也越来越明显。跨界性和开放性已成为职业教育的重要办学特征。为此，现代职业教育需具备更好的外部适应性、内部适应性和内外协调性。借助政府制度文件推动，职业教育初步完成了市场化，但受历史因素影响，我国高职院校多采用科层式的内部治理结构，在提升效率的同时，科层式的弊端也越来越明显，协同性不足，内部力量欠缺使其后续动力也不足。学校教育的相对独立性（组织边界）与人才培养活动的跨界性（组织行为）之间的矛盾是高职教育发展需解决的普遍难题，只有坚持内部治理的系统性，方能找到问题答案。因此，构建内部治理模式应遵循系统论方法。[①]

4.1.2 办学定位/治校理念是高职院校内部治理的价值主张

价值主张是高职院校发展的灵魂，是形塑治校理念的内部驱动力。实现学校价值主张和满足师生及其他利益相关者需要是院校治理模式的出发点和落脚点。办学定位和治校理念是高职院校价值主张的直接体现。高职院校办学定位和治校理念具有传承性、实践性和引领性等特征，具有凝心聚力和价值导向等功能，也是办学特色的源泉。有学者指出，我国高校同质化现象严重。究其根本原因，是在内部治理过程中对办学定位和治校理念的坚守不够。理念只有落实到模式才能实现目标，模式是理念和目标的中介。因此，高职院校在内部治理模式建构中必须坚守其价值主张。如图 13-1 所示，价值主张直接作用在内部评价、学科建设和人才培养等关键环节。

4.1.3 高职院校内部治理需以职业学科建设为统领

学科建设是大学发展的龙头，也是办学的根基。高职院校职业学科建设统领专业、课程、人才培养和社会服务等产出性环节，由教师和其所从事的科学研究活动所支撑。高职院校设置的基本逻辑大致可以描述为："人才培养定位—职业岗位知识需求—组建相应学科—组建师资队伍—设置专业—编制课程分类"。确定人才培养定位后，明确职业岗位对知识的需求是课程编制的前提，而学科内容选择是课程编制的基础，课程是专业的基本组成单元，专业是根据社会和行业需要而设置的职业类群单元。[②]知识（包括显性知识和隐性知识）是整个教育活动的核心，而学科是知识的组织形态，所以高职院校内部治理需以学科建设为统领。高等职业教育学科知识分别来自职业学科、技术学科、工程学科和基础学科，学科形态

---

① 王喜雪. 我国职业教育体系研究［J］. 国家教育行政学院学报，2013（1）：44-47.

② 徐国庆. 我国二元经济政策与职业教育发展的二元困境——经济社会学的视角［J］. 教育研究，2019（1）：9.

呈"四螺旋"，具有"超学科"特征。在类型教育视角下，高职院校只有准确把握办学定位，深耕行业土壤，才能根据行业需求有针对性地建设职业类、技术类、工程类和基础类学科，才能将职业知识与技术学科、工程学科和基础学科知识有效融合，实现高等职业教育"高等性"×"职业性"的办学定位，而非简单、机械、静态地将知识线性叠加。

4.1.4 高职院校内部治理应以提高人才培养质量为根本

刘易斯·芒福德认为大学的目的是为从事某种职业的人准备基础条件，同时制定出这一职业应共同遵守的规则，最开始的大学从本质上说都是职业性的，如法学、医学和神学学校等。① 大学形成后，研究知识成为一种职业。工业革命之后，分工细化，为了提高效率，工人开始专注于简单重复的操作，因此现场学徒制开始转向学校职业教育。世界高等教育普及化之路告诉我们大学培育的人才不仅包含知识研究者，而且绝大部分应是面向经济社会生产一线的高素质工程型、技术型和技能型人才。虽然有学者指出教育服务于经济社会发展是一种被动状态，但对于职业教育来说，经济社会发展需求是其主要发展动力。高等职业教育的根本任务是为社会主义现代化强国建设培养高素质技术技能型人才，各项工作都应围绕这个中心，因此高职院校内部治理应以提高人才培养质量为根本。

4.1.5 高职院校内部治理应通过内部评价激发人力资源效能

《深化新时代教育评价改革总体方案》明确提出"充分发挥教育评价的指挥棒作用，引导确立科学的育人目标，确保教育正确的发展方向"，职业院校要重点加强"双师型"师资队伍建设。1985 年出台的《中共中央关于教育体制改革的决定》明确提出，"改革教育体制要调动各方面的积极性，最重要的是要调动教师的积极性"。教师是教育教学改革的关键和核心。这点在图 13-1 中师资队伍的核心节点位置证明了该观点。还有学者认为，顶层设计法律完备是显性条件，如冰山一角，要优化职业教育类型定位更多的工作和任务在冰山下部。所以，职业院校需要通过优化学校内部治理，调整冰山之下教师与学校、部门与学校、教师与教师、教师与合作企业及教师与学生之间的关系，以切实激发人力资源效能。

---

① 芒福德. 城市发展史：起源，演变与前景 ［M］. 上海：上海三联书店，2018.

4.1.6 产教融合、职业研究和社会服务是强化类型定位的重要手段

产教融合、校企合作是职业教育的办学模式，工学结合是其人才培养模式。具备特定人才培养能力是职业教育成为类型教育的必要条件。如图 13-1 所示，产教融合和校企合作直接决定专业建设质量和人才培养质量，高等职业教育人才培养的诸多环节如教学资源建设、实习实训、学生就业和知识创新等都需要与企业紧密合作。要实现产教融合，校企需进行文化对接和价值共创，这是提升企业参与职业教育积极性的根本途径。提升职业研究和社会服务能力是加强校企文化对接和促进价值共创的有效手段。有研究指出，我国高职教育关注教育更多，研究职业偏少。深入研究职业发展规律，不仅能提升人才培养的市场契合度，还能提升师生解决实际问题的能力。社会服务能力是评价高职院校知识应用能力的重要指标之一，是校企共创价值的有效模式，也是高职院校科研活动的主要形式，更是"双师型"队伍建设的"牛鼻子"。因此，产教融合、职业研究和社会服务是强化职业教育类型定位的三个有力工具，应对其进行重点鼓励、引导和规范。

4.2 职业学科统领的高职院校内部治理具体模式

本研究认为高职院校内部治理是一项社会工程。社会工程与自然工程一样，都以造物为主，不过社会工程所建构的是社会事物，以解决社会问题为指向，以调整社会关系为核心。① 而且社会工程并非研究直接的社会问题，而是造成社会问题的问题②，具有社会性、实践性和系统性等特征。有学者指出社会工程是一个从批判到建构的过程。③ 社会工程基于现有社会问题，通过制度设计和模式创设来调整各类社会关系以满足人们的期望，以社会问题为逻辑起点，以模式创设为落脚点。高职院校办学质量尚不能完全满足类型教育要求是我们要解决的社会问题。造成这个社会问题的原因包括国家制度、社会文化和内部治理等。本研究只关注内部治理，认为高职院校内部治理是提升高职院校办学质量的重要手段。本研究从社会工程视角，以职业学科为统领逻辑构建高职院校内部治理模式。

模式是一种实践行为，是具体实践中客观现实与价值相统一的载体，

---

① 王宏波. 社会工程学导论 [M]. 北京：科学出版社，2021.
② 同上。
③ 同上。

其组成要素为结构、过程和方式，其中结构是模式中活动主体的排列搭配情况，是模式的物质基础；过程指事物发生、发展环节和次序及每个阶段的联系；方式为相互作用关系的规定，通常表现为政策、法律和制度等。[①]随着客观条件的变化，社会工程模式具有时间和空间动态特征。基于这些特征，本研究根据类型教育下高职院校发展目标、内部治理原则和社会工程模式建构要求，特提出高职院校内部治理 AIDS（Aim、Implementation、Doing、Status）模式，如图 13-2 所示。

4.2.1 目标系统

社会工程主张价值预设，反对价值中立。[②] 本研究认为学校高质量发展是优化高等职业教育类型定位的关键因素，是高职院校办学治校的目标和追求，同时也是 AIDS 模式的价值预设。服务经济社会发展能力和利益相关者评价与学校高质量发展正相关，这两个指标的竞争力也与学校的人才培养、职业学科建设和社会服务能力等正相关。

4.2.2 推进方式

师资队伍建设是整个内部治理网络的核心节点，人的行为靠政策引导与调节。高职院校内部治理要以评价改革为引导，重点针对教师评价、学生评价和组织评价发力，其中组织评价中的组织指单位和部门。全面深化评价改革受学校高质量发展目标指引和约束，且这两个方面相互影响和约束。价值目标是方向，推进方式是手段，这些需要形成具体原则方可指导内部治理模式建构。内部治理模式本质上是一种治校话语权建构，这些治校话语权就是平时需要不断强化的治理原则。

4.2.3 行动原则

高职院校内部治理是一项系统工程。系统思维是提升内部治理的必要条件，办学特色是办学定位的重要组成部分，是评价高质量发展的重要指标。坚持系统思维和坚持特色发展属于提升高职院校内部治理能力的行动指南。坚持职业学科统领、坚持人才培养根本地位、坚持评价引领和坚持产教融合，这四个具体行动的原则是依据前述逻辑框架所示节点位置而选择，其中，职业学科是内部治理的统领环节，人才培养是根本任务，评价

[①] 王宏波. 社会工程学导论［M］. 北京：科学出版社，2021.
[②] 同上。

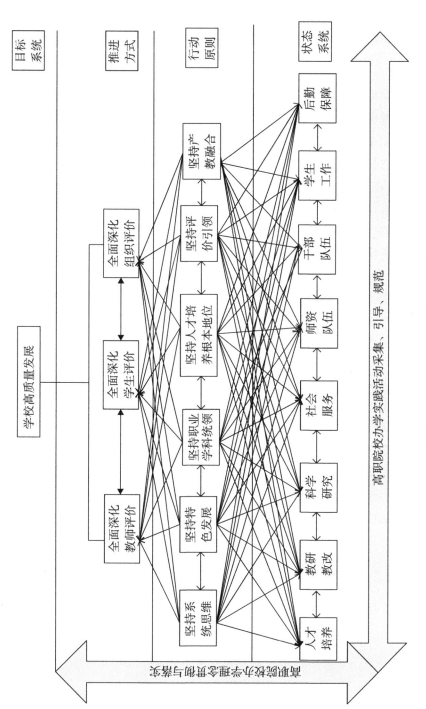

图13-2 高职院校内部治理AIDS模式

体系是制度保障，产教融合是高职教育基本育人理念。以上六个原则服务于三个全面深化评价的推进方式，且内部之间相互协同。

4.2.4 状态系统

高职院校内部治理存在的问题是一种社会问题，造成这类问题的原因是内部治理模式，具体包括内部制度、政策和行为文化等。高职院校内部治理包括职业学科建设、人才培养和队伍建设等诸多环节。这些具体环节的现实状态是构建内部治理模式的客观条件，只有基于现实进行传承性创新，内部治理模式方能取得预期成效。本研究基于类型教育对高职教育办学的要求，结合目标系统、推进方式和行动原则，提出八大状态系统，包括人才培养、教研教改、科学研究、社会服务、师资队伍、干部队伍、学生工作和后勤保障。高职院校高质量发展的内部治理模式要求我们立足现状，依据行动原则，按照推进方式，提出致力于高质量发展的学校内部治理具体举措。作为一种理想类型，模式在实践中难免会有偏离预期的事件发生，这并不能说明模式无效，相反可以利用现实与理想类型的差距来寻找问题或矛盾的根源，进而不断优化模式的实践措施。

4.2.5 一以贯之的办学理念

如图 13-2 所示，高职院校办学理念在内部治理模式中须一以贯之，这是高职院校办学治校的根与魂。落实到内部治理模式，就是要将办学目标达成度作为高职院校高质量发展的重要考核指标，要以办学理念为依据推进内部评价体系改革，要将办学理念作为内部治理行动逻辑，特别是要在人才培养和职业学科建设的具体执行和保障环节中不断强化办学理念，构建集系统性、协同性、整体性和特色性于一体的高职院校内部治理政策体系。